JN437102

앙트러프러너십으로 본
글로벌 기업

삼성의 DNA

김영래 지음

비즈프라임

DNA of SAMSUNG : 3Cs

Talent Driven Management: 인재지향 경영을 바탕으로
Challenge : 미래에 대한 도전과
Change : 창조적이고 경쟁력 있는 혁신으로
Chance : 글로벌 기회를 선점한다!

이 책을 토바킨이지로鳥羽欽一郎 교수님께 바칩니다

지금도 생생하게 기억하고 있습니다. 교수님이 얼마 전에 돌아가신 고려대학교의 김준엽 전 총장님과의 하버드HARVARD 대학 유학시절의 절친한 인연으로 고려대학교 첫 교환교수로서 6개월 계시는 동안 한국에서 보고 느낀 소감을 쓰신 "또 하나의 한국" 책으로(지금에 와서는 일본인 어느 누구도 당연시 여기지만) 인하여 좌익이 판을 치던 일본 대학가의 극좌파 혁명파들에게로부터 매일 매일 생명의 위협을 받으며 공포에 떨고 계셨던 가족들, 특히 돌아가신 사모님의 모습을…, 그리고 와세다대학 정문과 동상 앞 "토바킨이지로는 절대 총장이 되는 것을 용납할 수 없다."의 대자보와 중상모략과 협박에도 당당히 맞서시던 모습은 잊을 수가 없습니다. 일본 정부(文部省) 초청 장학생임에도, 살 집을 구하기 어려워 교수님댁 뒷집에서 살아야만 했던 저와 저희 가족으로서는 매일 매일 죄송한 나날들 이었습니다.

교수님께서 와세다대학 정년을 5년 남겨놓고 후학에 길을 열어 준다며 지방의 신설 대학에 총장으로 떠나시는 고별강연에서 많은 교수와 학생들에게 "한국의 김영래는 삼성을 연구할 것이다" 는 말씀을 남기셨습니다. 하버드 유학 후 일본에 경영사학이라는 학문에 씨앗을 뿌리신 교수님이 의도하신 깊은 뜻을 받들고, 그 옛날 송구스러웠던 일에 작은 보답의 마음으로 이 책을 스승님께 바칩니다.

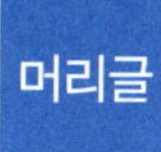

■ 삼성의 가치 상생상화相生相和와 자본주의 4.0

자본주의 시스템에 새로운 모델이 필요하다. - Klaus Schwarb -

요즈음 인구에 회자되는 화두는 단연 경제평론가 아나톨 카레츠키Anatole Kaletsky의 저서 『자본주의 4.0: 위기 이후 새로운 경제의 탄생』*Capitalism 4.0: The Birth of a New Economy in the Aftermath of Crisis*이다. 그는 이 책에서 약 40년을 주기로 경제위기가 발생했음을 밝히면서, 위기는 기회이기 때문에 이번 위기를 기회로 새로운 자본주의 4.0판을 만들어야 한다며 서구의 자본주의 진화를 소프트웨어 버전을 이용하여 4단계로 설명하고 있다. 자유방임의 고전자본주의 시대를 “자본주의 1.0,” 1930년대 대공황 이후 정부의 적극적인 정책 개입을 필수로 본 케인즈의 수정자본주의가 “자본주의 2.0,” 1970년대 2차례 석유파동 이후 스태그플레이션을 겪으면서 시장의 자율을 주장하는 신자유시대가 “자본주의 3.0”이라 했다. 그러나 2007~2009년의 세계의 금융경제 위기는 이런 자본주의 3.0판을 무너뜨렸고 정부와 시장 간의 견제와 균형을 바탕으로 자본주의 체제를 운영하는 것, 즉 시장주의가 낳은 부작용을 극복하고 지속가능한 경제 체제를 이룩하려면 이윤만 추구할게 아니라 사회의 지속적인 발전을 위한 “따듯한 자본주의 시대”인 자본주의 4.0이 필요하다고 했다.

이 자본주의 진화 4단계를 한국에 비추어 보면 약 20년 주기로 나타난 것 같다. 1945년 해방 이후 정부를 수립하고 자유민주주의와 시장경제를 표방했지만 “자본주의 1.0”을 구현하지 못하였고, 1960년대부터

1970년대에 걸쳐 정부 주도형 경제개발은 정부와 시장경제에 의해 "한강의 기적"을 이룬 시기로 "자본주의 2.0"이라 할 수 있으며, 1986년 이후 정치 민주화로 자유민주주의와 시장경제의 기반을 마련한 시기를 "자본주의 3.0"으로 볼 수 있다. 그러나 이 과정에서 부익부, 빈익빈의 양극화가 심화되었고 특히, 금융위기 이후 사회안전망의 붕괴로 국민의 불만이 커져Occupy the Wall street! 와 같은 물결 과거와 같은 정부의 역할이 아니라 기업의 역할이 강조되는 새로운 패러다임의 "자본주의 4.0"을 필요로 하는 시대가 도래하였다고 하겠다.

자본주의 꽃은 역시 기업이다. 그리고 자본주의 스타는 기업가이다. 우리나라는 지난 반세기 동안 그들에 의해 세계에서 유래를 찾을 수 없는 초고속 경제성장으로 2차 세계대전 후 원조받는 국가에서 원조하는 국가로, 그리고 유일하게 민주주의와 시장경제 체제를 동시에 성공시켜 세계 10대 경제대국을 넘볼 수 있는 자랑스러운 나라가 되었다. 그러나 작금의 현실은 거시경제 위주의 성장정책에 매몰되어 서민과 중산층의 계층이동을 위한 부의 재분배와 교육기회의 상실로 사회의 분위기는 어둡기만 하다. 따라서 이것들은 자본주의 4.0 시대를 맞는 우리로서는 우선적으로 해결되어야 할 과제들이다. 그러나 예컨대 대기업과 중소기업 간의 불균형을 해소하겠다는 이름도 생소한 '초과이익공유제'나, 일자리 1만개 창출을 위해 30대 기업의 임원 연봉을 10% 깍자는 주장 등이 난무하지만 모두 당사자인 기업이나 기업인이 배제된 그들만의 말잔치일 뿐이다.

한국의 자본주의 진화 단계를 함께 거쳐 온 삼성의 경우는 선대 이병철 회장이 1953년 이후 늘 강조해 온 '공존공영'과 그가 인간의 최대의 미덕으로 삼은 '인류에의 봉사'와 이건희 회장이 평소 선친으로부터 이어 받아 기업의 상생 공동체를 꿈꾸며 협력과 상생의 지혜를 강조하는 공유의 가치관shared value인 '상생상화相生相和'야말로 자본주의 4.0시대의 제 과제들을 해결할 수 있는 솔루션의 키워드가 될 수 있을 것이다. 삼성은 최근 그 첫 행보로 매출액 1조 5천억이 넘는 소모성 자재구매대행MRO 사업인 아이마켓코리아IMK와 베이커리사업 등에서 철수하기로 했다. 이는 삼성의 가치 상생상화의 상화라는 하모니harmony를 위한 하나의 실천이다.

■ 카오스Chaos로부터 탈출

기업이 영리추구를 목적으로, 생산수단을 소유하고, 노동을 고용하여, 상품과 서비스를 생산하는 경제단위라 본다면, 기업은 다면적인 성격을 수반하는 존재라 할 수 있다.

기업에서 가장 본질적인 요소를 명확히 하려면 회사는 우선, 주주, 사원, 경영자, 사회, 모든 이해당사자 중, 과연 누구의 것인가를 밝혀야 할 것이다.

주주가 주인라고 생각하는 관점은 기업에 자금을 제공해 주고 있는 것은 주주이며, 경영자는 단지 주주를 대신해서 기업경영을 위탁받아 운영하는 대리인에 불과하다는 것이다. 그리고 기업의 목적은 주주에 대한 공헌이며 이윤 최대화와 주가 최고화가 그 목적이다. 이 견해에 따르면 기업의 본질적 요소는 자금 혹은 그것을 구체화한 자본스톡, 즉 "자본"주의이다. 여기서 종업원은 노동을 제공하는 자이고, 기업은 오로지 종업원의 생활비를 조달하는 장소이다. 이런 기업관은 미국의 금융주의를 강하게 반영하고 있다고 하겠다.금융론자, 계약론자의 주장

이와는 대조적으로, 기업은 많은 이해관계자Stakeholder의 것이라는 견해로 독일과, 일본 기업들은 몇 가지 측면에서 볼 때 일부 이 견해와 일치한다. 이 관점은 기업은 단순히 주주의 것이라기보다 장기간 관여하고 있는 종업원을 비롯한 경영자, 거래은행 등의 이해관계자 모두의

것이라는 것이다. 그리하여 기업의 목적은 단기적인 이익, 또는 주주의 배당 최대화가 아니라 이해관계자 전체의 장기적인 이익 최대화, 또는 기업규모의 확대이다. 이러한 기업들에게 중요한 것은 자금 보다 오히려 종업원일본과 경영자라는 인적자원이며 기업은 종업원에 의한 공동생활체 겸, 인간적인 성장을 도모할 수 있는 장소로 인식된다. 즉 "자본"주의에 대비되는 "인본"주의라 할 수 있다.

이상 견해들에 대하여 우리 나름의 독자적인 견해를 갖지 못한 우리로선 외환위기1997-98와 금융위기2007-8를 거치면서 모든 이해당사자들이 우왕좌왕 각기 자기중심적인 주장만을 서로에게 강요하면서 모두가 혼돈에 빠져 헤어나질 못하고 있다.

이 혼돈으로부터 이성적인 탈출을 위해서는 기업에 본질적으로 필요한 두 견해의 공통점을 찾아내는 일이다. "좋은 기업"은 수익성, 안정성, 성장성 등을 충족시켜야 한다는 것이다. 주주이익의 극대화와 종업원의 이익극대화 중 어느 쪽에 비중을 두느냐는 마치 동전의 양면과 같다고 이해한다면, 우리는 수익성, 안정성, 성장성 등을 충족시키며 우리의 사회적 통념더 나아가 글로벌 보편타당성에 맞는 기업으로서 사회적 역할과 승인을 얻을 수 있는 제도적 보완을 통한 새로운 경제시스템을 구축하면 이 카오스시대를 무난히 넘길 수 있을 것이다.

그러나 다행이도 삼성의 경우에는 토요타의 "*The TOYOTA WAY.*"에 견주고도 남을 견고한 이병철 선대회장과 이건희 회장에 의해 정립된 비록 성문화 되어 있지는 않지만 이 책자 속에서 독자들이 발견할 수 있는 "삼성경영시스템"이 작동하여 양 위기 속에서도 오히려 도약을 할 수 있었다. 그리고 삼성의 DNA에 의한 '삼성경영시스템'이 글로벌 스탠더드로 자리 잡는 날 삼성은 세계적으로 위대한 기업이 될 것이다.

■ 기업가와 학자의 다른 점과 같은 점

일본 유학시절 태평양경제권을 제창하고, 해외직접투자 이론으로 미 · 일 학술논쟁을 뜨겁게 불러일으켜 세상을 떠들썩하게 한 히토츠바시(一橋)대학의 고지마 기요시小島清교수가 수업 중에 하신 두 가지 말씀이 지금도 잊혀 지질 않고 기억에 남아 있다.

하나는, "경제학자들은 늘 양손을 가지고 있다고 하였다. 예컨대 그들은 경기가 나빠질 것이 생각되면 이자율을 내려 소비를 활성화해야 한다는 오른 손을 내밀고, 반대로 경기가 좋아질 것이라 생각되면 인플레이션을 우려해 이자율을 올려야 한다는 왼손을 내민다. 그러나 결과가 그들의 예측과 다른 결과가 나오면 또 다른 손을 바꾸어 내밀며 그 이유를 정당화하기 위해 장황한 설명을 한다는 것이었다." 이것은 경영학자들도 예외가 아니다.

이는 학자들이 자기 도그마에 빠지는 것과 학자로서 무책임한 언동을 경계해야 한다는 말씀으로 기억된다. 그러므로 학자는 자기주장이 제반 정황을 정확히 파악하고 내린 것인지, 사태에 최적의 해결책인지를 따져보아야 한다는 것이다. 즉 의사가 환자의 병상을 정확히 진단하고 그 병을 고칠 수 있는 처방을 낼 수 있어야 의사로서 소임을 다한다는 것이다.

한편 기업가는 불완전한 정보를 가지고 의사결정을 내려야만 하고 그가 내린 결정이 자칫 실패를 하면 본인은 물론 수천, 수만의 임직원과 기업의 존폐, 나아가 나라까지 위태롭게 한다. 우린 이미 미국의 리먼 브러더스(Leaman Brothers)社 사건에서 뼈아픈 경험을 했다. 따라서 기업가는 학자와 달리 훨씬 어려운 환경에서 위험을 감수하면서 모든 일을 결정하고 그에 따른 결과에 책임을 져야 한다는 것이 학자와 다르다는 것이다.

또 다른 하나는, 그가 영국의 캠브리지대학과 미국의 프린스턴대학에 유학할 기회를 동시에 얻었는데 "먼저 영국을 택하여 어려운 내핍생활과 정치경제학의 진가를 맛본 뒤, 풍요한 미국으로 건너간 것이 훗날 그가 1960년대 일본의 무역정책과 환태평양 경제권 구상을 세계에 내 놓을 수 있었다"고 하였다.장하준 교수의 주장이 우리에 와 닿는 이유도 같을 것이다. 이점은 학자든 기업가든 각자 자란 환경과 교육의 배경에 의해 사고와 행동 범위가 영향을 받는다는 것이다.

삼성의 두 기업가들은 우연히 이와 비슷한 배경과 사고를 갖고 있다고 보여 진다. 선대 이병철 회장이 매년 정초 일본 동경에서 신사업을 구상하는 소위 동경구상東京構想에서 미국과 일본의 선행적 사례를 분석하며 신수종 사업을 결정 할 때의 판단기준도 그랬고, 이건희 회장이 미 • 일 유학 경험의 결과로 얻어진 사고와 행동도 고지마 교수의 그것과 같았다. 역시 사람은 환경의 지배를 받는다. 문화적으로 유사성이 많고 자원빈국인 일본의 경험은 두 기업가의 활동에 타산지석이 되었다고 볼 수 있다.

■ 이 책자의 집필 의도

이 책자는 저자의 교수생활 33년을 마치며 33번째로 낸 단행본이다. 그리고 지금까지 「(미국의) 기업경영 발전사」, 「일본형型 기업경영」, 그리고 「한국기업의 형성과 발전」이라는 이름의 3권의 책자를 세상에 내 놓으며, 미 · 일 · 한 기업 및 기업가의 비교경영사적 연구를 해 왔다. 이 책자는 지난 30여년 연구생활의 한 단원을 매듭짓고자 하는 의도로 시작되었다.

미국, 일본에도 무수히 많은 훌륭한 기업들이 있지만 73년간 2대에 걸쳐 다양한 업종을 창업하거나 설립하여 부침 없이 국내 제일의 기업 집단을 이루고 글로벌 일류기업으로 부상한 삼성 같은 기업은 거의 유래를 찾을 수가 없다. 특히 한국과 같이 열악한 기업환경에서 삼성과 같은 기업을 키워온 기업가 활동은 가히 존경받아 마땅하다. 그렇다면 이렇게 성공한 기업은 어떠한 DNA를 갖고 있는 것일까? 자못 궁금하고 그것을 캐보는 것은 더욱 흥미진진한 일이 아닐 수 없다.

그리하여 기업가의 앙트러프러너십을 중심으로 경영사학의 기업가사적 연구와 접근방법을 통해 살펴 보고자 한다. 오너owner 기업인 삼성은 1938년 이후 자타가 공인하는 바와 같이 두 오너의 끝없는 도전과 변화추구라는 앙트러프러너십의 발휘에 의해 오늘에 이르렀다. 그러므로 그들의 앙트러프러너십에서 나타난 삼성의 DNA를 찾아보기로 한다. 아직 경제학자나 경영학자들이 기업가 앙트러프러너십의 중요성을 인정하면서도 좀처럼 취급하지 않는다. 그런 의미에서 저자는 기업가 접근의 블루오션을 찾은 셈이다.

그리고 상사商社 연구로 부터 시작된 삼성과의 인연은 동경(東京)에서 인공위성을 통한 최고경영자과정 강연을 비롯 각 계열사에서 강의로 용인 연수원과 호암아트홀을 오가며 맺어져 어언 30년이 되었다. 이 책자는 저자 나름의 삼성연구에 대한 결산서를 대신하고자 한다. 또한, 1986년 삼성그룹 비서실로부터 경영사(經營史)를 전공하였다고 하여 "삼성 50년사" 발간에 적극참여를 수 차례 부탁을 받았지만, 당시 장장 만 12년 만에 일본식 지도교수의 논문 제출허가를 받아 박사학위논문와세다대학을 집필하던 막바지 단계였기에 부득이 고사 할 수밖에 없었던 딱한 사정이 있었다.대신 경제사 연구의 대가이신 조기준 교수님 연구팀을 추천하였다. 그 때 진 빚을 오늘에서야 이 책을 빌어 갚고자 한다.

원래 이 책자의 내용은 이미 학회 및 연구소가 주최하는 '경영학 100주년 기념 학술대회' 및 각종 '학술연구회'에서 발표된 발표논문과 한국경영사학회 학술지 「경영사학」에 4번에 걸쳐 게재되었던 논문내용을 기반으로 "글로벌 성공기업, 삼성家의 앙트러프러너십의 진화"라는 제하에 간행되었던 연구총서ITBI를 일반인들이 쉽게 접할 수 있도록 가급적 윤색을 시도하고 수정, 보완하여 발간한 것이다.

■ 삼성의 이미지

삼성의 이미지를 먼저 서술하는 이유는 미래 기업가(경영자)를 꿈꾸는 독자가 이 책을 읽고 난 후 스스로의 모습을 그려볼 수 있기를 기대해서이다.

저자에게 있어 삼성그룹의 이미지는 "**제일**"과 "**일류**"이다. 창업자 이병철 선대 회장이 일군 '**제일**'은 삼성물산, 제일제당, 제일모직, 삼성전자, 삼성생명 등 그룹의 기업들이 각 업종 분야에서 한국 제일의 기업으로서 한국에서 가장 우수한 인재를 모집하여 교육함으로써 '인재의 삼성' '관리의 삼성'을 이루었기 때문이다. 그런가 하면 '21세기 초일류 기업'을 비전으로 내세운 이건희 회장은 '**일류**'이다. 삼성전자를 글로벌 제일의 IT 기업이 되게 한 것은 글로벌 S급 인재를 발굴하고, 육성하는 등, 무엇보다도 모든 구성원 스스로가 일류라는 자긍심을 갖게 함으로써 글로벌 일류기업으로 만들었기 때문이다.

선대 회장의 개인적인 이미지는, 어릴적부터 남에게 지기를 싫어하고, 늘 낮은 목소리에 대쪽 같은 모습이지만, 아래 사람의 밥숟가락에 반찬 올려놓아 주는 다정다감함을 지녔고, 매사에 주도면밀한 계획을 세우는 데는 오랜 시간이 걸리지만 일단 결심하여 실행에 옮길 때는,

그의 모습과 달리 대담무쌍함을 보여주는 치밀대담緻密大膽이 그의 대표적인 이미지다. 한편 이건희 회장의 이미지는 외모는 모친의 모습을 많이 닮아 너그럽고, 청소년기 전국대회에서 입상할 만큼 레슬링으로 단련된 몸매에 다소 어눌한 말투로 말을 아끼는 과묵형이지만 한마디 한마디가 촌철살인寸鐵殺人으로 정곡을 찌르며, 남의 말을 잘 경청하고, 위기감을 조성하여 프랑크푸르트 선언과 같은 변화를 추구하며 매사 본인이 관심을 가진것은 사흘 밤낮을 새우면서도 끝까지 파고들어 결말을 내는 천착형그의 관심사는 용케도 그의 사업과 연결되어 지금까지 많은 성사를 이루었다.이다. 그래서 그는 과묵천착寡默穿鑿과 변화추구變化追求 이미지가 강하다. 사실 이 두 기업가의 이미지는 '기업은 인재'라는 인본사상과 철저한 '합리적 조직 관리'라는 삼성 기업문화의 뿌리가 되었고, "항상 초일류와 제일에의 도전Challenge과, 치밀, 대담, 변화추구, 천착의 혁신Change으로 기회Chance를 선점"하는 삼성의 3Cs DNA를 갖게 된 것이다.

▪ 감사의 글

이 책자가 세상에 나오기까지 많은 분들의 정성어린 도움에 머리숙여 감사드린다.

우선 지난 22년간 모든 연구에 아낌없이 물심양면으로 지원해 주신 국제무역경영연구원ITBI 금진호 회장님께 진심으로 감사드린다. 항상 저자의 관심 분야에 대하여 연구할 수 있도록 배려해주었을 뿐만 아니라 국내는 물론 국외 현지조사 및 일본 · 중국 등 현지 국제학술대회 개최에도 적극적인 지원으로, 저자의 학술연구 활동의 성가를 높여주었다. 특히 삼성관련 모든 연구는 모두 ITBI의 지원으로 이루어졌다.

그리고 그 동안 집필에 수시로 가장 많은 조언을 해준 일본 와세다早

稻田대학의 가와베시노부川邊信雄 명예교수현, 분교카쿠인 대학 총장는 기업가 연구의 방법론에, 일본의 석학 히토츠바시一橋대학의 노나카이꾸지로野中郁次郎 명예교수와는 미 · 일 경영 비교에 대한 많은 의견 교환으로 삼성경영시스템 모색에 각기 큰 도움을 주었다

또한, 삼성으로 부터는 '국가경쟁력강화위원회' 종합상사 부문을 맡고 있던 시절부터, 한일비교연구차 자주 일본 동경東京에 들러 인연이 된 두 분의 삼성재펀(Samsung Japan)의 사장을 지낸 故 이길현 전 신라호텔 사장, 이수철 삼성물산 전 부사장과, 그리고 삼성그룹 및 두 기업가 연구 시에는 SERI의 장상수 전무, 커뮤니케이션팀의 현 에버랜드 하주호 상무, 현 커뮤니케이션팀 박효상 부장을 비롯해, 참으로 많은 분들에게 개인적으로 매우 어려운 부탁을 드리기도 했으나 모두 기꺼이 들어주셨고, 오늘 이렇게 감사의 글을 올릴 수 있게 됨을 기쁘게 생각한다.

이 책자를 출판하고자 할 때 고민을 했었다. 지금까지 한 번도 일반인을 대상으로 책을 쓴 일이 없는 저자로서는 꽤나 걱정이 되었다. 이를 전두표 사장님이 흔쾌히 해결 해주었다. 이승구 상무의 배려와 관계자 여러분의 노고에 깊은 사의를 표하고 싶다.

끝으로 오늘의 저자가 있기까지 헌신적으로 돌보아준 아내 문강희 교수와, 임달호 교수 내외, 세 딸과 사위들, 그리고 이 책자를 무사히 마무리할 수 있게 영육간의 강건함을 주신 국립암센터원장 이진수 박사님과 고난회 수도원의 여러분들에게 늘 하느님의 은총이 함께 하시길 빈다.

2012년 立春

감사와 겸손의 마음으로

김 영 래 씀

차 례

차 례

차 례

차 례

차 례

기업가의 역할은 무엇인가?

1

기업가의 역할은 무엇인가?

왜! 이 시점에서 삼성의 DNA을 찾고자 하는가?

「춘향전」에 '춘향'이가 등장하지 않는 한국의 경영 · 경제 교육

일찍이 미국 경제학 저널American Economics Review, May 1968의 "기업가 특집호"에 실린 두 편의 논문에서 라이벤슈타인H. Leibenstein은 '일반적으로 수용되고 있는 표준적인 경쟁이론에서 앙트러프러너십Entrepreneurship은 필요로 하지 않는 것 같다.'고 했고, 바우몰W. J. Baumol은 '근래 기업가 역할의 중요성이 더욱 명백하게 인정되고 있음에도 불구하고 기업가는 경제이론의 문헌에서는 사실상 자취를 감추고 말았다'고 한탄했다.

종래의 경제학에서 기업가의 역할을 제대로 취급하고 있지 않다고 통렬히 비판한 경제학자가 있었으니 그가 바로 슘페터J. A. Schumpeter이다. 그는 자본주의 경제를 분석한다는 경제학에서 그 무대의 주인공이어야 할 기업가가 등장하지 않는 것은 이상한 일이라고 했다. 그것은 마치 덴마크 왕자, 햄릿이 등장하지 않는 세익스피어의 극작품

「햄릿」Hamlet과 같다고 했다.

오늘날의 경제학과 경영학의 표준적인 교과서에서도 '기업가의 역할'을 명시적으로 설명한 책자는 찾기가 어렵다. 그렇다면 '기업가의 역할'을 부정하는 것일까!, 아니면 이론적으로 불필요하다는 것일까?

우리나라 현실도 미국이나 영국과 그다지 다르지 않다. 즉, 우리도 경제학과 경영학 시간에 춘향이가 나오지 않는 「춘향전」을 가르치고 있는 셈이다.

단지 미국에서는 벤처기업을 중심으로 창업과정에 있어 벤처 기업가의 앙트러프러너십을 강조하고 있으나 일반적인 경제학이나 경영학 시간에 기업가의 역할은 거의 간과되고 있는 실정이다. 기업가(경영자)의 리더십에 대해서는 일부 대학에서 교과목에 간혹 개설된 곳이 있을 정도다.

■ 기업가에 대한 관심

왜 기업가에 관심이 필요 한가, 경제학에서는 경제인homo economics이라는 초역사적 추상 인간을 전제로 균형이론적 고찰을 해왔고, 경영학 역시 어느 시기의 어느 기업가도 타당한 행동만을 하는 불변의 비즈니스맨이 전제되어 경영활동에 관한 제도적, 수단적 연구를 해왔다.

그러나 과연 이 같은 전제에 의해 구성된 이론이 역사적 또는 국제적 실증이론으로 그 설명이 가능할까? 만약 경제인이나 비즈니스맨이 그 같이 전제된 대로 합리적인 행동만을 한다고 가정한다면, 선진국은 언제까지나 선진국이고, 후진국은 언제까지나 후진국에 머물게 될 것이며, 선발기업은 항상 후발기업보다 우월해야만 할 것이다. 예컨대 50명의 학생을 놓고 한 교수가 같은 장소에서 수업을 하고 시험을 치르면 다 똑같은 답안지가 나올 것이라고 전제하는 것이나 마찬가지일 것이다. 즉, "기업가경영자의 역할과 활동"을 무시한 것이다.

그러나 역사의 발전은 다행히도 항상 불균등하여 선진국이 언제까지 선진국일 수 없고 후발기업이 때로는 선발기업을 앞지를 수도 있다.

이 같은 현실이 일어날 수 있는 까닭은, 경제발전의 주체인 기업과 그 기업을 경영하는 기업가 활동이 이론적인 기업가 구조로부터 자유롭고 구체적인 인간 주체에 의해서 추진되기 때문이다. 이점이 기업가에 관심을 갖지 않을 수 없는 이유이다.

그럼 왜 삼성인가?, 수년전 미국에서 베스트셀러였던 하리 스타인G. Harry Stine이 미국 기업을 대상으로 1917년부터 1986년까지 68년간에 걸쳐 성쇠와 부침의 역사를 소재로, 정밀한 데이터를 사용 저술한 '기업이 살아남는 조건'The Corporate Survivors이란 책에서 기업이 살아남는 조건으로 첫째 유연한 경영, 둘째 사내 연구 개발에 따른 높은 하이택hi-tech의욕, 셋째 신제품을 만들 수 있는 다각화 채택, 마지막으로 기업으로서의 성실성을 들었다.

우리나라에서 이 조건에 가장 가까운 기업으로 문득 떠올릴 수 있는 기업이라면 역시 삼성이었다.

또한, 2차 세계대전에서, 패하고 초토화된 일본에서 지난해까지 세계 제2의 경제대국을 건설한 일본의 기업들이 보여준 퍼포먼스는 가히 기적적이었다. 그러나 일본 기업이 그렇게 발전할 수 있었던 시기와 제반 환경은 삼성이 도약하고자 하던 때와 모든 면에서 확연히 달랐다. 예컨대, 격심한 보호무역주의와 기술보호주의가 팽배하였기에 후진국의 후발기업인 삼성은 더욱 어려운 상황에서 출발하지 않을 수 없었다는 점이다.

삼성은 이병철李秉喆, 1910~1987이 1938년 삼성그룹의 모기업 삼성상회를 창업, 후계자 이건희李健熙, 1942~ 에 이르기까지 만 72년[1)]이 되는 2010년 말, 총 계열회사 83사2011년 6월말 공정거래위 기준, 임직원 31만4000명국내 19만 3천명 해외 12만 1천명 포함, 연간 매출액 254.6조원, 그리고 전자, 반도체, 조선 같은 업종에서는 세계 최강의 경쟁력을 확보하고 있으며, 브랜드 가치인터브랜드 2011년 발표 234억 달러세계 17위, 세계시장 점유율 1위를 차지하는 제품만도 21개에 달한다.

최근 외국 경제전문지의 한국기업에 대한 평은 특히, 삼성에 대한 평은 국내와는 사뭇 다르다. “한국경제의 강점은 재벌 오너체제에서 비롯된 스피드 경영이다[2)]”, 그런가 하면 일본기업과 사업영역이 유사한 삼성과의 격차는 기술격차가 아니라, 경영력management power의 차이 즉, 강력한 리더십을 가진 이건희 회장의 리더십 차이와 그의 글로벌화에 대한 열의의 차이 이다. 라고 했다. “삼성은 과거 가난한

---

1) 일본의 토요타 자동차는 1937년 창업

2) 일본경제 주간지, 東洋經濟, 2010年 7月末 號, 日本經濟新聞 2009年 10月 31日字 참조

이의 소니제품 대용역할을 했지만 이제는 휴렛패커드를 추월해 IT 기업 중 세계 1위 매출액을 올린 기업으로 성장했다. 2010년은 일본 전자기업 상위 15개 기업을 모두합친 것보다 더 많은 순이익을 올릴 것으로 예상되는 명실상부한 일류기업으로 도약했다"고 영국의 FT는 칼럼에서 지적했다. 2011년 삼성전자의 시가총액은 일본 5대 전자기업 SONY, Panasonic, Toshiba, Sharp, Hitachi의 합계보다 컸다. 이런 결과는 GE의 고위임원 45명이 한국에서 현장교육을 받기위해 내한하여 "한국기업의 빠른 의사결정과 특유의 재벌시스템이 어떻게 한국기업을 글로벌화시켰는지" 확인하러 삼성을 현장조사 하고 돌아갈 정도가 되었다.[3)]

이런 평가는 2010년 실적이 사실로 증명하고 있다. 삼성전자는 매출액 154조 6300억 원, 영업이익 17조 3000억 원을 기록했다. 달러로 환산(2010년말 매출은 1,388억 달러, 영업이익은 155억 달러로 매출은 HP를 제치고 세계정보기술IT 기업 중 1위에 올랐고, 영업이익은 131억 달러에 그친 미국의 GE를 처음 추월했다.

더욱이 사람이 태어나 일생동안 한 기업을 설립하고 성공적으로 유지하는 일도 쉽지 않다. 그러나 삼성그룹의 창업자 이병철은 1938년부터 1987년까지 50년 동안 무역상으로 출발해 제당, 모직, 비료, 전자, 석유, 화학, 조선, 정밀, 기계, 항공공업, 반도체, 컴퓨터, 유전공학 등의 다양한 산업에 걸쳐 무려 30여 개 기업을 창업하거나 설립하였고, 그것도 모두 국내외 유수기업으로 키워왔다는 것은 세계의

3) 조선일보, 2010. 10. 18일자, "GE도 아우디도 코리아를 배우자"

기업사에도 드문 일이다. 구미나 일본의 경우 대개 1개 업종의 기업을 설립하여 평생 성장시키는 것이 일반적이다.

예컨대 미국의 경우 철강의 안드루 카네기Andrew carnegie, 자동차의 헨리 포드Henry Ford, 일본의 경우 자동차의 토요다키이찌로豊田喜一郎, 전기의 마쯔시다고노츠케松下幸之助 등에서 보는 바와 같이 한 업종을 중심으로 발전시켜왔다. 비슷한 사례가 2차 세계대전 전 일본의 미쯔비시三菱그룹, 인도의 타타그룹House of Tata, 스웨덴의 왈렌버그Wallenberg그룹이 있긴 하지만 그 창업자들도 반세기에 걸쳐 이병철과 같은 기업활동 성과를 올리지는 못했다.

이병철, 그가 설립한 기업들은 늘 한국 경제계의 최 선두에서 달렸다. 이병철은 측근과의 대화에서 "일본 기업인을 만나보면 단순한 것 같고 좀 부드럽기도 하다. 그들은 전자면 전자, 철강이면 철강, 무역이면 무역 한 분야만 파고들면 되는데 나는 여러 분야를 다해야 하니 훨씬 복잡한기라 물론 업종마다 특성이 있지만 경영의 기본은 마찬가지다. 원대한 목표를 가지고 철저히 준비를 한 다음, 비장한 마음으로 결단을 내리고 인재를 적재적소에 배치하여 각자 최선을 다하게 하는 것이다"라고 술회했다.

1938년 창업한 삼성은 지금 3대가 나서 후계자 수업을 받고 있다. 과연 부자 3대를 이을 수 있을지, 있다면 그들의 DNA는 과연 무엇일까를 탐구하는 것은 한국형 기업, 기업가경영자의 뿌리를 찾는 일이다. 창업자 이병철이 지방 대구에서 작은 무역상으로 시작하여 1987년까지 50년간, 한국의 제일의 그룹으로 발돋움하고, 2대 이건희가

1987년 12월부터 오늘날까지 23년 간에 걸쳐 삼성전자를 한낱 국내 제1의 기업에서, 세계 제1의 글로벌 IT기업으로 성장, 발전시킨 성과는 일부 NGO들의 비판[4]에도 불구하고 반드시 평가 되어야 한다.

객관적 평가를 위하여 한 · 미 · 일 비교경영사적 시각을 견지하면서 기업가사企業家史 연구[5] 방법에 따라 앙트러프러너십Entrepreneurship을 중심으로 삼성그룹의 사례를 살펴보기로 한다.

4) 시민단체들 중 일부에서 지배구조, 비자금문제 등을 중심으로 비판하고 있지만 이들도 이병철, 이건희 회장의 앙트러프러너십에 대한 이의를 제기하지는 않고 있다.

5) 기업가사 연구는 1930년대 하버드 비즈니스 스쿨의 Norman S. B. Gras를 중심으로 한 기업의 경영관리 활동경영의 function, 즉 policy, management, control의 역사를 중심으로 한좁은 의미의 경영사(Business History)에 대해서, 1950년대 슘페터 Joseph A. Schumpeter가 초대 소장이었던 하버드대학 부설 기업가사 연구센터The Research Center in Entrepreneurial History, 1948~58에서 슘페터와 Arthur H. Cole이 중심이 되어 기업 활동의 역사를 기업가활동Entrepreneurship의 관점에서 분석하려는 연구 접근이다.

기업과 기업가에 대한 공정한 평가

"알을 낳은 닭은 정성스럽게 돌봐야 한다. 놀라게 하거나, 못살게 군다면 닭은 알을 낳지 않는다"

우리 주위 미국, 일본, 그리고 중국과 비교할 때 한국만큼 기업과 기업인에 대한 좋지 않은 평가를 내리는 나라를 찾아보기가 어렵다.

기업가에 대한 호칭이 미국에서도 19세기말, 소위 금도금시대The Gilded Age에 산업의 성공자들을 '강도귀족robber baron'이라고 부르고, 2차 대전 전 일본에서 폭리를 취하는 자이바쯔財閥의 기업가들을 모리배謀利輩로 부르던 때가 있기도 하였다. 그러나 오늘날 같이 글로벌화 된 세계시장에서 특히 한국에서 더 이상 그러한 기업은 살아남을 수가 없다.

시장경제에서 시장이 불안전한 한국의 경우, 정부의 규제는 많고, 금융제도가 취약하며 노동시장도 잘 발달되지 못하여 유연성이 없는 상황에서 인적자원과 자본을 동원하는데 있어서 한국적 기업조직인 재벌은 매우 효율적이었다. 이점에 대해서는 국내외 학자들에 지지를 받고 있기도 하다. 마치 미국에서 콩그로머리트conglomerate기업이 존재 하듯이 한국의 실정을 감안한다면 재벌이라는 조직을 비판만 한다는 것은 온당치가 않다.

또한 오늘날 한국의 반 기업, 반 기업가적 사고를 가진 이들의 기업경영에 오너경영은 악이고 전문경영인의 경영은 선이라는 사고에도 문제가 있다.

대학의 '경영학원론' 시간에 교수는 기업은 소유와 경영을 분리해야 하며 경영은 전문경영인에게 맡겨야 하고, 자본가가 직접 경영하는 오너owner경영 체제는 후진적인 경영체제라고 가르치고 있다. 그러나 기업의 지배구조에 있어 전문경영인 체제와 오너경영인 체제 중 어느 것이 더 효율적이고 효과적인 체제인가에 대해서 아직까지 그 어느 학자도 단언하지 못하고 있다.

왜냐하면 자본주의의 기본 정신은 오너경영이지만 기업은 처해있는 내외 모든 환경에 지배를 받기에, 또한 오너경영과 전문경영인 경우 서로 장단점이 있기 때문에 어느 것이 옳고 어느 것이 그르다고 쉽게 단정지울 수 있는 것이 아니다.

기업가 활동이 하나의 사회적인 현상인 한, 기업가는 기업을 둘러싼 경제적, 사회적 환경에 영향을 받는다. 따라서 기업과 기업가의 지향하는 목표나 활동은 나라와 시대에 따라 다를 수 있다. 사회학 용어인 사회의 '역할과 승인role and sanction'과 '사회적 통념social consensus',

즉 기업가에 대한 사회적 통념과 사회의 역할과 승인에 따라서 기업가는 활동할 수 밖에 없는 것이다.

우선 삼성의 이병철과 이건희는 전문경영인이 아니다. 뿐만 아니라 세습으로 대를 이었다. 이른바 오너 경영인이다. 그러나 그것만으로 그들의 지금까지의 경영성과를 비난할 수 없다고 생각한다. 오히려 경제 후발국의 기업으로서 가장 합리적인 기업모형일 수도 있다는 시각도 있다.

근래에 와서 다소 나아지기는 했지만 아직도 우리사회의 반 기업, 반 기업인 정서는 뿌리 깊다.

예컨대, 기업가는 자본가로서 노동자를 착취한다는 사고, '소유와 지배구조' 분석을 통한 기업연구 방법도 있다. 그러나 그것도 기업연구 방법 중의 하나이기 때문에 그것만으로 기업과 기업가를 전적으로 평가하려는 태도는 개선 되어야 할 것이다. 그렇다고 시장지배력의 오남용이나 기업지배구조 문제 자체를 묵인하자는 것은 아니다. 다만 우리 사회에서 이것들의 부정적 측면만 강조하여 긍정적 측면을 간과하고 있는것이 더욱 문제라고 하겠다.

또한 기업경영의 조직은 가족조직이든 동족조직이든 나아가 주식회사이든 간에 집단으로써 인간조직에 의해서 수행되는 사회적 활동이기에 거기에는 지휘하는 자leader와 지휘를 받는 자follower의 관계가 성립하고, 그 조직을 유용하게 운영하기 위해서는 양자 간의 상호이해·상호기대 또는 양자를 규율하는 것이 필요하게 된다. 이러한 집단으로써 조직내부의 권력, 부, 위신의 배분 관계 승인에 큰 영향을 주는 것이 바로 사회적 통념이다.

우리나라 및 동양 사회의 지배적인 사회적통념은 혈연을 우선 시 하고 장자상속의 유교적 통념에 의해 기업의 후계자를 결정하기도 한다. 그러나 이런 결정은 기업의 경영체제에 소유와 경영은 반드시 분리되어야 한다는 사고와 충돌하고 있으며 급기야는 기업의 세습을 죄악시 하기까지도 하고 있다.

그렇지만 앞서 지적한 바와 같이 아직까지 오너경영과 전문경영인 경영체제 중 어느 것이 더 나은 경영체제 인가에 대해서는 정설이 아직 없는 한, 사회와 기업의 환경에 따라 경영체제는 달라질 수 있는 것이다.

예컨대, 삼성전자가 초일류 기업으로 성장하는 데는 여러 요인들이 복합적으로 작용했지만 그 중 전문가들이 우선의 요인으로 꼽는 것은 이건희의 강력한 오너십ownership이다. 대부분의 경영학자들은 "오너십이 기업운명을 좌우 한다"라는 롤프 H. 칼슨의 말에 공감한다. 삼성전자가 소위 스피드경영을 할 수 있었던 것은 오너십이 뒷받침됐기 때문이며 위기를 기회로 활용, 경쟁력을 높일 수 있었던 것도 오너십이 적절히 작용[6]했기 때문이다.

이러한 오너십의 효과는 과감한 투자 결정을 필요로 하는 반도체를 빼고는 생각할 수 없다. 예컨대, 삼성전자의 반도체 사업의 시발

6) 이건희 회장은 차별화를 통해 미래를 준비할 것을 당부하는 '준비경영'을 주창하고 있다. 다른 회사 경영자 보다 생각을 두세 배 많이 해야 한다. 그래서 나온 게 이른바 다양한 경제상황을 예측해서 만든 '시나리오 경영'이다.

은 한국 반도체의 태동인 한국반도체주식회사를 이건희가 사비를 들여 개인적으로 1977년 12월 인수한 것으로부터이다.

반도체 사업은 대규모 자금이 필요해 위험이 도박보다도 크다고 한다. 삼성이 반도체 사업에서 확실한 승기를 잡은 시점은 1980년대 말과 1990년대 초. 장기 불황으로 일본 반도체 업체들이 주춤주춤할 때, 이건희가 1메가D램 및 4메가D램 사업에 자금을 쏟아 부었고, 1988년 삼성전자와 삼성반도체통신을 합병시켰기 때문에 오늘날 반도체라면 세계가 삼성전자를 떠올릴 수 있게 하였다. 또한 에버랜드가 고객을 만족시키기 위해 지속적인 투자를 하고 있는 것도, 에버랜드가 위락시설에서 돈을 벌기보다는 디즈니랜드와 같이 이미지와 꿈을 파는 기업이길 원하기 때문이다. 이 같은 결정들은 수익을 최우선으로 해야 하는 전문 경영인의 경우, 간과할 수밖에 없는 것이다. 이런 의사결정을 일부에서 오너의 독단이라 폄하거나 매도한다면 효율과 효과를 중시하는 경영학의 본질을 미처 파악치 못하고 있는 것이다.

기업경영은 반드시 전문경영인에게 맡기어야만 한다고 주장하는 이들에게 오늘날 미국과 일본의 기업현상은 많은 경종이 될 것이다.

챈들러A. Chandler Jr.에 따르면, 미국에서 전문경영인 중심인 '경영자기업시대'는 1920년대부터 오늘날까지로 이 시기는 복수사업체가 된 대기업이 '경영자기업'으로서 특질을 명확히 하고 미국경제 전체를 지배하는 제도로까지 발전했다고 했다.

한편 모리가와森川英正 교수에 따르면 일본의 경우는 1970년 이후

'경영자기업'이 일본 대기업에 대세를 이루었고 이때부터 '경영자의 시대'라고 부를 수 있다고 하였다.

1980년대의 미국이나 1990년대의 일본의 경우는 오히려 경영자기업의 전문경영자의 폐해가 늘어나고 이른바 CEO病이 만연하였다. 즉, 무엇보다 기업경영에 있어서 투자의 규모와 시기를 전략적으로 결정하는 것이 중요한데 이것을 전문경영인들로서는 쉽게 결정을 내리지 못하였다. 이는 사업별로 수천억원에서 수조원에 달하는 투자가 필요한데 이 같은 대규모투자는 오너가 아니면 장기적인 안목에서 우선순위를 쉽게 결정할 수 없었기 때문이다. 예컨대, 전자사업 즉 모바일, 미디어, 애플리켄이션에 3대 빅뱅이 일어나고 있는 오늘날 일본의 전자기업에서 이 같은 상황은 쉽게 찾아 볼 수 있다. 따라서 이와 같은 많은 문제가 제기되자 단순히 경영권만을 행사하는 전문경영자가 아니라 혁신innovation을 할 수 있는 "기업가형 경영자Entrepreneurial Manager"를 요구하기에 이르렀다.

뿐만 아니라 세계금융 위기 후, 우리나라 경영학 전공자들이나 업계에서 그토록 열광했던 CEO의 대표적인 인물이며 1990년대 경영의 귀재라 불렸던 GE의 잭 웰치 전 회장에 대해 제프리 페퍼J. Peffer 스탠퍼드대 교수는 잭 웰치가 실질가치를 생산하지 않는 종업원 해고로 실적을 낸 것은 단견이며, 단기적 성과와 주가등락에 따라 보상을 주는 주주자본주의 선두주자였던 그는 종업원들이 일하고 싶은 직장을 만들지 못해 실패한 CEO라고 평가하였다.

또한 잭 웰치 자신 스스로도 지난 20년간 회사경영에 금과옥조로 여겼던 "주주가치를 올리겠다고 분기실적과 주가에 집착한 것은 가장 멍청한 아이디어였다"고 자아비판을 했다. 그리고 "회사의 주요 구성원은 종업원과 고객, 상품"이라고 뒤 늦은 반성을 했다FT, 2009년 3월13일자 인터뷰.

경영세습의 문제도 경영자의 자질을 갖춘 후계자도 세습이라 배제되어야 하는가? 그동안 재벌에 대하여 대표적인 비판론자인 최정표 교수가 실증 분석[7]한 그의 논문에 따르면, 1980년도의 30대 재벌을 기준으로 재벌의 흥망성쇠가 어떻게 진행되어 왔는지를 분석하였다. 30대 재벌 중 2개는 아직 창업당대에서 지속적으로 성장하고 있고, 4개는 창업당대에서 해체되으며, 나머지 24개는 2세 또는 3세에게로 승계되었는데, 이 중 14개는 지속적으로 성장하고 있으나, 6개는 해체되고 4개는 30대 재벌에서 빠질 정도로 쇠락하였다며 이렇게 볼 때 세습과 재벌의 흥망을 연관 지을 요인은 찾기 어렵다고 했다. 즉, 우리나라 재벌의 흥망은 어떤 정형화된 이유보다 각 재벌 고유의 요인에 기인한다고 볼 수 있다고 하였다. 이것은 지금까지의 그를 비롯한 재벌 비판자들의 주장과는 사뭇 다른 결론이었다.

7) 2010년 1월, 일본 동경 와세다대학 국제회의장, 한일경영사학 국제학술대회 발표논문

이노베이션Innovation과 앙트러프러너십Entrepreneurship

우선 기업가의 역할 중 가장 핵심이 되는 이노베이션의 본질부터 알아보기로 하자. 이노베이션을 우리와 일본은 혁신革新이라고 번역하여 쓰고 있고, 중국은 창신創新으로 번역하여 쓰고 있다. 오늘날의 의미로 보면 창신創新이 더욱 적절한 표현이라고 할 수 있다. 이런 혁신의 중요성을 최초로 인식한 슘페터J. A. Schumpeter는 혁신이란, 새로운 물자를 생산하거나 기존 물자를 새로운 방법으로 생산하는 것이라 생각했다. 이 경우 생산은 물자나 힘의 결합이며 그것은 혁신에 의해서 결합된다.

그는 이노베이션에 결합되는 요소에는 다음의 다섯 종류가 있음을 지적했다. ① 기술혁신새로운 제품개발, ② 생산방식새로운 생산수단의 도입, ③ 시장새로운 시장의 발견, ④ 생산요소새로운 원료 및 반제품개척, ⑤ 조직새로운 혁신의 도입을 들었다. 슘페터의 이노베이션은 질적인 비연속성, 즉 과거로부터 연장선상에 없는 혁신의 중요성을 강조했다.

그러나 이노베이션을 수행하는 기업가는 슘페터의 주장에 모순을 발견한다. 슘페터가 상정하고 있는 것은 현상을 타파하는 종류의 이노베이션이며 그 때문에 창조적 파괴자가 기업가상企業家像으로 인식되고 있다. 이 사고방식의 문제점은 평상시의 경영은 이노베이션 범주 밖에 있는 것으로 인식되게 했다는 것이다.

이후 카즈너I. M. Kirzner 田島義博監譯, 1985, 124-128라는 경제학자가 창조적 파괴자뿐만 아니라 예컨대 평상시 시장에서 숨겨진 비효율이나 갭을 발견하는 사람도 기업가라고 하였다. 후술하겠지만 이것으로서 우린 프로세스 이노베이션Process Innovation과 프로덕트 이노베이션Product Innovation의 차이를 설명할 수 있게 되었다. 이노베이션은 기술혁신만을 의미하는 것이 아니라 기술혁신, 새로운 시장, 새로운 생산요소, 새로운 생산방식, 새로운 조직 이라는 5가지 콤비네이션에 의해서 얼마든지 만들어 낼수 있는 것이다. 즉 기업가를 유형화하는 축은 기술과 시장이 유효한 것이며 천재기술자가 아니더라도 단지 두 가지축에서 유형화된 범주 속에서 5가지요소를 결합시켜 새로운 것을 모색한다면 이노베이션을 창출할 수 있는 것이다. 다만 창조적 파괴를 수반하는 프로덕트 이노베이션은 과학적인 발견이 없으면 창출되지 않는 것도 사실이다.

한편 기업가라는 의미의 'Entrepreneur'는 원래 16세기 프랑스에서 군사원정을 지휘하는 자를 뜻하는 의미로 사용되었고, 18세기 말에는 경제적 의미를 포함하여 위험을 부담하는 자본가A Risk-taking Capitalist를 뜻하는 말로 인식되기 시작하였다. 슘페터는 기업가를 혁신을 담당하는 자라 했고, 드러커는 기업가에 있어서 혁신은 기업가 활동의 도구이자 수단이라고 했다Peter F. Drucker, 1985, 1. 따라서 기업가Entrepreneur란 새로운 사업을 일으키는 기업가起業家만을 의미하는 것이 아니라, 현상을 창조적으로 파괴하고, 새로운 전망을 찾아내는 이노베이션 수행자 모두를 가리킨다.

그리고 원래 여기서 밝히고자하는 앙트러프러너십Entrepreneurship이라는 말은 프랑스어인데 영어에는 그에 해당하는 말이 없어 프랑스어를 그대로 쓴다고 한다. 우리나라에서는 '기업가 정신'매스컴과 일반인과 '기업가 활동'경영사학자들 일부 김병하 교수, 황명수 교수 등이라고 일반적으로 쓰고 있지만, 때로는 기업가 기능, 기업가 성능으로 다양하게 번역되고 있어 그 내용에 대해 일치된 견해가 없다. 글자 그대로라면 기업가가 행하는 활동, 기업가가 가진 정신, 기업가가 갖고 있는 성능이나 기능이 되겠지만 Entrepreneurship은 이 모든 것을 다 함축하는 의미로 보아야 하기 때문에 우리말로 포괄적으로 사용할 때 적절한 말이 없다.

우리나라에서 앙트러프러너십의 관련 논문이나 책자를 보면 일본 사람들이 스포츠맨십Sportsmanship을 스포츠맨 정신이라 번역하고 앙트러프러너십도 기업가 정신으로 번역하여 쓴 것을 우리도 그대로 받아들여 기업가 정신이라고 흔히 쓰고 있다. 그리고 동양에서는 정신이 행동을 지배한다는 논리로 정신을 강조 사용하지만, 앙트러프러너십의 본뜻의 일부만을 의미하기 때문에 '정신'으로 번역에는 문제가 있다. 왜냐 하면 지금까지 성공한 기업가 대부분의 공통점은 "기업가는 사상가이자 실천가이다The Entrepreneur is a Man of Thought and of Action..” 그러나 정신이 행동을 지배하지만 행동이 따르지 않는 사상만을 가지고 있다면 그건 사상가思想家이지 기업가企業家가 아니기 때문이다. 참고로 일본 경영사학계에서는 기업경영자 활동의 준말인 ‘企業者 活動’ 또는 ‘企業家 活動’이라고 일반적으로 쓰고 있다. 그러나 ‘활동’이라는 일반명사의 뜻이 너무 넓고 특정하게 공유된 의미를 전달할 수 없어 그대로 쓰기가 어려운 점이 있다. 그렇다고 아직 우리말로 옮길 수 있는 용어를 찾아내지 못하고 있기에 여기서는 프랑스어의 영어 발음 ‘앙트러프러너십’을 그대로 쓰기로 한다. 그리고 앙트러프러너십에 내포된 의미는 기업가의 정신이 아닌 실행, 즉 기업가의 사상에 의하여 실행되는 실천을 뜻한다.

또한 앙트러프러너십은 영어권에서는 새롭고 작은 기업을 연상하지만 독일어권에서는 권력과 재산을 의미하고, 미국의 경우 혁신과 경쟁을 가장 중요한 기능으로 인식하고 있다.

삼성의 경제·경영사적 의미

2

삼성의 경제·경영사적 의미

이병철 시대(1938~1987)

지방 무역상이 한국 제일의 삼성그룹으로

"나는 기업을 통해서 생명감을 확인하고 인간으로 성숙화를 이루어갔다"

▌삼성이 태어나기까지(1936~1937)

사람은 일생을 통해 몇 번의 전기를 맞게 된다. 스스로 그것을 만드는 때도 있지만 느닷없이 찾아올 때도 있다. 이병철은 그 느닷없이 찾아드는 전기를 어느 날 맞게 되었다.

"그날도 골패노름을 하다가 늦은 저녁에 집으로 돌아왔다. 밝은 달빛이 창 너머로 방안에 스며들고 있었다. 그때 나이 26세 이미 세 아이의 아버지가 되어 있었다. 달빛을 안고 평화롭게 잠든 아이들의 모습을 바라보는 순간 문득 악몽에서 깨어난 듯한 심정이 되었다.

너무 허송세월을 보냈다. 뜻을 세워야 한다.

잠자리에 들긴 했으나 그날 밤은 한잠도 이룰 수가 없었다. 온갖 상념이 머릿속을 스쳤다. 그리고 뜻을 굳힌 것이 사업이었다이병철, 1986, 21."

1934년 10월 부친으로부터 사업자금으로 300석을 추수할 수 있는 재산을 분배 받은 이병철은, 마산에서 경남 일대의 쌀 연간 수백만석을 도정하여 일본으로 수출하고 있다는 사실에 착안하여 26세가 되던 1936년 3월 협동정미소協同精米所를 세웠다. 또한 당시 마산에 운송수단이 부족하다는 점에도 착안, 일출자동차日出自動車會社를 인수하여 운수업을 시작했다. 이 사업의 성공적 운영으로 다시 토지에 투자해 연간 일 만석의 수입이 되는 2백만평의 대지주가 되었다. 그는 은행에서 융자를받아 토지에 투자하면 기대하는 이익을 얻을 수 있다고 판단, 대담하게 토지사업을 시작한 것이다. 그러나 중일전쟁이 발발하자 1937년 7월에 식산은행은 군수산업의 육성이라는 구실로 일반대출을 중단하였다. 일제의 이 같은 조치로 이병철은 자금조달에 차질이 생겼을 뿐만 아니라 지가의 폭락으로 사업은 파산하게 되었다. 이병철은 그때의 실패를 평생 동안 기업경영에 큰 교훈으로 삼았다. 이후 이병철은 모든 사업을 사전에 철저히 조사하고 합리적으로 계획하고, 운영해 실패를 되풀이 하지 않는 철저한 기업가로 변신하게 되었다.삼성인력개발원, 2000, 46-47

■ 지방 무역상으로 출발(1938~1952)

삼성상회三星商會 → **삼성물산공사**서울 → **삼성물산주식회사** 부산 → 서울

1938년 3월 1일 28세 때 이병철은 대구에서 청과류와 건어물 등을

만주와 중국으로 수출하는 한편 제분기와 제면기를 설치하여 제분, 제면업도 겸하는 삼성상회三星商會를 설립하였고, 1941년 6월 3일 주식회사 삼성상회로 개편하였다. 이 시기에 조선양조를 인수하여 월계관이라는 상표를 붙여 청주를 만들어 영남 뿐만 아니라 서울까지도 판매를 하였다. 그는 삼성상회와 조선양조의 경영일체를 이수근 지배인에게 맡기고 낙향, 해방을 맞았다.

해방 후 1947년 5월 서울로 이주하여 1948년 11월 삼성물산공사를 설립하였다. 회사명칭을 공사公司로 바꾼 것은 주거래선이 마카오·홍콩의 화상華商이었기 때문이다. 주거래 품목은 오징어, 한천 등을 수출하고 면사를 수입하는 것으로부터 철강제, 재봉틀, 비료 등 거래품목이 100여종에 달했다.

당시 회사경영의 기본방침은 사원이면 누구나 응분의 투자를 하고 이익을 배당받을 수 있는 공존공영의 정신을 강조하였다. 삼성물산공사는 설립 후 1년 만에 등록된 무역업체 543개사 가운데 천우사, 동아상사, 화신산업, 남선무역, 대한물산 등의 대형 무역회사와 어깨를 겨누게 되었고 1년 반 만에 선두에 서게 된다.

1950년 6·25사변으로 인하여 서울은 인민군의 점령하에 들어갔고, 그해 다시 대구로 피난하였다. 대구에서 이병철은 조선양조 경영을 위임했던 김재소 사장, 이창업 지배인 그리고 김재명 공장장으로부터 어려움 속에서도 그동안 운영을 잘하여 비축한 3억圓의 자금을 넘겨받았다. 이병철은 이 자금을 가지고 피난 시 임시수도인 부산에서 삼성물산 주식회사를 설립하였던 것이다. 당시 무역회사가 이용할 수 있는 외환은 중석달러와 종교달러 그리고 암달러 등 이었다.

삼성물산은 중석달러와 종교달러의 확보가 어려웠기 때문에 경영에 많은 어려움을 겪고 있었다. 때마침 삼성물산공사 시절 홍콩 에이전트의 미수금 미화 3만달러를 회수하게 되어 삼성은 다시 재기할 기회를 갖게 됐다. 이때 삼성은 설탕, 비료를 수입하여 부산 국제시장 도매상들에게 판매하는 것을 주업으로 했다. 삼성물산 주식회사는 설립한지 6개월 만에 10억원의 순익을 올렸고 1년 후에는 출자금 3억의 20배인 60억원의 수입실적을 올려 순이익이 20억원에 달했다. 이렇게 1948년에 설립한 삼성물산공사는 6·25전쟁으로 사라져 버리고, 1951년 1월 부산에서 삼성물산 주식회사로 재건되었다.

■ 제조기업 창업, 금융기관 인수 후 재벌로 부상(1953~1960)

수입대체산업 제일제당第一製糖, 제일모직第一毛織 창업

• 제일제당과 제일모직 설립

휴전이 성립되고 경제가 안정되면서 무역업은 더 이상 비교우위를 지속할 수 없었고, 경쟁이 심하여 초과이윤이 보장되지 않는다는 판단아래 제조업에 투자하기로 결심을 하였다. 이때 정부의 수입대체산업 육성계획도 그의 의사결정에 일조하였다. 삼성물산은 그동안 설탕을 수입한 실적이 있어 설탕의 시장성을 알고 있었기 때문에 이 같은 시장기회를 포착하여 1953년 8월에 제일제당을 설립하였다. 제일제당은 제품이 외제와 비교하여 손색이 없을 뿐만 아니라 가격이 3분의 1에 지나지 않았기 때문에 잘 팔려 이익이 많았고 수입대체 효과도 컸다. 이 당시는 전쟁기간이라 모든 사람들이 유통부문에 관심이 쏠려 있었지만 이병철은 기업의 미래를 보는 식견과 용단으로 삼성상회라는 상업자본에서 제일제당이라는 산업자본으로의 전환을 시도한 것이었다. 이렇게 단계적으로 사업을 일으켜 갈 때 그는 창조의 기쁨을 느꼈다고 한다.

제일모직 설립 연유는 1954년 당시 한국의 실정은 양복이라고는 대개 미군복을 염색한 것이었다. 이른바 마카오 양복지는 한 벌에 웬만한 봉급생활자의 월급 석 달 분이 넘었다. 이와 같은 시장성에 이병철은 공장규모가 국제규모면에서도 손색이 없는 최신, 최고의 대규모 공장 설립을 계획하고 주요기계는 서독제를 수입하여 1955년 12월 소모사공장을 완공하였다. 이어 방모, 직포, 염색, 가공 등 제 공장을 차례로 준공하고 제일모직의 골덴텍스는 영국과 일본제 모직물을 국내에서 축출하게 되었다.

• **금융기관 인수**

제일제당과 제일모직으로 성공한 삼성은 금융기관을 인수하기 시작하면서 1956~7년경 세간에서 재벌로 부르게 되었다. 당시 정부의 은행주 공매불하 단행으로 정부의 은행귀속주의 공매입찰에 참가 1957년 한일흥업은행 주식의 83%를 매입하고, 1959년 조흥은행 주식의 55%, 상업은행 주식의 33%를 매수하여 전 시중은행의 거의 절반을 삼성이 소유하게 되었다. 이 시기에는 은행주 이외에도 호남비료 주식 45%, 한국타이어 주식 50%, 삼척시멘트 주식 50%를 매수하였다. 그리고 58년 대한정당판매주식회사를 설립하고, 안국화재와 동일방직을 인수, 1959년 미풍산업 설립으로 명실공히 한국 제일의 재벌로 부상하였다.

■ 은행주식 환수, 한국비료, 언론진출, 용인자연농원(1961-1968)

• 시중은행 주식 정부에 환수

1961년 5·16 군사쿠데타가 발생하였고, 5월 29일에는 경제인 11명이 부정축재협의로 구속되었다. 1961년 말에는 부정축재자로 지목되어 80억환圜이 징수되었고 호남비료에 투자했던 14억환의 주식을 비롯하여, 시중은행의 소유주식 전부가 정부에 환수되었기 때문에 150억환을 정부에 바치게 되었다. 혁명정부는 1961년 6월 14일 부정축재처리법을 제정하자, 이병철 회장은 반론을 펴며 부정축재자와 건전한 기업인을 구별하여 처리해 줄 것을 건의하였다.

"부정축재자를 처벌한다는 혁명정부 방침 그 자체에는 이의가 없다. 그러나 백해무익한 악덕 기업인들과 변칙적이고 불합리한 세제 하에서도 국가경제 재건에 기여하면서 국민에게 일자리를 주어 생활을 안정시키고 세금을 납부하여 국가운영을 뒷받침해 온 기업인들과는 엄격히 구분되어야 한다고 생각한다. 나는 전 재산을 헌납하는 한이 있더라고 그것이 국민의 빈곤을 해결하는 방법이 된다면 다행이라고 생각하는 바이다."이병철이 1961년 5·16 혁명 직후 국가재건 최고회의 이주일 장군 앞으로 보낸 서한

그리고 사회빈곤 해결에 모든 노력을 경주할 생각이며 전 재산을 사회에 환원한다는 의사를 밝혔지만 정부는 경제인 11명을 부정축재 혐의로 구속하고 이병철 회장을 부정축재자 1호로 지목한다고 발표하여 사회의 큰 반향을 불러 일으켰다.

• 한국비료 설립(1967년 헌납)

1963년 10월 박정희 대통령의 정부가 직접 뒷받침할 테니 비료공장을 지어달라는 간곡한 권유로 1964년 8월 한국비료韓國肥料공업주식회사를 설립하였다. 공장의 위치는 울산으로 정했다.

한국비료에 담긴 이병철의 염원은 '농촌태생인 나는 비료가 모자라서 고생하는 농부의 어려움을 어려서부터 보아왔고 농업의 생산성 향상에 비료공장의 절실함을 뼈저리게 느꼈을 뿐만 아니라 비료의 자급이 이루어지면 거액의 외화절약도 실현된다'고 판단하여, 비료공장은 반드시 세워야 하겠다는 그의 꿈은 좌절을 거듭할수록 오히려 더욱 강한 사명감을 띠게 하였다. 그 같은 신념으로 비료공장의 공정이 80%정도 진척되고 있을 무렵 공장 시험가동용 비료원료의 일부가 시중에 흘러나와 이른바 '사키린 밀수사건'이 터졌다. 이병철은 이 사건으로 사회의 여론에 떠밀려 비료공장을 사회에 헌납하게 되었고 그는 그 약속을 공장 완성 후 결연히 지켰다.

• 인수합병에 의한 기업 설립

이외 1962년 11월에는 안보화재해상보험주식회사를 인수하여 안국화재에 합병하였고 1963년 7월에는 동방생명보험주식회사를 인수하였다. 동아백화점을 인수, 신세계 백화점으로 상호를 변경 직영하였으며 동방생명이 보유하고 있던 동남증권회사도 인수하였으나 이병철은 투기성이 있다고 보아 증권회사의 경영에는 흥미가 없다며 결국 양도하였다. 그 해에 새한제지를 인수하여 1968년 전주제지주식회사로 상호를 변경하였다.

• 언론言論사업에 진출

이병철은 부정축재 처리법과 한국비료사건을 통해 기업인의 사회공헌이 무시되는 현실을 경험하고 경제인의 힘의 미약함과 한계를 절감하여 정치가의 길을 생각하기도 하였다. 하지만 이를 접고 대신에 정치가 옳지 못한 방향으로 나갈 때는 그것을 막고 바른길로 유도하는 역할이 중요하다고 생각하여 언론사업에 진출하였다. 그 첫 번째가 1963년 2월 東洋TV放送局을 TBC 1980년 KBS에 흡수,[8] 그해 6월

8) 1980년대 초 '동양TV 및 라디오 방송'을 전두환 정부가 강제로 빼앗아 KBS(KBS 2)에 흡수시킴으로써 이병철은 한 없이 시름에 젖어 있었다. 그 무렵 "한국경제의 미래 시나리오"에 대한 자문을 위해 전두환 대통령으로부터 초청받아 한국에 온 저자의 지도교수 일본 와세다대학 도바킨이찌(鳥羽欽一郎)로 교수가 신라호텔에 머무르는 동안 이병철 회장과 이건희 부회장이 모교 은사(이건희 회장은 회장 취임 후 첫 일본 방문시에도 제일 먼저 찾아뵈었다고 한다.)를 찾아뵙는다는 명목으로 호텔로 찾아와 저녁 내내 이야기를 나누었다. 그 때 이병철 회장은 "자본주의 나라에서 사유재산을 국가가 그렇게 마음대로 빼앗을 수 있는지… 내일 대통령을 만나면 꼭 되돌려 주도록 건의 좀 해 달라"라며 눈시울을 붉혔다고 했다.

라디오서울放送局을 설립하고, 1965년에 일간지 中央日報를 창간하였다.

이 밖에 1965년 삼성문화재단, 성균관대, 1966년 중앙개발, 고려병원, 1967년 새한제지全州 인수를 설립하거나 인수하였다.

• **용인龍仁자연농원**

용인자연농원1968년 3월 착수 1976년 개장은 레저산업의 기반을 다지는 한편, 국토개발에 대한 산 교육장 역할을 목적으로 했다. 용인자연농원 개발 초기에는 자연을 파괴하는 반사회적 사업이라는 비난이 있었지만, 실패하면 우리나라에서 산지개발은 없다는 신념으로 경제성과 수익성을 동시에 달성하기 위해 노력하였다. 그 결과 용인자연농원은 우리나라 산림개발의 가능성을 입증하였고삼성인력개발원, 2000, 114, 이름을 에버랜드로 변경 오늘날 한국의 대표적인 레저타운이 되었다.

■ 삼성전자주식회사 설립과 인수합병(1969-1987)

1969년 1월 삼성전자를 설립하고 수원근교 45만평의 부지를 확보하여 1970년 3월부터 부분적으로 공장을 준공하기 시작하였다.이 회사는 발족한지 9년만인 1978년 흑백TV수상기 400만대를 생산하고 1981년에는 1000만대를 생산하여 세계최고의 기록을 수립하였다. 삼성전자를 설립한 이후 그 해 12월에 일본의 산요전기와 합작으로 삼성산요주식회사를 설립하였다. 이

이병철은 1960년대 그가 기업을 하면서 목계(木鷄)를 거실에 놓고 살 정도로 모진 세파의 시련을 다 인내하면서 살아야만 했던 것 같다. 오늘에 와서 TBC TV는 종합편성방송 케이블 TV Jtbc로 다시 부활했다.

회사는 1974년 3월 삼성전기주식회사로 상호를 변경하였다가 1977년에 삼성전자에 합병됐다. 1970년 1월에는 일본전기와 합작으로 삼성NEC주식회사를 설립하였는데 이 회사는 1974년에 삼성전관주식회사로 상호를 변경하였다. 이 시기에는 외국과의 합작에 적극적이어서 1973년 미국의 코닝Corning Glass Company과 삼성전자의 합작으로 삼성코닝주식회사를 설립하여 TV용 유리 유착공장을 건설하였다. 그리고 1971년 9월에는 삼성일렉트릭주식회사를 설립, 그 2년 후 삼성전자에 합병하였다.

한편 1977년 12월 한국반도체주식회사를 인수하여 삼성반도체 주식회사로 상호를 변경하고, 1980년 1월 삼성전자에 합병하였다. 삼성전자공업주식회사는 이와 같이 여러 회사를 흡수, 합병함으로써 비대해졌으며, 1984년에는 삼성전자주식회사로 상호를 변경하였다. 1970년대 그밖에 설립한 전자전기 회사로써 삼성산요파츠주식회사와 삼성GTE통신주식회사가 있다. 삼성산요파츠주식회사가 삼성전기파츠주식회사로, 그 후 삼성전자부품주식회사가 되었고 삼성전기주식회사로 상호가 변경되었다. 미국의 GTE사와 합작으로 설립된 삼성GTE통신은 1980년에 인수한 삼성전자통신주식회사에 합병, 1982년 말에는 삼성반도체통신주식회사로, 그 후 1988년 11월 삼성전자에 흡수되었다.

■ 중화학공업 및 첨단산업 진입(1974-1987)

1974년 7월에는 삼성석유화학을 설립하였고, 1974년 8월에는 조선업을 지향하는 삼성중공업 주식회사를 설립하였다. 또한 우진조선을 인수하여 삼성조선 주식회사로 상호를 변경 한 후, 삼성중공업에 합병시켰다. 1975년에는 대성중공업 주식회사를 인수하여 삼성중공업과 합병, 삼성중공업은 규모가 더욱 커졌다.

1977년 4월 삼성조선 설립우진조선 인수, 대성중공업 인수, 8월 삼성정밀공업(주) 설립, 1978년 삼성정밀 주식회사를 설립함으로써 항공산업의 꿈은 실현되었다. 이어 창원공업단지 내에 계측기, 광학기계, 전자정밀기계 등을 생산하는 공장을 건설하였고, 정부로부터 정밀기계 및 전자기계, 미사일 추진기관 시제업체로 지정받았다.삼성정밀은 1987년 2월 삼성항공산업 주식회사로 상호를 변경하였다. 이 시기에는 첨단산업과 중화학공업 부문에 발전을 거듭하였지만, 삼성은 이에 만족하지 않고 새로운 분야로 사업을 확대하였고 그 결과 합성섬유, 호텔, 건설, 의료기계 등 여러 부문에 걸쳐 기업들을 인수하거나 신설하였다.

1970년 2월 삼성은 건설업 면허를 보유하고 있던 통일건설을 인수하여 삼성종합건설 주식회사로 상호를 변경, 건설업에 진출하였다. 10월에는 삼성해외 건설주식회사를 설립, 해외사업 진출에 기반을 굳혔다. 이 회사는 후에 삼성종합건설에 흡수되었다. 그밖에 1970년대 설립한 회사로 우리나라에 전문적 광고대행업제인 주식회사 제일기획을 설립하였으며, 1978년 코리아엔진이어링과, 신원개발을 인수

1979년 삼성종합건설에 흡수하였다.

1980년 일본 동경에서 만난 이나바슈조稲葉秀三 박사는 이병철에게 "앞으로의 산업은 반도체가 좌우한다. 앞으로 중후장대重厚長大가 아니라 경박단소經薄短小의 산업시대가 도래한다"고 조언했고, 이 조언은 이병철을 첨단산업에 집중하게 하였다.

1980년대 신설된 주요 기업에는 1980년 2월 한국전자통신 인수, 6월 삼성종합연수원 개원, 1982년 2월 삼성라이온즈 프로야구단 창단, 1983년에 삼성시계주식회사, 1984년에 삼성의료기계, 1984년 1월 삼성휴렛패커드社 설립, 유진택인터내셔널社 설립, 1985년 삼성유나이티드항공, 삼성데이타시스템 등이 있다. 1980년대까지 삼성은 33개 회사를 설립하고 20개 회사를 인수하여 기업집단으로 기반을 한층 확고히 하였다.

■ 이병철 삼성 50년의 경제·경영사적 의미

이상과 같이 삼성그룹의 형성 과정을 보면 무역상인 삼성물산을 기반으로 1950년대 제일제당, 제일모직 등 소비재산업 중심으로, 1960년대와 1970년대에는 전자전기, 중화학공업 설립과 제품의 수출 및 금융산업 중심으로, 그리고 1980년대에는 반도체를 비롯한 첨단산업에 역점을 두면서 기업확대를 추진, 우리나라 경제발전 단계에 따라 발전해 왔다. 즉, 초기에 자급자족하는 경공업을 육성함으로써 기술능력 · 경험 · 자본을 축적하고, 그 위에서 고도의 기술과 거대한 자본이 소요되는 중화학공업이나 전자 등 고도의 기술산업으로 점차 이행해 왔던 것으로, 상업자본으로 시작하여 산업자본으로 옮겨 갔다.

한편 경영사적으로는 '공채사원모집제도'를 통한 인재선발, 다각화 전략의 효율적 경영을 위한 '회장비서실', 책임경영(위임경영)제를 실시하기 위한 '사업부제', 즉 1950년대 회장 비서실, 사원공채와 연수제도, 1960년대 경영진단 장·단기경영계획제도, 1970년대 사업부제 등은 모두 한국 최초로 실행된 경영제도이며 이것들은 "이병철 경영시스템"으로 형성되어 실행된 결과 "인재의 삼성"과 "관리의 삼성"이라는 별칭을 얻으며 한국경영사에 선도적 기업으로 뚜렷한 족적을 남겼다.

이건희 시대 1988~현재

이건희의 비전: 삼성을 21C 초일류 기업으로 성장

■ 제2창업 선언: 적응기(1988~1992)

1987년 11월 19일 이병철 선대 회장의 서거 후 긴급사장단 회의에서 이건희를 제2대 삼성그룹 회장으로 추대했다. 이어 1987년 12월 1일 이건희가 삼성그룹 회장으로 취임하였다. 그는 회장으로 취임한 지 3개월이 지난 1988년 3월 삼성 창립 50주년을 맞아 제2창업을 선언하였다. 이에 따라 삼성은 1988년 7월 2000년대 세계적 초일류 기업 달성을 목표로 제2의 창업정신을 정립하였다. 당시 선포된 덕목은 9가지였으나 집중력과 행동력을 갖고 구체적으로 실천에 옮겨야 할 핵심 덕목인 자율경영, 기술중시, 인간존중을 제2의 창업정신으로 확정하였다.

자율경영은 자신이 속해있는 조직의 기본 틀을 지켜나가면서 각자가 스스로 할 일을 찾아 권한을 갖고 소신껏 추진하며 결과에 대해서도 책임을 지는 경영자세를 의미했다.

기술중시는 기업의 국제경쟁력은 기술력에 의해 뒷받침 됨으로 회사가 기술을 경영의 핵심요소로 인식하고 세계적인 기술을 확보해야 한다는 것을 의미한다.

인간 존중은 사람을 값진 자원으로 여기고 삼성인 한 사람, 한 사람이 경영의 수단이 아니라 주체이며 목적이라고 인식하며 밖으로는 고객과 인류에게 기여하는 것을 뜻했다. 이렇게 제2창업을 선언한 이건희는 지난 50년간 이병철이 쌓아온 삼성에 적응하고 새로운 출발을 모색하고 있었다.

■ 삼성 신新경영 선언 : 개혁기(1993-2002)

1993년은 삼성으로서는 매우 중요한 분기점이었다. 3월 22일, 새로운 경영이념과 삼성인의 정신이 선포되고 상징마크도 새롭게 공표되었다.

1993년 1월 11일부터 16일까지 각 사장단과 함께 21세기를 대비하기 위한 경영전략을 토의한 이건희 회장은 2월 미국 LA에서 전자제품 비교평가 회의를, 3월에는 도쿄에서 사장단 회의를 갖는 등 2월부터 8월 초까지 LA, 도쿄, 프랑크푸르트, 런던, 오사카 등 해외 현지에서 관계사 사장단, 임원, 간부, 해외 주재원 등 연 1800여명이 참가한 대규모 회의를 주도하였다. 평균 8시간 이상 회의를 계속했으며 최장 16시간까지 마라톤회의를 진행하였다. 이 과정에서 탄생된 "삼성 신新경영"은 그 어떤 삼성의 경영지침과 사업전략보다도, 생생한 목소리를 담고 있으며 현실에 대한 피맺힌 반성과 변화를 향한 뜨거운 열정을 품고 있었다. 도쿄 회의에 이어 6월 6일부터 24일까지 독일통일 후 여러 변화의 모습과 유럽통합체제로 전환되고 있는 세기말적 변화의 흐름을 임원들이 직접 확인하고 이 자리에서 미래의 삼성을 위한 구상을 함께 하고자 독일의 프랑크푸르트에서 대규모 임원회의가 열렸다.

이건희는 1993년 6월 7일 이 회의에서 소위 "삼성 신新경영"의 '프랑크푸르트 선언'을 하였다. 그는 신용과 이미지를 파는 글로벌 시대에서 품질은 경쟁력의 가늠자이며 그룹의 생존권과 직결되는 문제로 단 한 개라도 품질이 불량한 제품을 만드는 것은 회사를 좀먹는 암적 존재요, 경영의 범죄행위라고 역설하였고 또 공장 가동을 중단하거나 시장 점유율이 떨어지는 한이 있더라도 근본적인 원인 규명과 대책 수립을 통해 금년 내에 품질을 세계 최고 수준까지 끌어올리도록 하라고 호소했다. 이에 따라 삼성은 품질을 경영에 최우선 과제로 하는 품질혁신을 다짐하고 "삼성 제품의 질은 바로 삼성의 얼굴이다."라는 프랑크푸르트 선언을 채택했다. "불량 생산을 범죄로 규정하고 이제 '양 위주의 경영'을 과감히 버리고 '질 위주 경영'으로 간다."는 프랑크푸르트 선언은 단순한 회의 결과나 다짐이 아니라 삼성 개혁의 신호탄이었다. 프랑크프르트 선언은 삼성은 물론 우리나라 재계 전체에 커다란 파장을 몰고 왔다.

이 삼성 신新경영은 괄목할 만한 성과를 올렸다. 예컨대, 1987년 말 그룹매출액 17.3조순이익 0.15조, 92년 말 매출액 38.2조순이익0.17조원이었던 것이 신경영 10년에 비약적인 발전을 하여 2002년 말 매출액 141조순이익11.5조원에 이르렀다.

❙ 삼성그룹의 재산분할 완성

이건희가 회장으로 취임한 후 이건희 체제를 확고히 하기위해서 내부적으로 정리해야 할 문제는 무엇보다도 재산의 분할문제였다.

1991년 7월 둘째형 이창희의 백혈병 사망을 계기로 재산 분할문제 협의가 신속히 진행하게 되었다. 먼저 1991년 11월 장녀 이인희에게 전주제지와 고려병원을, 막내 여동생 이명희에게는 신세계백화점을 분할, 여자 형제와의 재산분할을 끝냈다.

그 후 3년이 지난 1995년 2월 미국 LA에서 이건희 회장, 장녀 이인희 한솔제지 고문, 막내 이명희 신세계백화점 상무, 그리고 장자 이맹희의 아들이자 장손인 이재현 제일제당 상무 등이 가족회의를 열어 제일제당과 안국화재는 장남인 이맹희에게 분할하고, 제일합섬은 새한미디어에 편입 둘째 이창희의 부인 이영자와 아들 이재관에게 분할키로 합의하고 실행되었다. 이로서 삼성그룹은 명실공히 이건희 회장 시대를 맞게 되었다.

■ 글로벌기업의 도약기(2003~ 현재)

도약의 삼성그룹은 삼성전자의 비중이 획기적으로 커져 도약을 하고 있다. 예컨대 삼성전자의 그룹 안에서 차지하는 비중을 매출액측면에서 보면, 1986년 20%, 1996년 29%였던 것이 2003년을 기점으로 48%, 2008년 54% 증가되었고, 2010년 말 기준으로 60.7%을 차지하였을 뿐만 아니라 삼성 그룹은 현재 계열사 83사에, 10대 대규모기업집단 순위도 2000년 이후 줄곧 1위를 달리고 있다.

▎삼성의 편법증여와 비자금조성 사건의 종결과 재기

1996년 에버랜드의 전환사채CB 발행 이후 삼성그룹의 편법 승계 논란은 이건희 회장이 그의 장남 삼성전자 이재용 상무에게 에버랜드 전환사채를 시세보다 훨씬 싼 주당 7,700원에 전환사채를 배정해 회사의 손해를 끼친 반면 이재룡 상무에게 그만큼의 이익을 안겨줌으로서 지배권을 편법으로 증여했다는13년간의 지리 한 법정공방을 거친 사건과, 2007년 11월 삼성그룹 구조조정본부 법무팀에 근무하던 김용철 변호사의 이른바 '삼성비자금조성 폭로사건'으로 국회 비자금 특검법에 의해 삼성이 특검을 받게 된 사건이다. 두 사건은 1심, 2심을 거쳐 2009년 12월 대법원에서 에버랜드 전환사채사건은 무죄로 종결되었고 다만, 삼성SDS의 신주 인수권부 채권BW의 저가발행진은 유죄를 인정, 벌금을 부과와 3년 집행유예를 받았다. 그 후 4개월 후에 특별사면으로 경영쇄신의 일환으로 회장직을 떠난 23개월2008. 4~2010. 3만에 다시 회장직에 복귀하였다. 그는 회장직에 복귀하면서 "지금은 진짜 위기다. 앞으로 10년 안에 삼성을 대표하는 사업과 제품은 살아질 것이다. 다시 시작해야 한다."라고 위기감을 불어 넣으며 그룹의 구심점을 회복하여 스피드경영에 박차를 가하고 있다. 그리고 삼성그룹을 먹여 살릴 5대

신사업, 즉 태양전지, 자동차전지를 비롯해 LED, 바이오제약, 의료기기 등 5개 분야를 선정, 2020년까지 23조3000억 원을 투자 글로벌 기회를 선점키로 했다.

이런 소용돌이를 거치며 퇴진했던 회장의 복귀는 삼성에 활력을 불어 넣어 2010년 말 주력기업인 삼성전자는 순이익 면에서 일본 전자기업 총합계 보다 높은 실적을 올렸고, 매출액 실적 면에서도 미국의 휴렛패커드를 제치고 1위에 올랐다.

■ 이건희 삼성 22년의 경제·경영사적 의미

이건희 삼성의 22년은 국가적으로 민주화, 정보화, 전통산업의 고도화, 경제의 개방화라는 과제를 동시에 수행하던 시기였다.

소위 '1987년 체제'로 불리는 민주화의 정치 사회적 변화, 1997년 외환위기 이후 경제체질의 변화, 이러한 환경 변화에 대하여 이건희 삼성은 한발 앞선 집중투자와 '삼성 新경영'과 같은 기업경영의 패러다임 시프트(Paradigm Shift) 로, 국난의 외환위기 이후에도 혹독한 구조조정의 파고를 무난히 넘을 수 있었다. 특히 삼성은 이 시기에 반도체, LCD, 휴대폰 등의 IT분야에서 세계적인 경쟁력을 확보하면서 우리나라 수출의 20% 전후를 담당, 경제를 선도하는 기업으로서 확고한 위치를 차지하였다.

이상과 같은 결과로 삼성은 포춘지 선정 글로벌 500대 기업에 선정 되었고, 인터브랜드 발표 세계 브랜드 가치 순위 100대 기업 상위에 이름을 올릴 수 있었다.

향후 제조업의 하드웨어 우위의 경쟁력뿐만 아니라 소프트웨어 우위 경쟁력도 가져야 한다는 과제는 남겨져 있지만, 이건희는 "삼성新 경영"을 통하여 한국 경영사상 최초로 '양(量)의 경영'에서 '질(質)의 경영'으로 패러다임시프트에 성공, 재계는 물론 한국사회 전반에 이건희 신드롬이르켰을 뿐만 아니라 명실공히 우리나라 경제·경영사 상에 처음으로 IT분야에 세계 제일의 글로벌 기업을 한국에 탄생하게 하였다.

결론적으로 이병철 삼성의 50년과 이건희 삼성의 22년, 통합 72년간 삼성에서 두 기업가에 의해 실행된 기업사는 한국 경영사의 중심으로 한국경영사 그 자체라고 할 수 있다. 뿐만 아니라 한국 GDP에 삼성이 차지하는 비중이 2008년 이후 20% 이상으로(2010년은 22.1%: 한국 1,172조 8,034억중, 삼성 259조 6,336억원) 이는 한국경제에서 삼성의 위상을 단적으로 상징하고 있는 것이다.

기업가 이병철 · 이건희의 가치관과 경영이념

3

이병철·이건희의 가치관과 경영이념

인간의 행동을 예측하는 가장 좋은 방법은 그 사람의 과거를 살펴보는 일이다. 당사자의 습관, 기질, 사고방식, 가치관Value System 등을 면밀히 조사하면 행동의 유형을 알게 된다. 인간의 성격은 그 사람의 행동에 의해서 이해된다. 인간의 가치관은 변하는것이 아니다. 이를테면, 지위에 크나큰 가치를 부여하고 있는 사람은 장래에도 계속 지위를 추구하게 된다. 다음으로 예측은 모두 추찰推察에 불과하다는것을 알아야 한다. 따라서 보다 많고, 보다 정확한 정보에 의해서 정확한 예측을 할 수 있도록 준비해야만 한다.

또한 상대방의 문화에 대한 이해이다. 문화지식 · 신념 · 예술 · 법률 · 도덕 · 습관 및 사회구성원으로서 인간이 습득한 모든 능력이나 습관을 포함한 복합적 종합체 속에서 인간의 가치관이 생성되고 그 가치관의 판단에 따라 의사표시를 나타내며 때로는 태도로 나타난 행동은 그 의사표시가 행동action 또는 반작용reaction으로 나타나는 것이다김영래, 2011, 384-385. 그러므로 이병철 · 이건희의 앙트러프러너십의 실천을 파악하기위해 먼저 그들의 가치관과 태도를 살펴보기로 한다.(〈그림 1〉참조)

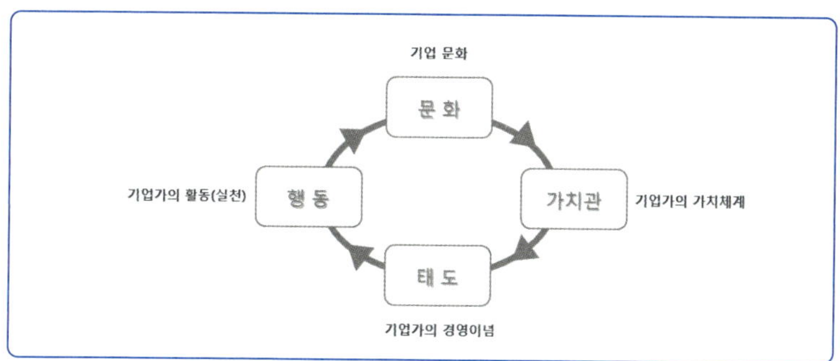

〈그림 1〉 인간의 행동과 문화의 영향

기업가 이병철의 가치체계 형성

기업가 이병철은 孔子의 가슴과 슘페터의 날개를 단 기업의 명장

■ 가풍과 가정교육

조부 : 이용후생利用厚生, 부친 : 사필귀정事必歸正과 신信

이병철의 가계家系는 경주 이씨慶州 李氏에 속한다. 16대조가 경남 의령군 중교리를 은거의 고장으로 삼아 가속을 이끌고 낙향하였다. 16대조 후에도 大科에 급제하여 관직에 오른 분도 있었으나 10대조 후대부터는 정치와는 무관한 선비로서 생활을 이어온 것 같다.

조부 이홍석李洪錫은호는 文山, 1838~1897년 당시 영남의 거유巨儒로 일컬어지던 허성제許性齊의 문하생으로 학문에 조예가 깊어 시문과 성리학에 매우 능했고 이재理財에도 밝아 천여석을 추수하는 부를 이루었다고 한다. 조부는 이용후생利用厚生, 실학사상에도 뛰어난 재능을 소유하고 있었던 것 같다. 조부가 인근 마을의 아이들을 위해 서당 文山亭을 열었을 때 그의 스승 허성제가 써준 文山記에 "이홍석公은

實事求是의 학풍을 좇았다"고 한 것으로 보아 능력이 남 달랐음을 짐작케 한다. 이병철이 이재의 감각이 뛰어나고 유교적 사고를 생활신조로 하고 있었던 것은 조부의 재능이 전승되었던 것으로 전해지고 있다. 이러한 가정환경에서 5세부터 조부가 세운, 서당 文山亭에서 5년 남짓 동안 지도자론인 자치통감資治通鑑과 인격자가 갖추어야 할 도道, 수기修己, 수신修身의 원전인 논어論語를 통독하였고 그때 공부한 한학은 그의 인격형성의 근원이 되었다고 한다.

이병철은 부친 이찬우李纘雨, 호 滤山, 1874~1957와 모친 안동 권씨(1872~1941) 사이에서 4남매 중 막내위로 누이 둘과 형 병각이 있음로 태어났다. 부친은 단정하고 근엄하였으나 자녀에게는 인자하였으며 공자의 가르침을 철저히 지켰고, 퇴계학에도 조예가 깊었을 뿐만 아니라 서예도 능하였다고 한다. 삼강오륜을 숭상하였으며 청년시절 독립협회 회원으로 기독교청년회에도 출입하여 이승만 박사와 친분을 맺은 인연으로 6·25동란 회복 이후 이병철은 부친의 연으로 이 대통령을 자주 뵐 수 있게 되었다. 또한 모친 권씨가 36세 때 낳은 이병철은 막내로서 어머니의 기대가 각별하였다고 한다. 그 무렵 그는 출중하다는 말은 별로 듣지 못하였지만 유별나게 "남에게 지는 것을 싫어했다"고 한다.이병철, 1986. 5

부친으로부터의 처세훈은 사필귀정事必歸正이었다. 즉 매사에 성급하지 말아야 한다. 무리하게 사물을 처리하려하면 안 된다는 것이었다. 그리고 늘 강조하신 것은 거짓과 꾸밈은 개인에 있어서나 국가, 사회에 있어서나 대우환이라는 것이었다.

그리고 생전에 꾸중 한번 하신 일이 없는 부친으로부터는 인의예지신仁義禮智信의 생활윤리 중에서 특히 늘 신信의 중요성을 강조하시며 비록 손해를 보는 일이 있더라도 신용을 잃어서는 안 된다는 가르침을 받았고, 창업 이후 오늘에 이르기까지 삼성이 신용을 기업의 생명으로 삼아온 것은 부친의 유훈이자 그 뿌리라고 이병철은 술회했다.이병철, 1986. 10 그리고 이것은 훗날 이병철의 도의문화 운동, 이건희의 삼성헌법으로 이어진다.

■ 유교적 가치관의 논어論語와 생활철학의 담淡

나라는 인간을 형성하는 가장 큰 영향을 미친 책은 논어論語이다.

이병철의 사상thought은 크게 경영철학과 생활철학으로 나누어지는데 그 뿌리는 하나라고 할 수 있다. 전통적 유교 가문에서 태어난 이병철은 어려서부터 조부와 부친의 영향을 깊이 받았다. 이병철은 경영에 관한 책에는 흥미를 느껴본 적이 별로 없다고 하였다. 새 이론을 전개하여 낙양의 진가를 높이는 일도 있지만 그것은 대체로 기업적인 경영의 기술면을 다루고 있는데 지나지 않기 때문이다. 그가 관심을 갖는 것은 경영의 기술보다는 그 저류에 흐르는 기본적인 생각, 인간의 마음가짐에 관한 것이다.

그는 어려서부터 독서를 게을리 하지는 않았다. 소설에서 사서史書

에 이르기까지 다독이라기보다는 난독을 하는 편이었다. "가장 감명을 받은 책, 혹은 머리맡에 두는 책을 들라면 서슴지 않고 '논어論語'라고 말할 수밖에 없다. 나라는 인간을 형성하는데 가장 큰 영향을 미친 책은 바로 이 '논어'이다. 나의 생각이나 생활이 논어의 세계에서 벗어나지 못한다고 하더라도 오히려 만족한다. 논어에는 내적규범이 담겨있다. 간결한 말속에 사상과 체험이 응축되어 있어 인간이 사회인으로서 살아가는데 불가결한 마음가짐을 알려준다." 이 점은 법률과는 대극의 위치에 있다. 법도 인간사회의 불가결한 규범이기는 하나 이미 발생한 인간의 행위 밖에 다루지 못한다. 어떤 행위가 발생한 연후에 작용하는 것이 법이다. 행위가 발생하기 이전에는 법은 아무 상관이 없다. 남을 기만하거나 살상하거나 혹은 명예를 훼손하는 행위가 있고 그것이 발각되어야만 비로소 작용하는 것이 법이다. 여기에 생각이 미치다보면 오늘날 논어가 지니고 있는 크나큰 의미를 새삼 되새기게 되는 것이다. 그러한 뜻에서 그는 논어와 함께 인간형성의 기본철학이 담겨있는 전기문학에 더 흥미를 느꼈던 것같다.이병철, 1986, 269-270

논어에서 인간관계의 근본이 되는 "言必信, 行必果" 즉 '말은 반드시 믿음이 있어야 하고, 행동은 반드시 일관성이 있어야 한다.'는 가르침과, 수기치인修己治人에 충실함으로써 사욕을 버리고 흐르는 물과 같이 담담한 생활을 영위하고 정직한 생활태도의 원리를 습득했다고 한다.

부친으로부터 물려받은 좌우명 '사필귀정事必歸正' 또한 이 논어에 근거한 것이다. 사필귀정의 정신은 그에게 바른 일을 위해서는 용기를 갖고 반드시 실천하는 태도를 보였고, 새로운 세계를 향해 창조하고 개척하며 고난과 역경에 직면해도 결코 굴하지 않고 전진해 나아가는 신념을 주었으며, 어떤 어려움도 감당하고 견디어 내는 인내력도 배양해 주었다. '富與貴 是人之所浴也 不以其道得之 不處也' 즉 '재물과 지위는 사람이라면 누구나 바라는 바이지만 누구나 다 얻을 수 있는 것이 아니며 정당한 수단으로 얻는 것이 아니면 그 속에서 살 수 없다.' 이병철이 논어에서 즐겨 인용하던 말이다. 그는 이렇게 스스로 논어가 생활신조와 경영철학의 바탕임을 강조했다.

그리고 이병철의 생활철학에서 자주 접하게 되는 '담淡'의 의미는 그의 외관, 취미로 부터 인재 선발 및 경영자의 현명한 판단력 등에 도 일관되게 나타난다. 고정관념이나 선입견이 없는 인물을 발탁해서 전혀 의외의 업무를 맡기고 새로운 활력을 불어넣는 인재선발방식, 헛된 욕심이나 편견이 없는 백지의 상태에서 사물을 판단하는 자세, 부하의 부정과 사고를 냉정한 마음으로 깨끗하게 처리할 줄 아는 사업가의 냉정성은 그가 늘 추구하는 '담(淡)'의 의미로 해석된다.

■ 신新교육

이병철은 댕기머리를 자르고 11세 때 신학문에 접하게 되었다. 1922년 4월 진주의 지수보통학교 3학년에 편입하고 6개월 동안 통학하였다. 1922년 9월 상경하여 수성보통학교 3학년에 편입하였다. 그

시절 그는 50명 중 35등 내지 40등을 오르내렸지만 산술만은 늘 학급에서 상위여서 자신이 있었다고 한다. 그가 이재에 밝은 것은 뛰어난 계산 능력 때문이기도 한 것이다. 이병철은 보통학교 과정을 단기간에 마무리 짓는 속성과가 있는 중동중학교에 편입 1년 동안에 보통학교의 5, 6학년 과정을 끝내고 중학부에 입학하였다. 중동중학교 3학년 재학 중이던 1926년 12월 5일 부모가 정한대로 세 살 연상의 순천박씨와 결혼했다. 중동중학교 4학년 1학기를 마치고 여름방학에 귀향하여 일본유학을 결심을 하고, 1929년 10월 도일하여 동경에 있는 와세다早稻田대학 전문부 정경과에 입학하였다. 와세다대학에서 모처럼 차분히 공부에 열중하였으나 2학기 말이 되자 심한 풍토병 각기에 걸려 학업을 중단하고 귀향해야만 했다. 이렇게 학교 교육은 여러 곳을 전전하였으나 끝을 맺지 못하였다. 그러나 그의 일본 유학생활에서 처음으로 학업에 열심히 정진했던 것은 그가 후일에 일본기업으로부터 많은 것을 배우려 할 때 도움이 되었을 것이고, "당시 도쿄가 세계의 중심지의 하나라는데 그곳에서는 세계가 보이더라." 고 했듯이 좀 더 넓은 세상을 알 기회였을 것이다. 그러나 아마도 그의 자질은 학문의 길로서 대성하는 데 있지 않고 사업에서 그의 삶의 의미를 찾으려 했던 것 같다.

■ 이병철에 대한 세간의 인물평

현대의 창업자 정주영鄭周英, 1915-2001에 따르면, 이병철은 인재제일의 사업관을 갖고 있으며 '제일'을 중시하고 성공을 위해 치열한 승부근성을 가진 사람이라 했고, 개인적으로 가장 친분이 두터웠던 교보의 창업자 신용호愼鏞虎, 1917-2003는 최고만을 고집하는 사람, 풍류를 즐길 줄 아는 사람이라 했다. 전후 일본을 움직이는 10사람 중에 한 사람이라는 세지마류조瀨島龍三, 1911-2007는 외국인으로 일본에 친구가 많은 사람이며, 특히 선견지명先見之明을 가진 사람이라 했고, 미국 GE의 전 회장 잭 웰치Jack Welch는, 책임감과 사람을 중시하고, 인재를 적재적소에 잘 배치하는 능력과 올바른 비전, 인재를 제일로 한 사람이라고 했다.호암재단, 2010, 236-252

이들 외에도 그의 측근이었던 이들의 평도 "'대담세심大膽細心한 분', '통찰력과 선견력'이 뛰어난 분," 이라고 술회했다[9]. 이상의 인물평을 종합해 보면 공통적으로 이병철은 "인재를 중시하는 사람," "제일과 최고를 고집하는 사람," "先見之明을 가진 사람"으로 요약된다.

9) 측근인 최우석 전 삼성경제연구소 부회장의 평은 '대담세심(大膽細心)한분', 정준명 전 '삼성재편' 사장은 '통찰력과 선견력'이 뛰어난 분, 이라고 술회했다.

기업가 이건희 가치체계의 형성

■ 가정환경

한편 이건희는 부친 이병철李秉喆과 모친 박두을朴杜乙, 1905년 11월 7일생의 3남 5녀 중 일곱번째이자 막내아들로 1942년 1월 9일 출생했다. 위로는 형 맹희, 창희와 인희, 숙희, 순희, 덕희 등 4명의 누나와 여동생 명희가 있다.

어린 시절 여덟 명이나 되는 형제 남매 속에서 부친이 사업 때문에 몹시 바빴고 누나와 형들은 학업 때문에 뿔뿔이 흩어져 살았다. 아주 어린 시절은 할머니 품에서 많이 자랐다. 그래서 철들 때까지 할머니가 어머니인 줄 알았다고 한다. 온 가족이 처음으로 한 자리에 모인 것이 중학교 3학년 때였는데 온 가족이 처음으로 만난 것을 기념해 가족사진을 찍을 정도였다고 한다.

성년이 된 1967년 4월 홍진기1917~1986의 장녀 홍라희1945년 7월 15일생와 결혼하여 장남 재용1968. 6. 23, 장녀 부진, 차녀 서현을 슬하에 두고 있다.

■ 교육배경

1947년 5월 아버지가 사업을 크게 하기 위해서 대구에서 서울로 상경하면서 혜화초등학교에 입학하였다. 그러나 2학년 때 한국전쟁이 발발하자 이후 마산, 대구 그리고 다시 부산에서 피난살이를 하게 되었다. 부친이 부산에서 고철 수집업, 설탕과 비료수입업 등을 했기 때문이었다. 부산에서는 두 번 전학을 했지만 그는 한국에서만 무려 다섯 번이나 초등학교를 옮겨 다녀야만 했다.

❙ 소년기 일본유학 : 사색과 입체적 사고의 체득

이건희는 부산사범부속초등학교 5학년 때인 1953년, 일본 도쿄 초등학교로 유학을 떠났다. "선진국을 보고 배우라"는 아버지의 지시 때문이다. 당시 이미 도쿄에는 큰 형인 이맹희가 도쿄대학 농과대학에 다니고 있었고, 둘째형인 이창희1933~1991가 1952년 일본유학생 1기로 효성그룹의 조석래 회장과 함께 귀족학교인 학습원學習院을 거쳐 와세다대학을 다니고 있었다.

이건희는 둘째 형과 함께 지내면서 도쿄의 초등학교를 입학하여 다니게 되었다. 당시 큰형은 학교가 멀어 따로 나가 하숙을 하였다고 한다.이병철 호암자전

당시 그는 12살의 어린소년이었기 때문에 일본어도 모르고 문화도 낯선 일본에서 적응하기가 쉽지 않았다. 그때를 회상해 이건희는 "친구도 없고, 놀아줄 상대가 없으니 혼자 생각을 많이 하게 됐고, 생각

을 해도 아주 깊이 하게 됐다……. 가장 민감한 나이에 민족 차별 · 분노 · 외로움 · 부모에 대한 그리움, 이 모든 걸 절실히 느꼈다월간 조선, 1989년 12월호, 341"고 했다.

그래서 그는 중학교 1학년 때부터 집에서 피키니즈Pekignese라는 개를 기르기 시작했다. 그 후 지금까지 개는 그의 평생 친구로서 절친한 대상이 되었다. 그의 애견 취미는 훗날 진돗개 기르기로 발전하였다. 1979년 진돗개애호협회까지 창설하게 되며, 1983년 진돗개를 까다롭기로 소문난 세계견종협회에 공식 등록시킬 수 있도록 만들었다. 그때 개를 기르며 상대방의 처지를 생각하는 방법을 배웠다고 한다. 이건희, 1977, 189-190

또한 그는 일본에서 초등학교를 다니면서 일찌감치 골프를 배우게 되었다. "골프를 이해하게 되면 세상의 이치를 알게 된다."는 부친의 권고 때문이었다.

그 시절 그는 무려 1,200~1,300여 편을 영화를 보았다. 이것은 일본에서 10년 간 제작된 영화 편수와 같은 것이다. 수요일과 토요일 오후, 일요일 등 쉬는 날에는 극장에서 살다시피 했다. 그는 영화관에서 일본어를 배웠고 영어를 익혔으며 영화 속에 비친 인생의 철학을 배우게 되었다. 그의 영화감상법은 다양한 목적을 두고 감상하는 독특한 것이었다. 이번에는 주인공 입장에서, 다음번에는 조연급의 입장에서 감상을 하는 입체적 감상법, 즉 영화를 감상 할 때도 대게 주인공만을 치중해보게 되지만 주인공뿐만 아니라 조연, 때로는 감독, 카메라맨의 입장에서 두루 생각해보면 또 다른 감동을 맛 볼 수 있다는 것이다. 이 같은 습관이 굳어지면서 입체적으로 보고 입체적으로 생각하는 그의 사고 틀이 만들어 졌다. 이 입체적 사고는 후일 프로세스 혁신을 통한 스피드경영과 경쟁력이 된 디지털 융복합을 가져오게 한 발상의 근원이 되었다.

❙ 청소년기 서울시절 : 스포츠를 통한 강인함 습득

3년 동안의 일본 생활을 마치고 서울 사대부속 중학교에 편입하여 졸업 후 서울사대 부고에 입학하자마자 그는 레슬링부에 들어갔다. 그는 고등학교 2학년 말까지 레슬링을 열심히 하였다. 웰터급 선수로서 전국대회에 나가 입상을 하기도 했다. 그의 IOC위원이 되고 싶다는 꿈은 이때부터 싹텄다고 한다. 그 꿈은 1996년 애틀랜타 올림픽 때 비로소 이루어졌다. 그가 그렇게 레슬링을 하게 된 것은 일본서 재일교포 출신 역도산力道山의 경기를 보고 매료되었기 때문이다. 또 그가 레슬링협회 회장이 된 것이나 비인기 종목이었던 레슬링을 1988년 서울 올림픽에서 금 2, 은 2, 동 5개라는 메달밭으로 가꿀 수 있었던 것은 고교시절 레슬링을 한 인연 때문이다. 그의 고등학교 레슬링부 생활은 2년 만에 막을 내리고 공부에 전념 하였다.

그가 밤을 새우고 10시간의 마라톤 회의를 주재할 수 있었던 것은 레슬링으로 단련된 체력 덕분이다. 또한 그는 오늘날 스포츠를 통해 "심판이 없는 골프에서는 자율을, 야구에서는 팀워크를, 럭비에서는 투지를 배워야 한다." 고 강조할 수 있는 것도 초 · 중 · 고등학교 시절의 경험에서 터득한 것이다.

소년시절 절친했던 친구 홍사덕에 따르면 그는 늘 깊은 생각에 빠져 있었고 생각이라기보다 묵상에 가까웠다고한다 그 시절도 지금처럼 무표정한 얼굴로 말이 없었다. 친구들이 말을 걸면 겨우 "응!", "아니야!" 정도로만 대답할 뿐이었다. 동작도 느릿느릿 했고, 한 번도 놀라는 것을 보지 못했다고 한다.월간조선, 1989.12월호

❙ 청년기 와세다대학 유학시절 : 스포츠와 일류의 진수를 터득

와세다대학 시절 특기할만한 사실은 스포츠와 영화에 대한 관심이다. 그는 와세다대학 골프부에 가입하였다. 이건희는 이미 초등학교 5학년 때 골프를 시작하였으며, 대학 골프부에서 골프의 에티켓과 매너를 다시 한 번 세밀하게 배우는 기회를 가질 수 있었다. 그러면서 아버지 이병철이 겨우 초등학교 5학년생이었던 막내에게 "세상의 이치를 배우라"며 골프를 가르친 이유를 두고두고 되새기게 되었다.

그 외에도 럭비, 탁구, 테니스 등도 열중하였다. 훗날 그가 체육계를 적극 후원 할 수 있었던 것은 이때부터 쌓아온 인연 때문이라고 할 수 있다.

그는 와세다대학 시절 '일류'에 대하여 깊은 관심을 가졌다. 일류 프로레슬러 역도산力道山, 일류 절도범, 일류 인기인, 일류 정치인, 일류 기업가, 일류 요리사, 일류 야쿠자 등 일류에 대하여 관심을 가지고 연구했다. 그리고 '그 사람들이 톱으로 올라가기 위해 어떻게 노력

을 했는가를 연구'하여 그 나름의 결론도 가질 수 있게 되었다.월간조선, 1089, 12월호, 340

이건희의 일류욕은 훗날 초 일류욕으로 발전하였다.

예컨대, 이 회장이 삼성 경영진에게 자주하는 골프 얘기가 있다. "드라이버샷으로 180야드 나가는 사람이 코치를 받아 200야드를 보내기는 쉽다. 더 배우면 220야드도 보낼 수 있다. 그러나 250야드 이상을 보내려면 그립 잡는 법부터 스탠스 등 모든 것을 바꿔야한다." '초일류'를 강조하는 이 회장의 이 한마디엔 경영인으로서의 자존심이 잔뜩 녹아 있다. 휴대전화 사업은 초일류 정신의 산물이다.

1995년 시판한 무선전화기 중 불량이 있다는 보고를 받고는 이 회장은 즉각 전제품 회수를 명했다. 회수된 제품은 공장 전체 임직원이 보는 앞에서 소각 했다. 150억 원이 연기처럼 사라졌다.

사내방송인 SBC로 하여금 '카메라 출동'식의 기습현장 취재로 불량품을 고발토록 하는 방법도 동원됐다. 그 때부터 삼성전자 내에서는 제품을 만들고 파는 데도 명예를 중시하는 풍토가 자리잡았다고 한다. 이는 삼성의 1등 정신이 그대로 이어졌기 때문이다.

일류란 자신이나 일에 대해 철저한 사람들이고 인간미가 넘쳐흐르며, 벌을 줄 때는 사정없이 벌을 주고, 상을 줄 때는 깜짝 놀랄 정도로 준다는 것이다. 이 같은 사고는 훗날 초일류기업을 지향하는 그의 기업가 활동에서 면면히 나타나고 있다.

❙ 미국 조지워싱턴 대학원 유학시절 : 기술중시 사고의 습득

와세다대학를 졸업하고 미국의 조지워싱턴 경영대학원에서 경영학을, 부전공으로 매스컴학을 전공하였다. 미국 유학시절에는 자동차에 심취해 미국 생활 1년 반 동안 자동차를 여섯 번이나 바꿨다. 호사로운 취미가 아니라 차의 구조가 궁금했기 때문이었다고 한다.

미국 유학시절 이건희는 자동차에 심취했다. 이건희가 자동차와 처음 친해진 것은 일곱 살 무렵 당시 부친 이병철이 타고 다녔던 1948년형 미국산 시보레를 타고난 뒤부터이다. 한국 6 · 25전쟁 때 공산당이 징발해 당시 남로당 박헌영이 타고 다녔다는 바로 그 차였다.

자동차는 2만 개가 넘는 부품이 결합된 현대과학의 총아이다. 그걸 뜯고 조립해서 되팔고 그러는 사이 자동차구조의 전문가가 되었다. 그는 자동차 기계에 관한 일정수준의 지식과 자질이 훌륭하였다. 한때 삼성이 자동차 사업에 뛰어든 것을 보고 항간에서는 그의 자동차 수집취미 때문에 시작된 사업이 아니냐는 호된 비판이 제기된 적이 있었다. 그러나 삼성이 자동차 설립배경에는 이와 같은 대학원시절 자동차에 대한 남다른 애정과 전문가적인 안목이 작용했음을 부인하기 어려웠다. 실제로 이건희 회장은 전 세계에 6대 밖에 없는 "부가티 로열시리즈"중 자동차 넘버 41150 "베를린 드 보야쥐"를 소유하고 있을 정도로 자동차에 관심이 많다. 이차는 1929년 프랑스에서 만들어진 세계의 명차 중 명차이며, 성능도 당시로서는 세계 최고였지만, 세련된 디자인 면에서도 단연 세계 으뜸이다.

그는 이때 좋은 기술의 필요성과 기술경영에 대한 나름의 이미지를 깨닫게 되었다. "다행히 제 자신이 어려서부터 새로운 물건을 보면 뜯어보고 원리를 이해해야 직성이 풀리는 성격이어서 새로운 기술, 좋은 기술이 있다는 소리를 들으면 어떻게든 들여오려고 욕심을 많이 부렸습니다"라고 말하곤 하였다. 그 때문에 회장이 된 다음에 그는 기술자들한테 "기술만 알아서는 안 된다. 경영을 알아야 한다."고 하면서 기술경영의 개념을 심어줄 수 있었다. 그는 "경영자부터 현장직원들까지 기술이 중요하다는 것을 알게 되고, 자발적으로 기술개발과 공정개선에 힘을 쏟으면서 이제는 일류급에 버금가는 기술력을 갖추게 된 것 같습니다"라고 한 인터뷰에 술회했다.한국경제신문사, 2002, 228

이건희 회장은 경영학을 전공했지만 기계광이다. 그의 머리에는 경영학 지식보다 더 멀리 보는 전자, 우주, 항공, 자동차, 엔진공학, 미래공학 등 많은 설계가 청년시절부터 생성되었다.한국경제신문, 이건희, 한경PB, 2003년 5월, 홍하상. (2)日經 biz-tech oo記事, 三星, 逆轉의 方程式 全文, 2004. 10. 發刊 第 3號 이런 이 회장을 삼성 내에선 '와세다대학 상학부 전자공학과 출신'으로 부른다.

이렇게 그는 사색하길 좋아하고, 승마와 골프를 즐기고 애완견을 기르는 취미, 영화와 다큐멘터리물도 즐겨 본다.

예컨대 삼성 관계사 고위 임원들은 이건희 회장이 권한 『벼랑 끝에 선 호랑이』원제 Tiger on the Brink, 미국 캘리포니아대 출판부를 탐독했다. 중국이 급성장하는 과정에서의 도덕적 해이도 함께 다뤘다. 이를 계기로 그는 중국 사업의 중요성을 강조하고 2001년 중국을 방문 했을 때 임원들에게 "중국을 더 이상 저가품의 생산기지로 생각하지 말고 그룹의 생존이 달린 전략시장으로 보고 접근하라"고 촉구 했다.

이 회장은 때때로 항공, 우주과학 바이오 등 전문 서적을 읽기도 한다. 하루 평균 독서량이 몇 백 페이지를 넘는 것으로 알려졌다. 이런 사색과 취미생활은 통찰력을 얻는 에너지원이 되고 있다.

■ 부친 이병철과 장인 홍진기로부터의 사私교육

▎부친으로부터 목계木鷄와 경청傾聽

부친 이병철 선대회장은 거실에 "목계木鷄"를 걸어놓고 늘 자신을 경계해 왔다. 목계는 장자莊子의 달생편達生篇에 나오는 이야기로 나무로 만든 닭이 어떠한 닭이 달려들어도 흔들리지 않는다는 뜻, 즉 '세파에 초연'해야 한다는 훈으로 세파에 자기 자신을 달래고 의연하게 극복하라는 훈이다

그리고 1979년 2월 삼성그룹 부회장으로 승진하여 삼성 본관 28층의 이병철 회장 집무실 옆방으로 첫 출근 하던 날, 부친이 직접 쓴 "경청傾聽"이라는 휘호를 받았다. 경청, 즉 우선 남의 말을 잘 들어주는 것이야말로 대기업을 이끄는 총수로서 지켜야할 금과옥조이기 때문이었다.

❙ 부친으로부터 사업의 성공 요체

부친 이병철은 사업의 성공 요체로 "운運, 근根, 둔鈍", 이 세 가지를 꼽았다. 운이란 환경 변화에 적응하는데 성공함을 의미하고 운의 이면에는 남모를 고뇌와 노력이 숨어있다고 하였다. 근이란 고객의 신뢰를 얻기 위한 끈기와 집념을, 둔은 잔꾀를 부리지 않고 기본에 충실한 자세를 의미한다. 그는 이 운, 근, 둔을 염두에 두면서 사업을 하였다.이건희, 1997, 286

❙ 부친으로부터 인재 중시重視사고

바둑 1급 열 명이 힘을 모아도 바둑 1단 한 명을 이길 수 없다.

그는 부친으로부터 '기업은 곧 사람이다'라는 말을 수없이 들어왔다. 손자병법에 天時는 地利만 못하고 지리는 人和에 못 미친다고 하여 사람의 중요성을 거듭 강조해 왔던 것은 人事가 萬事이었기 때문이다. 그래서 그는 회장으로서 제일 힘든 일이 사람을 키우고, 쓰고, 평가하는 일이며 '기업이 필요로 하는 사람適材을 키워 필요한 때適時에 필요한 곳適所에 쓰는 일이야 말로 기업 경영자의 의무'라고 했다. 이러한 이 회장의 사고는 예컨대, 삼성전자에 서울 공대 교수 300명보다 10배 이상이나 많은 3,600명의 박사들을 유치했으며, 주로 미국에서 학위를 받고 글로벌기업에서 10년 이상 근무한 해외 MBA출신 500명의 인재들도 모여들게 했다. 그리고 인력도 직접 뽑는다. 부회장 시절 일본의 오디오 핵심 기술 인력을 당시 월급의 5배를 주는 등 파격적인 대우로 영입했다. 1988년, 현장에서 그들을 따돌리는 사태를 접하고 국내 현실을 통탄하기도 했다. 부친은 철저한 내부 승진 중심의 순혈주의 인사정책을 고집했으나 이 회장은 우수한 인재라면 삼성을 한 번 떠난 사람이라도 재영입하곤 한다.

"우수한 인력 한 사람이 10만명을 먹여 살린다." "바둑 1급 열 명이 힘을 모아도 바둑 1단 한 명을 이길 수 없다." 이건희가 최근 던지는 화두는 핵심인력 영입이다. 영입한 우수인력을 따돌리는 사태가 빚어지면 이 회장은 불같이 화를 낸다. 이를 상징적으로 보여주는 것이 예컨대, 1990년대 초반의 '후쿠다보고서 사건'이다. 디자인 전문가인 일본인 후쿠다씨를 고문을 영입하고도 삼성전자 경영진들은 그의 조언을 무시했다. 후쿠다씨는 이를 비판하는 보고서를 작성했고, 우연히 이를 본 이 회장이 불호령을 내렸다고 한다. 그 후부터 삼성전자는 영입 인사들이 최상의 환경에서 일할 수 있도록 세심하게 배려했다. 삼성은 이에 따라 미국, EU, 일본, 중국 등 주요 거점에 연구소 설립을 확대하고 있다.

부친의 현장경영과 장인의 문제해결 지혜

그는 살아오면서 두 분의 스승이 있다고 했다. 부친 이병철로부터는 언제나 그 스스로가 현장에서 부딪치며 스스로 익히도록 하는 방식을, 즉 "경영은 이론이 아닌 실제이며 감이다"라는 체험적 교훈을 배웠다. 그리고 장인 홍진기로부터는 기업경영과 관련된 지식이 어떻게 서로 작용하며 기업경영을 올바르고 효율적으로 이끄는데 이 지식을 어떻게 활용할 것인가를 배웠다고 한다. 즉, 부친의 엄격한 현장 중심의 훈련을 통해서 경영일선에서 발견되는 각종 문제점을 느끼며 반사적으로 대처하는 감의 지혜를 배웠고, 장인의 이론중심 가르침을 통하여 합리적이고 융통성 있는 문제해결의 지혜를 얻었다고 한다.이건희, 1997, 12-13

■ 이건희 회장 어록에 나타난 가치관

❙ 사업관

이건희 회장은 자신의 기업관을 이렇게 밝혔다. “첫째, 사업초기에 가졌던 초심을 끝까지 유지한다. 둘째, 일시적 이익보다는 신용을 얻으려고 해야 한다. 셋째는 사람이다. 나는 사람을 소홀히 하는 기업은 오래가지 못한다고 생각한다. 마지막으로 기업의 사회적 책임을 잊지 말아야 한다. 기업은 조직에 나타나는 자만과 오만을 항상 경계해야 된다. 사업이 자기 힘만으로 된다고 생각하는 순간 태만과 부패가 시작되고 고객이나 제품개발에 소홀하게 된다. 자연히 신용과 이미지의 추락이 뒤따르고 그렇게 되면 그 기업은 더 이상 앞날이 없어진다는 것이다.”이건희, 1997, 286-287

▎자율경영 : 임파워먼트Empowerment

선대 회장 시절부터 정착된 자율경영 관행은 '의인불용 용이불의疑人不用 用而不疑'였다. 미덥지 못하면 맡기지 말고, 썼으면 믿고 맡기라는 것이다. 이 관행은 오히려 이건희 회장에 와서 한층 강화됐다. 물론 위기의식을 불어넣어야 할 필요가 있을 땐 예외로 하고 이 회장은 회사 경영에 거의 간섭하지 않는다. 그래서인지 삼성 내에서는 '총수의 전횡'이란 말을 듣기 어렵다.한국경제신문사, 2002, 232

1987년 제2 창업을 내세우며 경영권 분산에 관해서는 다음과 같이 언급했다. "선대 회장님은 경영권의 80%를 쥐고, 비서실 10%, 개별사장 10%를 나누어 행사했지만, 나는 앞으로 회장 20%, 비서실 40%, 그리고 각 사장들이 40%를 행사하도록 하겠습니다. 나의 20%도 비서실과 각 사가 충돌할 때 중재만 할 겁니다."월간조선, 1989.12월호, 354

2001년 7월 「신동아」와의 인터뷰에서 "저는 지금까지 직접 경영 전면에 나서서 관여하지 않았습니다. 대주주로서 또한 경영자의 한 사람으로서 미래전략과 방향 등 경영의 큰 줄거리에 대하여 가끔 상의하고 조언하는데 그치고, 일상적인 경영활동은 전문성과 능력을 갖춘 각 사장들이 권한과 책임을 갖고 자율적으로 해왔는데, 앞으로도 그럴 겁니다"라고 자신의 생각을 밝혔다. 이 회장은 공식적으로 각 사장단회의에 연 2회 정도만 참석할 정도로 자신의 생각을 줄곧 지켜 왔다.

예컨대 삼성을 떠난 윤종용 고문은 삼성의 최대 강점이 권한 이양Empowerment이라고 했다. 그는 삼성의 장점을 첫째, 권한을 이양하는 이회장의 리더십, 둘째, 우수한 인재의 채용, 셋째, 세계최고 수준의 SCM,공급망 관리을 꼽았다.

이건희 회장의 가장 큰 장점은 전문경영인에게 완전하게 '권한 이양'을 하는 것이며 기업에서는 이 임파워먼트가 중요하다. 왜냐하면 사람은 누구나 자존심이 있어서 믿고 맡기면 일을 다 해내기 때문이다.조선일보, 2010. 2. 20일자 이것은 자율경영을 견지하는 이 회장의 리더십을 지적하는 것이다.

준비경영

이건희 회장은 한국 경제가 중요한 시점에 있을 때마다 특유의 위기의식을 통한 타개책을 제시해왔다. 지난 1988년 그룹회장 취임 이후 위기의식과 인식의 전환을 강조하며 '제 2창업'을 선언했다. 이어 1993년에는 '질質 중시 新경영'으로 세계 일류 경쟁력을 확보하기 위한 변화의 필요성을 역설했다. '이건희 신드롬'으로 불린 삼성의 신新경영은 우리 기업이나 사회에 만연한 외형 중시의 양적 사고를 품질과 기능을 중시하는 질 중시의 사고로 전환시켰다. 삼성이 성공적으로 구조조정을 할 수 있었던 것도 다른 기업에 비해 위기를 빨리 간파했기 때문이다. 이 회장의 신新경영은 외환위기 이후 한 발 앞선 구조조정의 원동력이 됐다. 삼성은 외환위기가 터지자 이 회장의 구조조정에 대한 확고한 의지를 바탕으로 구조조정본부가 중심이 돼서 신속하게 몸집을 줄이면서 핵심역량을 강화했다. 이 회장은 "현재의 실적에 자만하다가는 언제든지 위기에 빠질 수 있다"며 위기의식을 재차 강조하고 있다. 1등 기업이 가질 수 있는 자만심을 경계하기 위해 다양한 주문을 하고 있는 것이다. 이 회장은 반도체, 휴대전화, TFT-LCD 등을 중심으로 한 삼성제품의 수출 비중이 국가 전체 수출의 20%이상으로 높아짐에 따라 어떻게 미래를 대비하느냐가 국가 장래에 미치는 영향이 커졌다는 점을 강조하고 있다.

리더Leader의 덕목CEO의 역할과 미래 핵심인력의 자격요건

리더의 덕목德目, 지知, 행行, 용用, 훈訓, 평評

이건희 회장은 '리더는 종합예술가가 되어야한다'고 생각하며 다섯 가지 덕목을 다음과 같이 제시했다.이건희, 1997, 32 "먼저 알아야 하고知, 행동해야 하며行, 시킬 줄 알아야 하고用, 가르칠 수 있어야 하며訓, 사람과 일을 평가할 줄 알아야 하는 것評, 이것이 리더의 덕목이다."이건희 1997, 32

"과거에는 수만 명의 노예가 1명의 군주를 먹여 살렸지만, 앞으로는 1명의 천재가 수만 명을 먹여 살리는 시대이다"라며 핵심인재의 자격요건을 4가지로 제시했다. "첫째, 최고 수준의 기술이나 노하우, 전문지식을 보유 탁월한 경영성과를 창출해낼 수 있는 전문능력을 갖춘 사람. 둘째, 자기희생 정신과 동료애, 포용력을 가지고 협조해 나아가는 인간미와 청렴한 도덕성을 갖춘 사람. 셋째, 정확한 판단력과 결단력으로 리더십을 발휘해 목표를 달성하고 성과를 내는 사람. 그리고 마지막으로 삼성의 문화와 가치관을 수용할 수 있는 사람이다. 한국경제신문, 2002, 233

▎인센티브에 의한 동기 부여(당근론)

"인센티브는 인간이 만든 위대한 발명품의 하나이며 자본주의가 공산주의에 승리한 원인"

이건희는 인센티브란 신상필벌이 아니고 상을 주는 것이라고 보고 있다. 인센티브는 인간이 만든 가장 위대한 발명품의 하나이며 자본주의가 공산주의에 승리한 원인이라고 생각하고 있다. 인센티브 신봉자인 그는 인센티브가 자본주의의 위대한 가치이기 때문에 실제로 경영진에 대한 파격적인 연봉, 과감한 스톡옵션 등을 지급하도록 하고 있다. 인센티브는 조직 활성화와 개인의 창의력 발휘에 바탕이 된다는 신념을 가지고 있으며 선대회장의 신상필벌信賞必罰에서 벌罰을 상賞으로 대체한 신상필상信賞必賞을, 즉 인센티브제를 택하고 있다. 이건희, 1997, 28-29

‘업業’의 개념

이건희는 그룹 계열사들에 대한 나름의 업의 개념을 가지고 있다. 예컨대 백화점은 부동산업, 호텔업은 로케이션업이자 장치산업, 반도체업은 시간산업, 시계는 패션업, 가전은 조립양산업으로 보았다. 또한 카드업은 술장사와 같아서 부실 채권 회수와 연체율 최소화, 채권 회수 시스템 구축 등이 중요한 사업이라고 했다.김성홍 · 우인호, 2005, 176-177

경영진단과 교육

삼성하면 ‘돈, 엘리트, 부정감사’가 떠오른다는 말이 있을 정도다. 삼성은 감사監査라는 말 대신 경영진단Business Consulting이라고 한다. 이건희는 경영진단은 사후적 조치만으로는 부족하고 치료방법을 조언하고 방향을 제시하였다. 예컨대 그는, “우리 그룹에서 가장 심각한 문제를 안고 있는 회사가 전자, 중공업, 건설, 종합화학이다. 전자는 암 2기다. 중공업은 영양실조다. 건설은 영양실조에 당뇨병이다. 종합화학은 선천성 불구 기형아다. 물산도 고질적인 병이 너무 많다. 종합화학과 삼성전자를 합쳐서 둘로 나눈 정도의 증세가 삼성 물산의 병삼성新경영, 28-29”이라 진단했다. 그는 이를 치료하기 위해서 경영진이 놓치기 쉬운 우수인력을 발굴하고 육성하는 것도 주요한 역할이라고 보고, 도덕성을 강조하는 ‘삼성헌법’이 몸에 배도록 철저하게 교육을 시킨다는 것이었다.한국경제신문사, 2002, 116-122

■ 이건희에 대한 세간의 인물평사색, 경청, 천착

이 회장은 남의 말을 끝까지 경청하고 사색하며, 선대회장의 규칙적인 생활과는 달리 한 가지 일에 무엇이든지 파고드는 집념의 인물, 몰두(탐닉)하며 즐기는 천착穿鑿형 인물, 운둔성의 인물이라는 평이 일반적이다. 특히 "머리 좋은 사람이 노력하는 사람 못 이기고, 노력하는 사람이 즐기는 사람 못 이긴다"는 말이 있듯이 그는 자신의 일을 즐기면서 거기에 빠져드는 스타일이며 이렇게 몰두한 것은 대부분 사업으로 연결신동아, 1991.10월호, 388되었다는 것이 그의 특징이다.

이런 평들을 뒷받침하는 사례는 예컨대 소설가 박경리와 1시간 동안 식사를 할 때도 그는 거의 말을 하지 않고 상대방의 얘기를 듣는 데에만 열중했다고 하고, 문학평론가 이어령도 "그의 한마디가 나의 열 마디를 누른다"는 표현으로 이 회장의 경청에 대하여 감탄하였다. '경청'이라는 부친의 가르침도 있었지만 사장단 회의나 정부 정책회의 때도 대부분 듣는 데에 많은 시간을 할애한다고 한다.그러나 한번 말을 시작하면 3~4시간, 더 길게는 10시간에 걸쳐 얘기할 때도 있다 또한 그는 사택에서 사흘 밤낮을 잠옷 바람에 생각에 잠기기도 하고, 지하실에서 전 세계에서 새로 나온 전자제품이나 자동차를 구입해 분해하고 조립하는 것을 즐기기도 한다.

이건희와 30여 년 넘게 교분이 있는 일본 산요SANYO전기의 이우에 사토시 회장그의 부친 이우에 도시오井植歲男 산요 창업자는 1968년 이병철 선대 회장과 의기투합해 한국 전자산업 발전을 위해 '삼성SANYO'를 설립했다.은 이건희 회장은 종업원을 소중히 여기는 경영철학을 가진 사람으로 그의 최대 장점은 "혜안을 키우기 위해 끊임없이 사색하는 것"이라고 평가했다. 그리고 지장, 덕장, 용장 가운데 모든 부문을 두루 갖췄지만 그 중에서도 지장智將의 측면이 강하다고 평했다.김성홍 · 우인호, 2005, 243-244

삼성의 이병철과 이건희의 경영이념

■ 경영이념에 대한 약간의 논의

기업경영의 조직은 가족이든 동족이든 나아가 주식회사이건 간에 집단으로써 인간조직에 의해서 수행되는 사회적 활동인 한, 거기에는 지휘하는 자leader와 지휘를 받는 자follower의 관계가 성립하고, 그 조직을 유용하게 운영하기 위해서는 양자 간의 상호이해 · 상호기대 또는 양자를 규율하는 것이 필요하게 된다. 이러한 집단으로써 조직 내부의 권력, 부, 위신의 배분 관계 승인에 큰 영향을 주는 것이 사회적 통념social consensus인데 이러한 사회적 통념 하에서 지휘하는 자가 지휘 받는 자를 조직하고 통솔하여 기업이 정한 목표를 향해 일정한 규율 하에서 유효하게 운영해 나가는데 필요한 것이 경영이념managerial ideology이다.김영래, 2010,43-44

경영이념은 아직까지 학계에서 합의된 개념이 없다. 다만, 기본적 속성으로 기업가경영자 스스로가 사회적으로 공표하는 견해, 개인적으로 가지고 있는 가치관, 개인 신조 등 문화 잠재적 측면과는 구별해야 한다. 그런 의미에서 경영이념은 논리성을 포함하고 있고, 사회적 타당성을 갖고 그것을 비판하거나 전개할 수도 있어야 한다.

경영이념의 발전은 공업화 초기 단계에서는 기업가이념entrepreneurial ideology이라 했고, 공업화가 충분히 발전한 단계에서는 경영이념이라 하였다[10]. 이러한 경영이념의 연구방법[11]은 첫째, 문화적 요인으로 각 사회의 고유한 사고 및 행동의 방식,나까가와 교수는 문화구조라 함 둘째, 경제과정 요인으로 각 사회의 공업화 및 경제적 과정의 역사적 특질, 셋째, 조직의 요인으로 기업의 조직적, 제도적 측면 등 3가지 요인 측면에서 경영이념을 고찰할 수 있을 것이다.

경영이념에 대한 미국, 일본 학자들의 견해를 살펴보기로 하자, 우선 우리 기업인들에게 많은 영향을 준 일본의 경우, 첫째, 경영이념이란 어떠한 형태로든 공표되어 성문화 되는 것을 조건으로 하고, 둘째, 경영자 개인의 신념은 경영철학이며, 경영이념이라면 어디까지나 기업 또는 조직으로써의 경영목적, 기본방침, 지도 원리를 중시하는 것이라고 하였다.

또한 일본학술진흥회 180명 위원의 견해는 다음의 세 가지로 요약했다. 첫째, 경영자의 각오 내지 신조로서의 경영이념, 둘째, 기업 내부의 지도이념으로서 경영이념, 셋째, 기업의 일반방침 또는 기업이

---

10) Reinhard Bendix, 'A Study of managerial ideology', in Economic Development and cultural change, Vol.5, p.118.

11) 中川敬一郎, 1982, 比較經營史序說, 東京大學出版會, pp.137-149 참조

당면한 제 문제에 대해 사회에 일반적으로 호소하는 의도를 가진 경영이념 등 3가지 타입이 있다고 하였다. 그런가 하면 일본에서 지금까지 연구된 경영이념을 아사노淺野俊光 교수가 잘 정리하여 정의를 내린 것으로 "경영이념은 기업가경영자가 기업의 경영목적을 달성하기 위한 활동방침 또는 지도원리이다."라고 하였다.淺野俊光, 1991, 3

일본의 경영이념 변천사는 에도江戶시대 상가商家의 가헌家憲이나 가훈家訓에 기원이며, 현재에는 사훈社訓, 사시社是, 강령綱領, 행동방침, 사가社歌 등으로 성문화되어 있다. 그러나 이것은 시대와 함께 다음과 같이 변화하였다. 즉 에도시대에는 家가에 대한 헌신이, 메이지明治시대부터 2차대전 전까지는 국가에 대한 봉공이 강조되었지만, 2차대전 이후에는 기업에 대한 충성심이 주가 되고, 나아가 기업의 에고이즘의 반성으로 부터 기업의 사회적인 책임과 기업의 안전, 성장을 목표로 하는 전략지향적인 경영이념이 대두되었다.

이상과 같이 일본 연구자들이 '기업의 지도원리'라는 면을 경영이념의 중심에 놓은 것에 대해서, 미국의 연구자들은 경영이념이 갖는 '이데올로기'라는 측면을 중시하고 있다. 예컨대 1950년대 미국 기업의 경영이념에 대한 현상분석을 한 Francis SuttonSutton, 1956, 3의 저서에는 "경영이념Business Creed은 이데올로기이며, 이데올로기란 타인의 감정이나 활동에 영향을 주는 분명한 목적을 갖고 공표되는 '신념의 체계'이다."라고 정의하고 '경영이념 = 이데올로기' 라고 분명히 밝히고 있다. 또한 소위 혁신주의 시대의 경영이념을 연구한 Alfred L. ThimmThimm, 1978, pv은 비즈니스 리더들이 스스로의 경험이나 성공이라는 관점에서 특정한 문제에 대하여 개인적 또는 집단적으로 표명하는 것이 비즈니스 오피니언이라고 한 대 반하여, "기업이나 업계에 표명하는 이론을 붙인 계층적인 요망"을 비즈니스 이데올로기라고 정의하였다. 이데올로기라는 말은 흔히 좌·우익을 선별할 때 흑백을 가르는듯한 인상을 받지만, 과학적 증명에서는 반론이 불가능한 개인 또는 그룹의 사상적 신조라는 뉘앙스가 있다. 위의 두 사람에 관한 한, 어느 쪽도 경영이념에 자의적 또는 주관적인 측면을 강조하고 있다. 그러나 어느 나라든 기업수준에 따라 기업의 사훈이나 사시에서 보여주는 경영이념은 다르다.

이 들을 종합하면 경영이념은 우선, 기업가 스스로 '행위를 정당화하기 위한 신념의 체계'이다. 그리고 이와 같은 신념을 가져야만 된다고 생각하는 기업가의 사고에는 이윤동기에 대한 세상 사람들의 냉엄한 시선을 감안하고 있다. 둘째, 경영이념이란 기업이 '조직력을 높이기 위한 신념의 체계'이다. 그리고 마지막으로, 이제까지 경영이념은 그것이 어떠한 말로 표명되었던 간에 '기업혁신을 추진하고 경쟁력을 높이는 것에 공헌'하는 것이 첫째 의무라고 할 수 있다. 그리고 '경영이념은 명시'될 뿐만 아니라 기업 내부 사람들의 공감과 외부사람들로부터 훌륭한 이념을 가진 회사라고 인식될 수 있어야 하고, 반드시 '실천으로 옮겨져 실행' 되었을 때 사회적 평가를 받을 수 있다. 그러므로 경영이념은 구호가 아니라 실제의 의사결정과 경영활동의 기준이 되어 '실천의 나침반'이 되어야 한다.

❙ 이병철의 경영이념 "인재제일, 합리추구, 인류에의 봉사"

슘페터J. A. Schumpeter와 피터 드러커peter F. Drucker의 주장대로 자본주의 경제의 발달은 기업에 의해서 추진되며 기업의 발달은 혁신의 추진자인 창조적 기업가에 의해서 이루어지며, 또 자본주의가 몰락하지 않고 지속적으로 발달할 수 있는 것은 기업논리가 그 지주로서 존재하기 때문에 가능하다는 것이다. 도전과 개척은 기업의 책무라고 주장한 이병철은 혁신의 추진자인 창조적 기업가로 기업을 통하여 자기 뜻을 세우고, 그 뜻을 실현함으로써 국가와 사회에 공헌한다는 생각으로 기업을 경영하였다. 기업은 본질적으로 부단한 창의력과 개척력 그리고 이윤추구의 집념 위에서 성장하고 발전한다.

그는 "기업은 인간의 행복에 보탬을 주기 위해 무언가 베풀어 주어야 한다." 경제 정책의 중요한 핵심은 바로 여기에 있다고 하였다. 그리고 기업이 사회적 책무를 다하기 위해 필요한 두 기둥, 즉 생산활동의 최대효율화와 인간존중만이 새로운 경영이론의 기본이 되어야 하며 경영은 인간의 존엄성을 존중하는 도의적인 옳음 위에 확고히 뿌리를 내려야 한다는 것이다. 이런 이병철의 사고 아래 삼성의 경영이념이 구성원 전원에게 합치된 개념으로 정리된 것은 1973년부터이다.

"기업에 손댄지 어언 40여 년 동안 기업다운 기업을 일으키고 풍요한 물자를 공급하여 인류가 공존 공영할 수 있는 복지사회건설에 이바지해 보려는 마음으로 몇 가지 경영원칙을 가지고 일해 왔다. 간

추려 말하면 첫째, 기업은 사람이다. 즉 인재를 키워야 한다는 것, 둘째, 사업자체가 국민과 국가에 도움이 되어야 한다는 것, 셋째, 경영 합리화를 기해야한다는 것이고 하나 덧붙이자면 기업은 항상 공존공영의 원칙 아래서 해야겠다."는 것이다.

1973년 이 같은 기본사상을 바탕으로 이병철은 이 해에 제2차 삼성경영 5개년 계획을 발표하면서 ①인재제일人材第一, ②합리추구合理追求, ③사업보국事業報國를 경영이념으로 선포하였다.이건희, 1998, 182-183

그러나 삼성의 경영이념은 진화되어 삼성은 1993년 3월 22일 제2창업 5주년을 맞으면서 새로운 경영이념을 선포했고, 1973년 공식화된 경영이념은 그 후 창업이념으로써의 새로운 지위를 갖게 되었다.

삼성의 경영이념은 인재제일에 합리추구와 사업보국이 더해져 성립되었지만 이중 어느 것 하나 더 중요하고 덜 중요한 것은 없다. 세 이념이 서로 보완하며 조화를 이루어야 큰 힘이 되는 것이다.

인재제일은 기업의 경영이념과 철학이 아무리 뛰어나다고 해도 그것은 결국 사람이 실천하는 것이며, 이 점에서 인재제일은 인간을 존중하고 개인의 능력을 최대로 발휘 할 수 있는 여건을 만들어 그로 하여금 개인과 사회에 원동력이 되게 하자는 이념이다.

합리추구는 사업보국과 인재제일의 뜻이 아무리 훌륭하더라도 그것이 합리성의 바탕에서 이루어지지 않는다면 그 본질마저 훼손될 수 있다는 점에서 이치에 합당하는, 곧 합리를 추구하는 경영이 중요하다는 것이다.

사업보국은 기업을 통해 국가와 사회에 봉사한다는 의미를 담고 있다. 곧 삼성은 국리민복國利民福에 기여할 수 있는 사업을 일으키고 발전시키는 것을 사명으로 이를 실천한다는 것이다.

그리고 1984년 6월부터는 삼성정신의 5대 덕목을 창조정신, 도덕정신, 제일주의, 완전주의, 공존공영으로 정하였다.이건희, 1998, 189-190

그러나 이병철의 경영이념 중 '사업보국'에 대해서 그의 50년간의 기업가 활동을 심도 있게 면밀히 고찰해 보면, 그의 언어와 행동에서 '사업보국' 보다는 오히려 '공존공영共存共榮', 더 나아가 '인류에의 봉사'가 그가 본래 의도했던 경영이념이라고 보여진다.

그는 1953년 이래 줄곧 공존공영을 강조해왔다 제일제당에서 중앙일보, 삼성전자, 반도체에 이르기까지 개인과 기업, 사회, 국가 그리고 인류에 공존공영 정신에 의한 기업경영, 그리고 결국엔 '인류에의 봉사'가 기업가 이병철의 사명이라고 강조했다. 특히 1973년 경영이념이 선포된 이후 그가 타계하기까지 15년 사이에는 더 많이 이점을 강조했음을 알 수 있다.

이 같은 추정을 가능케 하는 이유는 다음과 같다.

먼저, 이병철의 공존공정신과 더 나아가 인류에의 봉사에 대한 강조는 끝이 없다. 예컨대, "개인의 이익보다는 공익을 먼저 생각하고 정직하게 사업하는 자세 또한 중요하다. 제품을 만드는 사람, 파는 사람, 사는 사람이 모두 서로 덕을 보는 '공존공영'의 원칙을 엄수함으로써 기업은 발전한다. 나는 거듭 강조하고 싶다. 기업은 결코 영원한 존재가 아니다. 변화에의 도전을 게을리 하면 기업은 쇠퇴하기 시작한다. 그리고 일단 쇠퇴하기 시작하면 재건하는 것은 지난至難하다." 삼성인력개발원, 2000, 27-29 "나는 사업을 하면서 늘 '공존공영'을 강조해왔다." 1953년 제일제당 설립 후 특약점들도 이익을 낼 수 있도록 배려한 것을 계기로 공존공영의 원칙을 지켜야 번영할 수 있다는 교훈을 얻었고, 이후 1965년 중앙일보 창간 무렵 신문사와 신문보급소가 모두 공존해야한다는 원칙아래 판매점의 이익을 우선하는 방식으로 부수확장에 어려움이 없었다. "기업과 사회의 공공이익은 양립할 수 있으며 반드시 그래야 한다는 기업과 사회의 공존, 생산비용을 절감하여 질 좋은 제품으로 소비자 이익에 봉사하는 소비자와의 공존, 중소기업은 대기업을 위해 있는 것이 아니라 중소기업이 없으면 대기업이 있을 수 없다는 대기업과 중소기업의 공존, 국내기업에만이 아니라 국제사회의 치열한 경쟁 속에서도 상호 협력을 해야 한다는 기술교류의 원칙 등 이병철의 '공존공영'의 정신은 합리적인 경영을 펼치면 반드시 성공할 수 있다는 확신을 갖고 있었기에 사업에서 성공했고 사업 성공의 요체가 되었다." 1982년 삼성 종합연수원의 준공식에서 이병철의 필적이 새겨진 붉은 화강암 현판에는 "… 진리를 꾸준히 실천해 온 삼성이 강력한 조직으로 인재육성에 계속 주력하는 한 삼성은 영원할 것이며, 여기서 배출된 삼성인은 이 나라 국민의 선도자가 되어 만방의 인류행복을 위하여 반드시 크게 공헌할 것이다."라고 새겨져 있다.

이렇게 공존공영을 강조하던 이병철은 "나는 인간사회에 있어서 최고의 미덕은 봉사라고 생각한다. 인간이 경영하는 기업의 사명도 의심할 여지없이 개인, 가정, 사회, 국가 그리고 인류에 대하여 봉사하는 것이어야 한다. 기업의 사회적 봉사는 세금, 임금, 기부를 통해 국가 운영의 기초를 튼튼하게 하면서 기업 자체의 유지 발전에도 이바지하는 것이다"라는 취지의 1982.4.2 보스턴대학 명예박사 수여식 강연, 자신의 자서전, 매일경제 1987.1.7일자 인터뷰 등에서 밝혔다.

이상에서와 같이 이병철은 공존공영에서 한걸음 더 나아가 기업은 '인류에의 봉사'가 그 사명이며 그의 신념임을 누누이 강조했다.

둘째 이유는 '사업보국'은 그 시대의 조류를 따랐다고 보겠다. 기업과 기업가의 지향하는 목표는 나라와 시대에 따라 다를 수 있다. 사회학 용어인 사회의 '역할과 승인role and sanction'을 통해서 기업가의 목표가 행동에 미치는 영향을 분석한 결과에 따르면, 미국형型은 변화와 혁신을 지향하고, 프랑스 형은 안전과 보수를 지향하며, 일본형은 2차 대전까지 국가발전과 기업발전을 동일시하는 민족주의적 지향, 즉 '국가에 대한 봉공'이었다.전후 일본 기업은 기업에의 충성, 사회적인 책임으로 옮겨갔다

이병철이 사업보국을 강조한 것은 일제 강점기 하에서 청년기를 지나 장년기에 들어선 그가 일본 기업가들의 영향을 받았을 가능성도 있다. 그리고 해방 후 조국건설의 일익을 담당하겠다는 신념도 그 시대의 조류에 따랐다고 볼 수 있다.

셋째 이유로, 기업을 경영하면서 1960년대를 그가 '길고 험한 노정'이라고 했던 시련의 연속, 즉 4 · 19, 5 · 16을 거치며 부정축재자 지목에 따른 추징금 납부, 4대 시중은행주식의 정부환수, 한국비료 강제 헌납시중에서는 '사카린 밀수 사건'이라 부름, 일시적으로 경영일선에서

은퇴, 용인 자연농원이 자연 파괴라는 비난, 그리고 1980년대 초 사기업 동양TV와 라디오 방송 TBC를 정부가 KBS의 제2방송으로 강제 흡수시키는 것 등에서 본인의 기업경영 신념에 대한 진정성의 항변을 다음과 같이 토로 하였다. "기업인의 정당한 활동을 사회가 인정하고 고무해야 하는데 우리 사회는 그렇지 못하고 도리어 기업인을 백안시하고 부정적인 평가를 서슴지 않는다. 기업인에 대한 우리 사회의 부정적인 평가는 사士의 역할만 중시하고 농공상農工商을 천시하던 역사적 배경, 해방 후 경제개발 과정에서 보여준 기업인들의 부정적 모습, 자본주의에 대한 이해부족 등으로 인해 형성되었다. 이러한 분위기 속에서 이병철은 자신의 정당하고 합리적인 기업 운영과 사업보국의 충정이 언젠가는 이해되리라고 확신, 인내하며 기업가의 본분을 다한다고 하였다."

그는 그의 자서전에서 "한국에는 사士의 역사는 있지만 농공상農工商의 역사는 없다. 우리나라 역사상 기업이나 기업가는 평가받은 역사가 없다." 라고 통렬하게 비판하였다. 이 밖에도 그에 관련된 문헌 속에서 수 없이 감지된다. 그 같은 1960년대의 시련 그리고 우리나라의 뿌리 깊은 반 기업정서에 고민하던 그는 한때는 기업가로서 자기 항변을 위해 정치에 나설 것을 고려하다 언론기관을 세워 정론正論을 펴고자 한 점에서 "사업보국"은 본래의 뜻 보다 그것들에 대한 항변의 뜻이 더 담겨져 있다고 생각된다.

이런 점들을 고려했을 때 기업가[12] 이병철이 기업가 즉 "기업가는 사상가이자 실천가이다."라는 관점에서 50년간 영욕의 세월을 회고

하는 가슴속에 항상 지니고 있던 진정한 경영이념은 사업보국 보다는 공존공영, 한 걸음 더 나아가 "인류에의 봉사"라고 볼 수 있다. 그리고 이 이념은 오늘날과 같은 글로벌시대에도 시대를 초월한 경영이념에 적격이라 하겠다.

또한 기업 경영의 목적으로 분류한 기업형태를 보면, 미국형型은 "주주의 이익을 위한 Your Company", 일본 형은 "종업원과 기업의 이익을 위한My Company", 그리고 오늘날 모든 기업들이 지향하고자 하는 "모든 이해당사자들을 위한Stakeholder Company"가 있다. 여기서 이병철의 공존공영, 나아가 "인류에의 봉사"는, 모든 이해당사자를 위한 Stakeholder Company가 되는 것으로 본래 그가 기업가로서 50년 간 끊임없이 주장해오던 신념과도 부합된다고 하겠다.

❙ 이건희의 경영이념

"인재와 기술을 바탕으로 최고의 제품과 서비스를 창출하여 인류사회에 공헌 한다"

제2대 이건희 회장은 1987년 12월 1일 취임사에서 '21C 초일류기업'이 되자는 비전을 제시하고, 1988년 3월 창업 50주년을 맞아 자율경영, 기술중시, 인간존중을 제2창업정신의 핵심 요체로 제정해 기존의 이념 · 정신을 강조해 왔다. 그러나 이념과 정신을 전개하고 전파하는 과정에서 몇 가지 문제점이 드러났다.

---

12) 'Entrepreneur' is a Man of Thought and of Action.

첫째, 기존의 경영이념과 삼성정신이 국제화나 고객중시와 같은 시대적 변화를 적절히 반영하지 못했으며 둘째, 창업정신에는 이념·방침·수단 등의 요소가 혼재되어 있고, 셋째는 기존의 경영이념과 삼성정신 그리고 새로 정립한 제2창업정신이 병존함으로써 혼란이 초래되었다. 이러한 이유로 제2창업 5주년을 맞는 1993년 3월 시점에서 그룹의 경영이념과 삼성인의 정신을 재정립했다. 과거 사업보국, 인재제일, 합리추구를 창업이념으로 하고, 삼성정신의 5대 덕목을 "삼성인의 정신으로 고객과 함께한다. 세계에 도전한다. 미래를 창조한다 로 바꾸었다. 즉 "고객과 함께한다", "세계에 도전한다", "미래를 창조한다"이다. 고객과 함께한다는 것은 삼성인들의 모든 사고와 행동의 기준을 고객우선에 두며 공동체 의식을 바탕으로 협력정신을 발휘해 나간다는 것이다. 세계에 도전한다는 것은 세계시장을 적극적으로 개척하고 세계의 자원을 효율적으로 사용하는 것과 함께 국내에서 일을 한다하더라도 세계수준과 비교해 수준 차 극복을 위한 노력을 하며 세계적 경쟁을 갖추는 것을 말한다.

미래를 창조한다는 것은 풍요롭고 자애로운 인류사회, 보람과 희망이 있는 직장을 만들기 위해 현실에 안주하지 않고 개척하고 연구하는 무한탐구 정신을 말한다.

그리고 그의 '경영이념'을 "인재人材와 기술技術을 바탕으로 최고의 제품과 서비스를 창출하여 인류사회人類社會에 공헌한다"로 정했다. 이는 삼성이 추구하는 궁극적인 목표와 그것을 실현하는 기본방침을 나타낸 것이다. 한편 이병철이 인간 최대의 미덕을 '인류에의 봉사'라하였다면. 이건희는 평소 선친의 노사경영철학인 '상생상화'相生相和를 확대해 기업의 상생공동체를 꿈꾸며 협력과 상생의 지혜를 강조하는 공유의 가치체계shared vawe로 발전시켜 주창했다.

다만, 이 두 기업가의 기본적인 차이는 기업가 활동의 장(場)에 차이이다, 선대회장은 국내에서 제일의, 이건희 회장은 시각을 과거에서 미래로, 글로벌 개념을 통해 국가중심 사고에서 세계중심 사고로 넓혀, 세계 기업으로, 즉 글로벌화 사고로 진화 했다는 점이 차이가 있다.

또한 이건희는 한 발 더 나아가 삼성 기업문화의 가치를 통일, 제고 시켜 하나의 삼성을 부각시키고자 CI를 재정립 하였다. 즉, 경영이념인 MIMind Identity, 기업의 얼굴인 워드마크 VIVisual Identity, 삼성인의 정신으로써 각사 행동규범인 BIBehavioral Identity을 통일하고 재정립 하였다. 그중 워드마크는 과거 워드마크의 한계를 벗어나 한자 '三星'에서 글로벌을 지향하는 기업으로 변신하기 위해 영어 'SAMSUNG'으로 하였고, 세계제일주의, 기술주의, 고객중시, 혁신, 사회에 대한 책임 등 다섯 가지 의미를 함축하고 있는 이미지를 살려 도약의 의미를 불어넣은 타원형에, 다양한 형태의 고객을 동시에 만족시킬 수 있는 적절한 색깔인 청색을 바탕으로 했다. 뿐만 아니라 사가社歌도 '삼성찬가'에서 '우리의 노래'로 바꾸고 그 내용에는 임직원 100명을 대상으로 설문조사에 의하여 얻어진 세계, 미래, 고객, 인류의 사랑 등을 포함하였다.

이병철 · 이건희의 기업가 활동:

앙트러프러너십Entrepreneurship

4

이병철 · 이건희의 기업가 활동

어떤 활동을 하는 사람을 기업가경영자라 하는가?

기업가가 혁신을 하지 않고 관리만 한다면 한낱 노동자에 지나지 않는다

동일한 여건 하에 출발한 기업가(경영자)들이 서로 다른 성과를 가져오는 이유는 무엇일까? 이것을 밝혀낸다는 것은 흥미진진한 일일 아닐 수 없을 것이다.

이것을 제일 먼저 찾아내고자 한 사람이 바로 슘페터J. A. Schumpeter, 1961, 66이다.

그는 "기업가란 정태적 균형 상태에 있는 경제에 혁신을 가져오게 하고 동태적인 경제발전을 생겨나게 하는 구체적인 계기로서 생산재 요소를 새로운 형태로 결합시키는, 또는 생산 제 과정을 변혁시키는 능동적인 경제 주체"라고 했다. 즉 기업가는 혁신을 하는 자이며 혁신활동의 정도와 내용에 따라 성과가 달라질 수 있다는 것이다

그리고 그는 기업가의 활동은 적응적 반응Adaptive Response을 나타내는 기업가와, 종래의 방법을 완전히 혁신하는 창조적인 반응Creative Response을 나타내는 기업가가 있는데, 후자의 창조적인 기업가야말로 진정한 기업가이며 그와 같은 '기업가의 활동'은 다시 말해서 혁

신을 행하는 자가 기업가이고 그러한 기업가의 창조적 혁신활동이 앙트러프러너십이라고 했다. 그는 기업가가 혁신을 하지 않고 관리적 노동의 대가로 보수를 받는다면 그런 사람은 한낱 노동자에 지나지 않는다고 했다. 그리고 슘페터의 제자 콜A. H. Cole은 앙트러프러너십의 중요한 요소를 다음과 같이 세 가지를 들고 있다. 革新, 經營管理, 外界 에의 適應, 여기서 외계에의 적응은 혁신에 의해서 생긴 경쟁에 대처하기 위하여 빠르게 모방해서 적응하는 것을 말 한다고 했다.

그런가하면 기업가의 정의에 대해 1982년 허버트와 링크Robert F. Herbert and Albert N. Link, 1982, 107-108는 18세기부터 오늘날에 이르기까지 경제학자 20인의 저서를 검토하여 "기업가란 무엇인가"라는 질문에 다음과 같이 20인의 답을 요약하고 있다.

오늘날과 같이 동태적인 세계 속의 기업가는 생동하는 인물상이기에 동태적 이론으로 한정한다면 기업가론은 ①불확실성하의 위험부담행위Cantillon, Knight, ②균등을 파괴해 나가는 혁신행위Schumpeter, ③불균형을 발견하고 시장의 균형 메커니즘을 구동하는 조정행위(Kirzner) 등이 3대 주류가 제시하는 기업가 이론의 핵심이라고 했다.포괄적으로 다음 4가지 타입으로 집약할 수 있다고 하였다. A타입: 기업가가 담당하는 주요 과제로써 불확실성에 무게를 두는 타입, B타입: 불확실성 보다 혁신에 두는 타입, C타입: 기업가 기능을 불확실성의 부담과 혁신 혹은 "특수한 능력"의 어느 한 쪽인가에 조합을 시켜 생각하려는 타입, D타입: 비균형의 인식과 그 조정을 강조하는 타입. 그리고 이를 어떻게 통합해 나갈 것인가가 중요하다고 했다. 즉, 위험부담Risk-taking, 파괴적 혁신, 그리고 불균형을 균형으로 조정하는 행위라 했다.

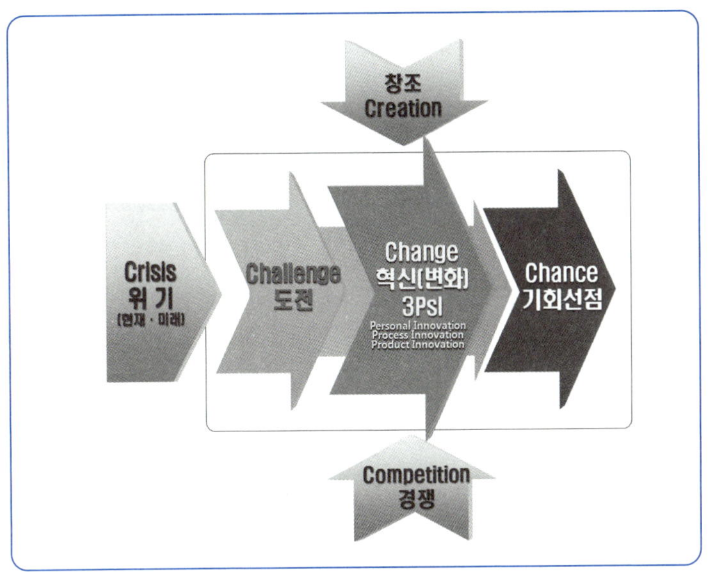

〈그림 2〉 앙트러프러너십 6Cs

또한 기업가의 혁신에 대해 챈들러A. D. Chandler, Jr는 영국, 미국, 독일 200개 기업의 100여 년간의 경영발전사를 비교사적으로 연구한 결과, 비용을 절감시켜 생산성을 높인 것은 새롭게 개량된 제조법에 투자했기 때문이지 혁신 그 자체는 아니다. 따라서 경쟁상 우위 달성에 필요한 기술혁신과 시장혁신을 위해 생산 · 유통 · 경영Three Pronged Investment에 투자를 감행, 선구적인 '투자가 조직의 혁신'을 가져오고 조직의 능력을 형성하는 기업가인 선발자(First Mover)가 중요하다고 하였다安部悅生 外 譯, 1993, 27-29, 49-50. 즉, 기업가인 Challenger를 포함하여 Inventer ⇒ Pioneer ⇒ First Mover ⇒ Challenger의 도식이 구성된다고 하였다. 왜냐하면 챈들러나 슘페터도 똑같이 발명가보다 혁신자pioneer가 중요함을 인정하였다. 그 이유는 발명 그 자체보다 발명을 기업화한 혁신자가 경제적으로 중요했기 때문이다. 챈들러는 한발 더 나아가 그것에 투자하는 선발자Frist mover가 그리고 그 선발자는 도전자이어야 한다고 했다.

포터M. E. Poter, 1992, 31-61는 혁신에서 가장 중요한 점은 어느 정도 경쟁우위를 가져오는가 하는 점이라고 하였다. 즉 혁신은 경쟁력이 있는 혁신이어야 한다는 것이다. 그리고 그도 혁신에 대한 지속적인 투자로 경쟁우위를 확보하는 것이 필요하다고 하였다. 즉, 경쟁 = 혁신으로 포터의 혁신의 의의는 ①새로운 기술진공관 → 트랜지스터, ②새로운 매수인의 니즈패스트푸드 레스토랑, ③새로운 산업의 세그먼트휘크 리프트, ④원료비용입수 가능성의 변화, ⑤정부규제의 변화제품기준, 환경통제, 신규 진입제한, 무역장벽로 나누고 저차원의 경쟁우위와 고차원의 경쟁우위로 나누었다

한편, 앙트러프러너십은 피터 드러커P. Drucker, 1985, 머리말에 의 하면 앙트러프러너십의 특성은 성격문제가 아니라 행동양식의 문제이며 그것에 기초되는 것은 직관적인 능력이 아니라 실제적이고 논리적이고 구상적인 능력이며 그것은 일종의 과학도, 하나의 특별한 기예Art도 아닌 하나의 실천이라고 했다.P. Drucker, 1974, 3 앙트러프러너십을 많은 사람들이 기업가의 천부적 재능, 타고난 능력, 천재적 영감 또는 번득이는 아이디어 인양 다소 신비스러운 것으로 취급하고 있으나, 앙트러프러너십이란 조직 할 수 있는정녕 조직될 필요로가 있는 의도적 과제로 최고경영자가 수행하여야할 업무의 한 부분이라 했다. 즉 기

업가들의 심리와 성격적 특성 등 개성에 관한 문제가 아니라 기업가의 행동 정책 실무의 문제를 다루는 것이라 했고 경영자의 자질과 실천이야말로 자유경제하의 기업이 가지고 있는 유일한 장점이라고 했다

또한 현실경영에서 요구되는 앙트러프러너십은 현재까지의 사업을 미래에서도 가능하게 해주고 기업으로 하여금 전혀 다른 사업에 참여하게 해주는 것으로, 사업을 계속 추진할 수 있도록 기회Chance를 주는 것이라고 하였다. 즉 앙트러프러너십에 의해 기회를 잡을 수 있다는 것이다.

티이스David J. Teece, 2007, 1319-1350는 기업 독자의 자산베이스를 계속적으로 창조, 확장, 개량, 보호하고 가치 있는 상태로 유지하기 위해서는 역동적인 능력Dynamic Capability이 이용되고, 이를 분석하는 데는 먼저, 기회, 위협을 감지 형성하는 능력, 둘째, 기회를 활용하는 능력, 셋째, 기업의 유형, 무형 자산을 향상시켜 결합 보호하고 필요시에 재구성하는 능력, 등 3 가지가 있다고 하였다.

특히 삼성 이건희의 경우는 기업가로서 역동적인 능력으로서 기회 및 위협을 감지하고 형성하는 능력 그리고 그 기회를 활용하는 능력을 끊임없이 발휘하고 있다. 그는 소위 세칭 "위기의 경영"으로 삼성의 구성원들에게 위기의식을 유발, 삼성의 핵심역량과 창의적 도전을 유도하여 지금까지 성과를 올리고 있다. 여기서 위기Crisis는 위기감이 아니라 위기의식으로 예컨대 이건희는 입버릇처럼, "향후 5-10년 후 우리가 무엇을 먹고 살 건가 고민하라!" "앞으로 5년, 10년 후를 생각하면 등에 식은땀이 난다." "지금이 중대고비다. 앞으로 10년 후를 내다보고 신수종사업을 키워야 한다." "현재에 만족하지 말고,

10년 앞을 내다보고 끊임없이 긴장해야 한다." 2010 3월 24일 회장직에 복귀해 첫 한마디가 "지금이 진짜 위기다. 앞으로 10년 내에 삼성을 대표하는 사업과 제품은 대부분 사라질 것이다." 등 현재의 세계 금융 위기를 어떻게 견디어 낼까? 등의 현재의 위기감이 아니라, 5~10년 후 무엇을 가지고 살아남을 수 있을까? 등으로 미래에 대한 위기의식을 고취, 기회로 삼고 있다.

기업가의 미래에 대한 위기감의 상실은 최근 핀란드의 노키아와 캐나다의 블랙벨리가 애플의 아이폰과 삼성의 안드로이폰에 밀려 끝없이 추락하고 있는 현실이 입증하고 있다.

여기까지를 정리하면, 기업가는 위험을 부담하며 도전하고, 창조적이고 경쟁우위를 가질 수 있는 혁신활동을 하는 자로 요약된다.

따라서 "오늘날의 기업가는 불확실성 하에서는 위기의식을 갖고, 위험을 무릅쓰고 도전투자하며, 창조적이고 경쟁우위를 가진 혁신여기서는 혁신(innovation, 즉 변화change(그리고 개혁을 같은 의미로 쓴다.)를 통하여 기회를 갖고 고객의 가치를 창출함으로써 기업의 지속가능한 발전을 가져오는 자者"이며, "앙트러프러너십은 기업가가 이것들의 실천"을 뜻한다.

그러므로 〈그림 2〉의 앙트러프러너십 6Cs을 도전과 혁신3PIs: Personal Innovation, Process Innovation, Product Innovation과 또한 그에 따른 기회의 3Cs를 중심으로 삼성의 사례를 실증해 보도록 한다.

위험을 무릅쓴 도전과 기회

■ 이병철의 도전과 기회

▎삼성물산의 도전과 기회

이병철은 1938년3월 지방 대구에서 삼성상회三星商會을 설립했다. 원래 삼성三星의 뜻은 삼三은 큰 것, 많은 것, 강한 것을 나타내는 것으로서 우리 민족이 가장 좋아하는 숫자고 성星은 밝고 높고 영원히 깨끗이 빛나는 것을 뜻한다. 그 후 삼성그룹의 상호는 "第一제일, 中央중앙" 등과 같이 무슨 일에나 제일과 완벽을 추구한 이병철 회장의 집념과 투지를 반영하여 제일제당, 제일모직, 중앙일보, 중앙산업 등을 창업한 것이다.

그 후 활동무대를 서울로 옮겨 1948년 11월 삼성물산공사를 설립하였다. 그러나 1950년 6·25사변으로 인하여 피난 시 임시수도인 부산에서 다시 1951년 1월 삼성물산 주식회사를 설립하였다. 이때 삼성은 설탕, 비료를 수입하여 부산 국제시장 도매상들에게 판매하는 것을 주업으로 했다. 삼성물산 주식회사는 설립한지 6개월 만에 10억 원의 순익을 올렸고 1년 후에는 출자금 3억의 20배인 60억 원의 수입실적을 올려 순이익 20억 원에 달했다. 그 무렵 1953년 8월, 부산대교로의 삼성물산 임시 본사에서 자본금 2000만원으로 제일제당 주식회사를 설립하였다. 제일제당이 삼성물산 본사에서 설립되었다는 것은 삼성그룹내의 모체가 삼성물산이라는 것을 의미한다. 사실 제일제당, 제일모직 및 기타 삼성그룹계열 기업은 모두 삼성물산을 모체로 하여 설립하였다. 1953년 7월, 본사를 서울로 이전하고 부산 임시본사는 삼성물산 부산사무소로 개칭하였다. 그리고 9월에는 동경지점을 설치하였다. 삼성은 50년대 말 물산을 모체로 제일제당, 제일모직, 효성물산, 한일은행, 동일방직, 한국타이어, 안국화재해상보험, 근영물산, 조선양조, 풍국주정 등으로 삼성그룹을 이루었다.

1962년 제1차 경제개발계획이 실시되면서 상사 활동에 기반을 둔 삼성그룹의 상업자본적 성격은 한층 강화되었다. 60년 10월에는 물산의 사장직을 허정구에게 맡기고 이병철은 그룹회장에 취임하였다. 삼성물산은 66년 말부터 미국, 유럽이 경기침체에 빠지자 섬유류를 제외한 주요 공산품의 수출 대상국을 베트남으로 바꾸었다. 1967년 12월에는 뉴욕지점을 현지법인으로 승격하고 미국과의 거래를 증진시켰다. 이 시기 그 때까지의 사업장별 독립채산제에서 품목별 독립 채산제로 경영방식을 개선하였다. 1970년대에 들어 미국을 비롯하여 국제적 불경기 시대를 맞이하여 삼성의 수출 실적도 1969년 대비

30.9% 감소하였다.

1975년 우리정부는 수출을 진작시키기 위해 일본의 종합상사를 모델로 '종합무역상사제도'를 만들고 제 1호로 삼성물산을 지정하였다. 종합무역상사로 지정받음으로써 그룹 산하에 종합상사 계열기업제조업 및 금융기관을 갖는 이른바 '콘체르'형 기업집단재벌의 요건을 갖추게 되었다. 삼성물산은 1975년 수출목표 2억 달러를 달성하고 76년 3억달러, 77년 5억달러를 달성, 수출업계 3위를 유지하였다.

1975년 6월에는 상품별 사업부제를 업계최초로 도입하여 각 조직단위별 책임과 권한을 부여하였으며, 그 해 11월에 기업 공개를 통해 자본금을 15억원으로 증자하였다. 해외 마케팅활동을 위해서 해외지역본부제를 도입하였다. 삼성물산의 수출활동의 특징으로는 대행수출비중이 높다는 것이다. 다른 종합상사의 경우는 그룹의 대외 창구 성격을 반영하여 수출실적 중 반 이상이 계열기업의 제품을 취급하고 있는데 비해 삼성물산의 경우는 대행 수출의 비중이 75년 69%, 81년 71%에 이르렀다. 이러한 대행 수출의 증가는 거래량의 증가를 가중시켜 삼성물산은 무역활동 이외에도 도매업, 금융, 창고, 수송, 보험, 엔지니어링, 건설, 해외기업과의 합작투자, 해외자원개발, 산업기술 및 편물, 봉제품, 피혁 제품 등의 제조활동 등 이름 그대로 종합상사의 기능을 제대로 하고 있었다. 이병철은 삼성물산을 그룹산하에 둠으로써 우리나라 최대의 기업 집단을 형성하였을 뿐만 아니라, 해외 수출에 있어서도 줄곧 선두를 달렸다. 부존자원이 없는 우리나라는 경제 성장을 위해서 해외무역으로 달러를 벌어들이는 일밖에 없다는 점을 감안할 때, 해외 진출은 우리경제를 이끌어가는 견인차 역할을 하였다. 이병철 생전에 삼성물산은 1976년 그룹매출에 34%를, 1986년에는 32% 비중을 차지하는 등, 그룹의 리딩 컴퍼니로서의 역할을 확고히 수행했다.

❙ 제일제당의 도전과 기회

일제 시, 일본의 식민지 정책의 하나인 남농북공南農北工 정책으로 대부분의 공업시설은 북한에 있었고, 그나마 남쪽에 있던 방직공업도 한국전쟁으로 70% 이상 파괴되었다. 사실 남한에서의 사업은 아무것도 없는 무無에서 출발해야만 했다. 이병철의 경우도 당시 전후 폐허 하에서 무역업만으로 기업성장의 한계가 있음을 터득하고 수입대체가 가능한 제조업 중 제지, 제약, 제당업을 검토하기 시작했다. 이 세 가지가 물망에 오른 것은 종이, 의약품, 설탕이 삼성물산의 주요 수입품으로 시장성이 있다는 것을 알고 있기 때문이었다.

제당은 해방 전, 감초를 원료로 하는 대일본제당 계 공장이 평양에 있었을 뿐, 설탕의 수요는 대부분 일본으로부터 수입하여 충족되고 있었으나 해방 후, 수입중단과 남북분단으로 제당시설이 전혀 없는 상태여서 설탕가격은 폭등하였다.

이병철은 일본의 오지王子제지의 성공사례를 보고 제지업에 관심을 가졌고, 항생제 자급에도 홍미를 갖고 있었으나 제당의 시장적 기회를 무시할 수 없었다. 이병철은 일본의 미쯔이三井 물산에 세 가지 업종의 기획과 견적을 의뢰하였다. 제당은 3개월, 제약은 6개월, 제지는 8개월 후 회답이 도착하였다. 그러나 세 가지 업종 중 기술과 자본의 회임기간이 제당이 유리하다는 판단으로 제당업을 선택하였다.

1953년 2월 15일, 정부는 '100원'을 '1환'으로 하는 평가절하 방법의 화폐개혁으로 악성 인플레이션을 수습하려했다. 그 해 4월에 삼성물산 안에 제당창립사무소를 설치하고 회사명을 무슨 일에서나 제 1의 기개로 임하자는 뜻제1주자, 일등주의, 신조가 제일이라는 말의 표출에서 제일제당으로 명명하고 1953년 5월, 부산 전포동 742번지에 공장 부지를 구입, 제일제당의 산실이 되었다. 자금 조달은 정부의 특별외화대부로 건설에 필요한 18만 달러를 조달하였다. 부족한 2000만 환은 은행으로부터 융자받아 조달하였다. 1953년 8월 1일 창립총회를 열고 부사장 조홍제, 전무 구영회, 상무 허정구를 선임하였고 그들로 하여금 일본에 건너가 기계를 발주토록 하였다. 언어가 소통되고 가격이 비교적 저렴하며 가동 후에 추가시설의 조달이 쉽다는 점에서 일본을 택해 다나카田中기계 플랜트를 도입하기로 결정하였다. 기계는 부산에 입항했는데 일본 기술자의 입국은 이승만 대통령의 반일정책으로 허용되지 않았다. 기계조립과 시운전을 국내 기술로 추진하겠다고 하자 다나카기계는 난색을 표시했다. 기계 작동이나 제품의 규격생산이 되지 않을 경우에는 책임을 질 수 없다는 것이다. 그러나 기계 조립은 일본 공장을 견학 한 지식으로 국제전화를 통하여 물어 가며 조립을 시도했다. 우여곡절 끝에 공정기간을 2개월 단축하여 10개월 만에 완공했다. 1일 생산량은 25톤 이었고, 당시로는 파격

적이고 최신식의 공장이었다.이병철, 제일제당 30년사, 52

원당수입은 삼성물산이 맡아, 대만산 원당 498톤을 수입하였다. 10월 28일 시운전을 했으나 설탕은 나오지 않았다. 추후에 안 일이지만 원료를 너무 많이 넣은 탓이었다. 시제품으로 생산한 설탕 6,300kg을 근당 100환에 판매하였다. 제일제당의 제품 값은 외제의 1/3에 불과했으나 품질은 거의 비슷했다. 초창기에는 국산품이라는 이미지 때문에 그다지 팔리지 않았으나 점차 수요가 증가하고 결국 공급이 수요를 따라갈 수가 없게 되었다.

그 후 국민소득이 증가하고 생활이 안정되자, 국민의 감미식품으로 설탕의 수요가 급증하여 공전의 호황을 누리게 되었다. 생산량도 54년 9,635톤이 55년 26,208톤으로 증가했고 순이익도 처음 54년 2개월간은 매출액 4천 6백만환에 300만환의 결손을 보았으나, 65년에는 7억 2,700만환의 매출에 1억 6,200만환의 순이익을 올렸다. 이병철은 이때 공전의 호황을 누렸다고 회고했다.이병철, 1981, 69

이로서 설탕수입 의존도는 100%에서 3년 만에 7%로 떨어졌으며, 이때는 생산자 중심시장이었다. 제일제당의 설립 이후, 다섯 개의 제당공장이 건립되어 제당회사가 난립하고 과잉생산이 되었다. 이후 1958년에는 처음으로 손실을 보았고, 이때부터 다각화 의 일환으로 제분공장을 건립하였다. 한편 이와 같은 제당회사의 난립은 1960년 60만 4,000톤을 생산하던 설탕이 1만 8,000톤으로 생산이 격감되어 반대로 수급 불균형이 생겨 소위 삼분파동설탕, 밀가루, 시멘트이 일어났다.1978년 제일제당은 10만 7742톤을 생산하게 되었다.

1960년 활로개척으로 화학조미료 사업을 구상하고 63년 원영산업 미풍을 인수하고 생산을 개시했다. 68년에는 미풍을 제일제당에 합병하였고, 1979년에는 동양최대의 배합사료 공장을 선택, 건설하고 대두가공 공장을 합병하였다. 1975년에는 용인 양돈장을 흡수, 육가공 사업에 관심을 갖게 되었고, 81년 백설표 햄을 비롯해 소시지, 베이컨 16개 품목 2,300톤을 생산, 업계 1위가 되었다. 1978년에는 식품연구소를 설립하고, 81년에는 유전공학 연구실 발주, 83년에는 대규모 식품연구소를 완공하였다. 이병철은 그룹회장으로서 그가 선발하고 기른 분신사장들에게 제일제당의 책임경영을 시키며 67년 이후, 전사적 품질관리, 기술혁신 운동, 목표관리 운동의 조직 활성화를 이루었다. 이로서 제당 창립 당시, 53명의 종업원은 1980년 3,000명, 당기수입이익 1,500만원은 82년 30억 3000만원으로 증가하였다. 생산품목도 설탕, 밀가루, 사료, 화학조미료, 대두유. 육가공제품의 매출이 크게 증가하였고, 85년 말에는 제품 수가 30여종에 이르렀다. 제일제당은 제한적인 상업자본이 산업자본으로 전환한 것으로, 한국제조업이 소비재 중심의 수입대체 산업에서 출발했음을 알려준다. 제당의 성공은 삼성이 처음으로 근대적 생산자다운 면모를 갖추고 산업자본으로 전환한 한국 최초의 선구적인 자본임을 말해준다. 무역업에서 오는 한계를 절감하고 새로이 진출한 제일제당은 한국에서 수입대체 산업의 효시였다.삼성인력개발원, 2000, 32

❙ 제일모직의 도전과 기회

동양에서는 옛 부터 '의식衣食이 족해야 예절을 안다.'는 말이 있다. 의衣의 충족이 식食, 주住와 함께 인간 생활에 기본이 되는 것임에 의복의 문제를 시급히 해결하는 것이 당면 문제라고 이병철은 인식 했다. 당시 양복이라면 미군 군복을 염색해 입는 것이 전부였으며, 마카오 수입 양복지는 한 벌에 봉급생활자 월급의 석달 분이 넘었다.

1954년 9월 15일 1,000만환의 불입 자본금으로 제일모직공업주식회사를 설립, 모직공업에 도전하였다.

당시 재계에서는 '400년 전통을 가진 영국모직과 경쟁을 한다는 발상부터 어리석다.' '제당에서 요행으로 성공하더니 세상만사를 너무나 손쉽게 생각하고 있다.' 등의 냉소를 받으며 모직공업에 도전했다. "어떤 사업이건 실패의 위험은 뒤 따른다. 그러나 가장 위험한 것은 처음부터 실패의 여지가 있다는 불안을 안고 착수하는 것이다. 100%의 자신이 없으면 애초에 착수하지도 말아야한다."이병철, 1986, 74 라는 것이 이병철의 신념이었다.

한국 최초의 모직공장이기에 국제경쟁에서 손색이 없는 최신, 최고의 대규모 공장을 건설해야만 한다는 생각에서 일본의 大日本毛織의 기술담당 이사의 협조 하에 마스터플랜을 만들어 모직공장건설 허가를 신청 했지만 일본제 기계 대신에 서독제 기계를 도입하는 조건하에 허가가 났다. 정부는 매년 막대한 양의 모직물 수입에 부심한 나머지 국영기업으로 모직물 공장을 건설하려는 계획을 세웠으나 여

의치 않아 정부가 이미 발주해 놓은 서독 함부르그의 스핀바우사Spinbau社 방적기 500수를 인수한다는 조건이 붙었다. 그러나 이병철은 주기계는 서독제로 하되 부속기계는 영국, 이탈리아, 프랑스 등 세계최고의 성능의 기계를 도입하기로 하였다. 그리고 공장도 서구 선진국과 달리 제사, 염색, 가공, 직포 등 각 공정별로 전문화된 것을 하나로 묶은 일관생산 체재를 갖추고자 했다.

한국 자력으로 공장을 건설하겠다는 이병철 말에, 미국의 유명 모직기계 메이커인 파이팅사의 중역이 "한국 자력으로 건설한 공장에서 3년 이내에 제대로 된 상품이 생산된다면 하늘을 날겠소"라는 비아냥을 받으며 착수하였다. 발주된 기계가 완성되어 설치에 들어가려는 데 문제가 생겼다. 스핀바우사는 '기계 설치를 하려면 60인의 서독 기술자가 필요하고 건설기간도 1년을 잡아야 한다는 것이었다.' 그 비용을 계산하니 30만 달러에 달했다. 이병철은 스핀바우사에 '염색, 가공, 공조분야에 각 1명씩 4명만 파견해주면 충분하다. 그 밖의 것은 그때 가서 상의하자'고 했다. 스핀바우사는 '공장이 완성된 후에 사양대로 제품이 나오지 않더라도 책임지지 않는다'는 조건하에 설치가 시작되었다. 공장은 착공 6개월 만에 소모梳毛공장이 완공, 다음해 방모, 직포, 염색가공공장이 차례대로 완공되었다.

한편 이병철의 꿈과 이상의 일환으로 여자종업원들의 기숙사 건설에도 심혈을 기울였다. 전관 스팀난방 시설에 목욕실, 세탁실, 다리미실, 휴게실에도 경비를 아끼지 않았고 , 공장 내 환경도 대구 사람들이 후일 제일공원이라고 부를 만큼 쾌적하게 꾸몄다.

제일모직의 복지는 시중 외제복지 값의 5분의1 인 1만2천환이었으나 처음에는 '국산품은 조악품'이라는 선입감 때문에 고전했다. 그러나 시간이 지남에 따라 품질도 개선되고 외국제와 비교해도 손색이 없다는 평이 돌자 소비자들이 몰려왔다.

제일모직의 골덴텍스는 신뢰를 얻고 국내시장에서 영국제와 일제를 점차로 축출하였다.

오늘날은 '란스미어'라는 월드 베스트 제품을 생산하는 기업으로 발전하는 기반을 이병철은 닦아 놓았다.

이병철은 제일제당과 제일모직으로 부을 이루어 1950년대 말 한국 제일의 재벌이 되었다.

한국비료의 도전과 절반의 실패

제당과 모직 이후 '더욱 크고 국민경제에 더 한층 유익한' 사업을 구상하던 중 박정희 대통령은 정부의 적극적인 후원행정허가, 대외차관, 자금 등을 약속하며 당시 절실한 과제인 비료의 자급자족에 이병철 회장이 나서줄것을 권유 비료공장 건설을 결심한다. 1964년 8월 한국비료공업주식회사를 설립하고 일본 미쓰이물산주식회사와 요소비료공장 설립계약을 체결, 회사차관을 교섭하여 연간 36만톤 규모의 세계 최대 공장 건설에 착수하였다. 내자 40여 억 원과 외자 48만 달러를 투입, 공정의 87%가 진척됐을 때 "사카린 밀수 사건"이라는 소위 한비사건이 발생하였다. 이것은 이병철의 기업경영에 있어서 최대의 시련이기도 하였으며, 결국은 1967년 4월 완공 후 소유주식 51%를 한국산업은행에 인수케 함으로써 국가에 자진헌납을 하게 되었다. 그리고 1966년 9월 22일부터 68년까지 한비사건으로 경영일선에서 물러나 있어야만 했다.1994년 한비 민영화 계획에 따라 입찰에서 재인수하는 기구한 운명을 겪는다. 이병철 회장은 정치적 사건에 휘말려 한비를 헌납했지만, 국가에 시급하게 필요한 세계 최대의 비료공장을 자신의 손으로 완성했다는 보람과 기쁨으로 새로운 산업에 도전했다.

삼성전자의 반도체 도전과 기회

1966년 9월 22일 한비사건으로 경영일선에서 물러난 이병철은 68년 삼성물산과 중앙일보 사장으로 복귀, 삼성의 진로에 일대 혁신적인 구상을 하였다. 그것이 전자산업의 진출이었다. 1960년대에 일본의 전자산업은 개화기에 들어섰고, 상당한 수준에 이르렀지만 한국은 외국 부품을 가져다 조립이라는 단계에 머물고 있으며 품질 면에서 조악하고 가격도 매우 비싸 기술혁신과 대량생산이 요원한 실정이었다. 이 때 이병철이 전자산업이야 말로 기술, 노동력, 부가가치, 내수와 수출 추진이 우리나라 산업 단계에 알맞다고 판단하여 전자산업에 도전을 결심, 68년 2월 삼성물산에 개발부를 설치하고 신규투자를 검토케 하였다. 그러나 삼성이 전자산업에 뛰어든다고 하자 기존업체들은 결사반대를 하였다. 그 같은 반대에도 불구하고 이병철은 결국 전자단지의 대형화, 공정의 수직계열화, 기술개발능력의 조속한 확보라는 3대 기본원칙을 세우고 수원근교 45만평의 부지를 확보하였다. 1969년 9월 106명의 연수생을 일본에 파견9월 5일 공채로 106명의 연수생을 뽑아 파견하여 각종 생산기술을 익히도록 하였다. 전자 협동조합의 산하 57개 전자업체의 반대에도 불구하고 전량을 수출한다는 전제 조건 하에 1969년 6월 13일 삼성과 SANYO가 합작투자회사 설립 인가를 신청 12월 정부로부터 설립인가를 받았다. 또한 1970년 삼성과 NEC가 합작으로 삼성NEC를 설립하게 됨으로, 삼성전자, 삼성산요, 삼성 NEC 등 전자회사 3개사가 설립되어 외국기업의 기술제휴와 자본조달을 받아들이게 되었다.

삼성전자는 발족한지 9년만인 1978년 흑백TV수상기 400만대를 생산하여 일본의 마쯔시타 전기를 제치고 1981년에는 1천만대를 생산하여 세계최고의 기록을 수립 흑백 TV에서 일본과 미국을 능가하는 기업으로 성장하였다.

한편, 이병철은 왜 반도체사업을 해야 하는가에 고민하였다.

1973년 전 세계가 오일 파동의 중간에 있었고, 재계와 전자업계의 반대를 무릅쓰고 진출한 삼성전기와 삼성전관은 경영난에 허덕이고 있었다. 고전을 거듭하는 전자 부문을 살릴 수 있는 길은 오직 반도체의 자급에 달려있었다 이런 사정은 삼성전자뿐만 아니라 국내 전자업계 모두의 공통 숙제였다.

이병철은 이때 머릿속에 구상했던 세 가지 반도체사업 준비단계를 동시에 진행했다.

첫 번째 준비단계는 비서실에 반도체사업을 구체적으로 검토하라는 지시였다. 며칠을 준비한 끝에 〈반도체사업을 위한 시장조사 및 사업성 분석 보고서〉라는 긴 제목의 보고서가 완성됐다. 두 번째 준비단계는 인재를 찾는 일이었다. 먼저 반도체를 개발하고 생산할 고급인력을 찾기 위해 국내의 기업체와 연구소, 학계를 샅샅이 뒤졌지만 마땅한 인물이 없어 반도체산업의 중심인 미국에서 한국인 과학자를 물색했다. 마침 1975년부터 일본 기업에서 자문 역할을 하고 있던 이임성 교수를 찾아냈다. 그는 일본 기업이 마이크로프로세서 사업에 진출할 때 미국 기술을 중개하는 등 반도체 시장을 누구보다도 잘 알고 있는 인재였다. 1982년 10월, 이임성 박사가 김포공항에 내렸다. 국내 사정에 어두운 이임성 박사는 장인인 김용환 전경련 회장을 먼저 만나 본인의 제반 사정을 의논한 후 삼성 제의에 응했다. 이임성 박사의 적극적인 도움으로 미국에서 활동 중인 한국인 엔지니어들의 스카우트활동이 활기를 띄었다. 또, 이박사가 추천한 이상준박사와 이일복 박사를 스카우트했다.

세 번째 준비단계로 이병철 회장은 6명의 미국 출장팀을 파견했다. 출장팀은 박희준 이사와 이윤우 개발실장, 임종성 제조기술과장, 통신기획실 정병선 과장, 반도체 연구소 이용호 과장, 반도체기획실 김재명 등이었다. 미국 출장팀은 자료수집에 전력을 다했고 자세한 의견까지 첨부하여 서울로 보냈다. 이병철 특유의 거미줄처럼 치밀한 경영을 미처 경험하지 못한 미국 박사들은, 그만두겠다는 말을 수십 차례 반복하기도 했다. 이런 과정을 거쳐 〈최첨단 반도체 신규 사업 계획서〉라는 보고서가 완성됐다.최지성, 2010, 17-21

사업의 사활이 걸린 문제인 첫 제품을 선정하는 문제에서 주춤할 수 밖에 없었다. 비메모리와 메모리의 선택은 일찌감치 메모리로 좁혀졌다. 메모리가 시장규모도 크고 수요가 많다는 판단에서였다. 일반적인 메모리 제품인 D램, S램, EP롬, EEP롬, Mask롬 중에서 수요가 가장 많은 것은 D램이였다. D램은 대량생산이 가능하고 칩 구조가 비교적 간단하다. 특히 반도체 가공기술을 선도하는 특성이 있어 메모리로 좁힌 취지라면 D램을 선정하는 것이 타당했다. 결국 수많은 논의 끝에, 1983년 4월 18일, 이병철은 첫 번째 메모리 제품 사업화를 D램으로 낙점했다.최지성, 2010, 23

당시 반도체는 전자기기, 통신장비, 산업용 기기, 군수장비 등 반도체 사용범위가 늘어나자 수요가 폭발적으로 증가했다. 반도체는 선진국의 고부가가치 기술집약적인 웨이퍼Wafer가공 산업과 노동집약적인 단순조립생산이 분업화를 초래해서 저개발국에 건설하는 추세였다. 이에 우리나라에도 1970년 금성사, 아남산업이 조립 산업을 개시했다. 그러나 1970년에 임금상승으로 조립생산을 자동화함으로써 분업요인이 감소, 단순 조립생산도 한계에 다다랐다. 단순조립생산후공정으로는 제조기술 및 설계기술의 축적이 불가능하였다. 국내기업으로 웨이퍼를 처음 생산한 것은 오퍼상이었던 캠코KEMCO : Korea Engineering & Manufacturing, Co.가 모토로라Motororal사와 콜린스Collins사로부터 마이크로웨이브 통신장비를 수입해오던 때부터 시작되었다. 캠코는 미국 ICIIIntegreted Circuit International, Inc와 각 각 50만 달러씩 100만 달러를 투자하여 1975년 C-MOS 기술의 세계 권위자 강기동

박사를 영입, 한국반도체사를 설립하여 3인치 웨이퍼 생산시설을 부천에 세웠다. 최첨단 설비로 최첨단의 제품을 생산, 전량 수출키로 하였다. 그러나 자금부족으로 경영난에 봉착하자 1974년 삼성전자가 캠코 지분의 50%를 인수하고 1977년 나머지 ICII 지분 50%도 마저 인수하여 삼성반도체 주식회사를2년 후 삼성전자에 합병됨설립하였다. 1982년까지만 해도 반도체가 삼성전자 매출에 3.1% 비중이었다.

이병철이 70세가 되던 해 1980년 일본의 이나바稻葉秀三 박사의 조언은 그를 반도체 사업에 대대적인 투자를 결심하게 하였다. 미래 산업을 반도체가 좌우한다는 확신을 얻게 되자 그는 1983년을 반도체 원년으로 선언하였다. 1983년 2월 8일 이병철은 반도체산업에 진출한다는 도쿄선언을 발표하고 그리고 10개월이 지나 그 해 12월 64KD램을 개발에 성공 세계 3번째 VLSI 생산국이 되었다. 이는 미국 현지 법인 트라이스타가 아이다호 주州 보이시Boise에 있는 마이크로 테크놀로지 사社로부터 기억유지에 필요한 64KD램, 256KD램, 1MD램 등의 기술도입을, 또 인텔사로부터 마이크로컴퓨터 기술을 제공받았으며, 내셔널 세미콘덱터 사로부터 '세미 커스텀' 반도체기술까지 제공받았기 때문이다. 이렇게 해서 삼성은 7,8년이나 뒤진 격차를 2,3년으로 좁혀 놓았고1986년에는 현대를 제치고 재계 넘버원의 지위로 복귀했다, 삼성은 IC집적회로, LSI대규모 집적회로단계를 뛰어 넘어 VLSI도전에 성공함으로써 10년 이상의 기술격차를 3~4년으로 단축시켰다. 1984년 3월 256KD램 개발 착수, 그해 10월 양산 성공에 세계를 한 번 더 놀라게 했다. 이 양 D램 개발투자비만도 6,500억 원에 달했다.

반도체는 장치 산업으로 한 라인을 건설에도 1조원 이상이 투자되는 사업이었다. 장미빛 같던 삼성반도체가 절체절명의 위기를 겪기 시작하는 것은 이 때부터다. 1985년 우려하던 일이 벌어지고 말았다. 반도체의 공급과잉으로 D램 가격이 폭락했다. 개당 4달러 하던 64KD램은 70센트까지 가격이 하락했다. 반도체 가격 대폭락은 1986년까지 계속되었다. 그러나 삼성은 버텼다. 오히려 설비 투자를 늘려갔다. 1986년 한 해 동안 약 334억 원의 적자가 예상되었다. 서울의 임원들 사이에 누군가 회장을 말려 반도체 사업을 포기하게 만들어야 된다는 말까지 나올 만큼 상황은 절박했다[13]. 그러나 이병철의 판단이 옳았다. 이병철은 반도체 사업의 성공을 확신하고 있었다. 특히 3라인 투자가 고비라고 생각했다. 3라인이 착공되고 3개월 후, 이병철은 안심하고 눈을 감았다. 그 후 단 한 사람도 3라인 투자가 반도체 신화의 요체이자 최고의 승부수였다는 사실을 부정하지 않았다.

이병철은 무질서 하게 떠도는 자료를 추려서 논리적인 정보의 수치로 전환시키는 탁월한 감각이 있었다. 그는 언제나 엄청난 자료를

---

13) 저자도 1986년 와세다대학에 객원교수로 가 있을 무렵 일본 도쿄 카스미가세키 빌딩에 있는 '삼성재편' 사무실에서 반도체 모 임원으로부터 회장님을 뵈면 제발 이 골치 덩어리인 반도체 사업을 좀 말려 달라고 진담어린 부탁을 받은 일이 있었다. 그러나 그때 당시 '삼성재편' 사장이었던 故 이길현 사장이 이병철 회장님이 보실거라며 신문기사 스크랩, 비디오 테입, 잡지 등 반도체 관련 자료를 한 아름 싸들고 회장실로 들어가는 걸 보고 놀라 아무 말씀도 드릴 수가 없었다. 그때 이 사장의 말로는 반도체에 관한 정보는 모두 수집해서 읽고 관심부분에 의문이 생기면 세계에서 그 방면의 전문가를 초청해 의문이 풀릴 때까지 질문한다고 했다.

요구했다. 3라인 투자와 관련된 보고서만, 사람 키 높이만큼 쌓였을 정도였다고 한다. 누적적자가 1000억 원이나 되는 상황에서 다시 1000억 원을 투자한다는 것 자체를 아무도 이해하지 못했지만, 돌이켜 보면 3라인 투자를 결심한 시기가 바로 최적의 투자 시기였다.

이 대열에 참여한 이들이 있었다. 1985년 "일본을 꼭 한번 이겨보고 싶습니다." 진대제 박사는 이 말과 함께 자신을 부여잡는 IBM을 뿌리치고 삼성에 합류했다. 1988년에는 미국 스탠퍼드 대학에서 연구원으로 있던 황창규 박사가 역시 "일본을 이겨보겠다"며 합류했다. 진대제 박사는 16메가D램을 개발했고 황창규 박사는 256메가D램을 만들어냈다. 권오현 박사는 64메가D램 개발의 주역이다. 초창기 1,200억의 적자를 감수하면서 그룹에서 번 돈을 모두 반도체에 투자했어도 삼성반도체통신의 부채비율은 825%에 달했다. 그러나 이병철은 꿋꿋이 버텼다. "이기거나 지는 것이 아니라 이기거나 죽은 것이다!"가 그때 삼성전자의 분위기였다. 1986년에는 드디어 2,800억 원을 투자해 1MD램을 독자적으로 개발했다. 신제품개발과 시장의 호황에 힘입어 1987년, 88년 기록적인 매출 성장으로 1988년 한 해 동안 D램 반도체 부분에서만 3,200억 원의 순이익을 달성 누적 적자를 제외하고도 1,600억 원의 흑자가 났다.1988년 삼성의 메모리 반도체 세계 시장 점유율은 5.6%로 순위는 7위였다. 256KD램 가격 하락으로 미 일 기업들이 256KD생산을 감산하고 1MD램 생산으로 옮겨가 256KD램이 품귀 현상을 가져와 50센트였던 가격이4-6 달러로 올랐기 때문이다. 그 결과 삼성은 1993년 이후 오늘날 세계 제일의 메모리반도체 생산 기업 1위가 되는 기틀을 마련했다. 이병철은 반도체 개발의 성공원인을 "첫째가 경제적 타산이나 위험을 초월하여 도전한 기업가정신앙트러프러너십"이라고 자서전에 술회하고 있다.

이러한 도전을 그의 최측근이었던 최우석은 "곁에서 본 호암 이병철 회장"에서 다음과 같이 회고하였다. 그는 호기심이 많고 상상력이 풍부했으며 도전정신이 왕성하여 끝없는 변신을 추구했다. 잘되는 사업에 결코 안주하지 않고 계속 새 사업을 개척해나갔다. 비즈니스 찬스에는 동물적인 감각을 지녀 남들이 다 회의적일 때도 한 가닥 가능성을 보고 대담한 결단을 하여 결국 성공시켰다. 이렇게 기업가 이병철, 그는 끊임없는 도전과 창조의 삶을 살았다.

결론적으로, 이렇게 기업가 이병철의 50년간의 도전은 후진국 한국에서 모든 산업 분야가 미발달된 상황에서 거의 모든 산업에 걸쳐 도전에 도전을 연속 하였다. 초창기 정미소와 양조장, 무역상사에서 시작하여 마지막 첨단 산업인 반도체까지 제당, 제분, 모직, 화학, 제지, 화섬, 건설, 조선, 항공, 엔지니어링, 은행, 보험, 증권, 부동산, 리조트, 광고, 백화점 등 거의 모든 산업분야를 망라하고, 신문, 방송, 병원, 교육, 미술관에 이르기까지 도전하였다. 그리고 이들 기업을 생전에 전 분야에서 걸쳐 한국 유수의 기업으로 성공시켰다. 한사람의 기업가가 일생동안 도전하여, 그것도 50년간에 걸쳐 그 같은 성과를 이루어놓은 기업가는 세계 어느 나라 기업사에서도 아직까지 찾아 볼 수가 없다.

■ 이건희의 도전과 기회

▎반도체의 선발자First Mover로서 도전과 기회

원래 반도체는 이건희가 약 10년간 TBC와 중앙일보 이사로 일했던 1970년대 중반에 새로운 사업으로 추진하였다.

"1973년 오일 쇼크에 충격을 받은 후, 한국은 부가가치가 높은 첨단 하이테크산업에 진출해야 한다는 확신을 가졌다. 때마침 한국반도체라는 회사가 파산에 직면했다는 소식을 들었고, 무엇보다 '반도체'라는 이름에 끌렸다. 앞으로 진출해야 될 산업을 물색하면서 반도체 사업을 염두에 두고 있던 중이었다. 시대조류가 산업사회에서 정보사회로 넘어가는 조짐을 보이고 있었고 그 중 핵심인 반도체사업이 우리민족의 재주와 특성에 딱 들어맞는 업종이라고 이건희는 생각하고 있었다. 우리는 젓가락 문화권이어서 손재주가 좋고, 주거생활 자체가 신발을 벗고 생활하는 등 청결을 매우 중요시 여긴다. 이런 문화는 반도체 생산에 아주 적합하다. 반도체 생산은 미세한 작업이 요구되고 먼지 하나라도 있으면 안 되는 고도의 청정 상태를 유지해야 하는 공정이기 때문이다. 반도체라는 씨앗은 결코 남에게 빼앗길 수 없는 종자였다."최지성, 2010, p.13고 이건희는 생각 했다.

1974년 그는 TBC이사 자격으로 이병철 회장에게 반도체 산업에 진출할 것을 건의했다. 그러나 당시 이병철은 아직은 시기상조라고 판단했다. 왜냐하면 반도체 사업은 1개 라인을 건설하는데 조 단위의 천문학적인 자금이 들어가는 만큼 그에 따른 리스크가 워낙 클 뿐만 아니라, 무려 500여 차례에 이르는 공정과정에서 단 한 군데라도 불량이 없어야 하며, 1㎡안에서 현미경으로 보았을 때 한 개의 먼지도 존재하지 않아야 하는 초 청정 기술을 필요로 하는 사업이자 반도체 사업은 삼성이 지금까지 해왔던 기존의 사업과는 개념부터 다른 분야이었기 때문이다.

그러나 이건희는 자신의 건의가 무산되자 사재 4억 원을 모두 모아서 부천의 삼성전자 반도체 사업의 전신인 한국반도체라는 작은 회사를 스스로 1976년 인수하였다. 당시는 고 이병철 회장이 그룹경영을 총괄할 때였기에, 강진구 전 삼성전자 회장의 말에 따르면, 이때 3남인 이건희당시 중앙매스컴 이사는 "반도체는 주식회사, 원자력과 함께 인류역사를 바꾸어놓은 3대 발명품이라며, 전자사업을 하려면 반도체가 대단히 중요하다고 강조하면서, 필요하다면 개인출자까지 하겠다"는 말로 선친을 설득했다고 한다. 그 후 10년이 채 안된 1983년 삼성은 본격적으로 반도체 개발에 나서게 되었다. 반도체 산업은 오늘날 한국경제의 핵심 산업이며 삼성을 먹여 살리는데 결정적 기여를 하는 업종으로 발전하였다. 이건희의 이와 같은 결정은 좀처럼 하기 어려운 과감한 선행투자였고, 결과적으로 이 씨앗은 '반도체 신화'라는 열매를 맺게 하는 단초가 되었다.

• D램 선행투자와 개발방식 스택stack의 도전과 기회

반도체 사업은 대규모 자금이 필요하며 위험이 크다. 삼성이 반도체 사업에서 확실한 승기를 잡은 시점은 1980년대 말과 1990년대 초반이었다. 즉 장기 불황으로 일본 반도체 업체들이 주춤할 때 이건희 회장은 1메가D램 및 4메가D램 사업에 대단위의 투자를 했다.

왜냐하면, 반도체산업은 이 회장이 업業의 개념에서 지적한 바와 같이 '타이밍 산업'이기 때문에 불확실한 미래를 예측, 수 조 원에 이르는 막대한 선행 투자를 적기에 해야 하는 자본집약, 첨단 기술 집약 산업이기 때문이다.

1987년은 반도체 역사에 전환점이 되는 중대 고비였다. 4메가D램 개발 방식을 스택Stack방식과 트렌치Trench방식 중 어느 하나를 선택해야 하는 시점이었다. 두 기술은 서로 장단점을 가지고 있어서 양산 단계에 이르기까지는 어느 기술이 유리한지 누구도 판단할 수 없었다.

미국업체들은 대부분 트렌치 공정을 적용하고 있었고 일본의 일부 업체는 트렌치 공정으로, 또 다른 업체는 스택방식으로 4메가 D램을 개발하고 있었다.

"트렌치는 검증할 수 없지만 스택은 검증 할 수 있다는 것, 그것이 결정적인 차이점입니다"

혼란은 더욱 커졌지만 이건희는 단언을 내렸다. 그는 두 기술공정이 스택은 회로를 고층으로 쌓는 것이고, 트렌치는 지하로 파 들어가는 식이기 때문에 지하로 파는 것보다는 위로 쌓아올리는 것이 수월하다고 판단하여 스택방식으로 결정했다.

"스택으로 합시다. 트렌치는 속임수일 수도 있어요, 우리가 트렌치를 하도록 유도해 놓고, 자기들끼리 스택으로 4메가 D램을 만들어서 우리에게 타격을 주겠다는 속셈입니다. 설사 일본이 스택을 선택하지 않았다고 하더라도, 우리는 그냥 스택으로 갑시다."

삼성전자는 스택 방식을 선택한 덕분에 4메가 D램 개발경쟁에서 선두와의 격차를 상당히 좁힐 수 있었고, 완전하게 독자 개발한 16메가 D램에서는 선두업체들과 동시에 신제품을 개발하기에 이르렀다.

1988년 6천7백억 원의 매출을 올려 전년 대비 176%라는 경이로운 성장률을 기록하였고 누적적자를 모두 제하고도 1,600억 원이 흑자였다. 개발에 들어간 돈은 8백 79억 원, 단일 제품 개발에 투입된 개발비로는 국내 최고의 액수였다. 이는 스택공정 방식을 선택한 결과이었다.

양산 시점에서는 선두들을 뛰어넘어 세계 1위로 등극했다.

"스택방식이 맞을 것이라는 감은 있었지만, 내 자신도 100%확신은 못한 상태였기 때문에 운이 좋았다고 할 수 있다."

이건희의 회고처럼 불확실성을 앞에 놓고 내리는 기술 선택에는 물론 운도 따라야 한다. 하지만 이건희의 운은 스스로 도전하여 만들어낸 행운이자 기회였고, 그 배경에는 과감하고 신속한 대규모 선행투자와 대량 생산체제 구축이라는 두 가지 힘이 작용했다. 스택과 트렌치 방식을 고민할 때도 역시 SSI와 기흥, 두 곳에서의 동시 개발이라는 공격적이 투자를 감행했다.

이 때 그의 판단과 결정은 훗날 트렌치를 채택한 세계 1위 도시바가 양산시 생산저하로 D램의 선두자리를 빼앗겼고, 현재 16메가, 64메가 D램 생산방식을 모두 스택방식을 적용하고 있음을 볼 때 그때의 도전은 탁월한 선택이었다. 하지만, 만약 반대의 결정을 했다면 오늘날의 삼성을 상상할 수도 없었을 것이다. 무엇보다 이 회장이 반도체사업에서 성공할 수 있었던 것은 최첨단, 고급두뇌, 자본집약, 타이밍의 4가지 반도체사업의 특징을 잘 이해하고 도전하였기 때문이다.

• **8인치 웨이퍼**Wafer**양산 라인의 도전과 기회**

1993년까지만 해도 반도체 웨이퍼는 6인치가 세계표준이었다. 면적이 제곱으로 증가한다는 것을 감안하면 6인치와 8인치는 생산량에서 2배 정도의 차이가 난다. 그것을 알면서도 기술적인 위험 부담 때문에 그 누구도 8인치를 선택하지 못했다. 이건희는 삼성이 세계 1위로 발돋움하려면 이 때가 적기라고 생각했다. 뛰어 넘지 않으면 영원히 기술후진국 신세를 면치 못하리라고 판단했다. 예컨대 반도체 집적기술은 1983년에서 94년까지 10년 동안 무려 4,000배가 증가했다. 그만큼 기술 개발주기가 계속 단축되고 있어서 단기간에 기술을 확보하지 못하면 엄청난 기회상실을 초래한다. 그래서 이 회장은 단계를 착실히 밟는 편한 길을 버리고 월반을 택했다. 경영진의 엇갈린 의견을 묵묵히 듣고 있던 이건희는 최종적으로 8인치 웨이퍼를 생산하는 것으로 가닥을 잡고 고심 끝에 8인치로 결정했다.

이건희는 기업 경쟁에서 2등에게는 아무 것도 돌아오는 게 없다. 그래서 기회를 선점해 들어가야 된다고 하였다. 8인치 메모리는 우리가 세계에서 제일 먼저 했다. 이것이 잘못 되면 1조원이 날아갈 것이지만, 만약에 실패한다 하더라도 하라고 지시했다. 모험도 해봐야 남보다 상대적으로 앞서 갈 수 있기 때문이다 그리하여 반도체 5라인을 8인치 웨이퍼 양산라인으로 결정한 것이다. 실패하면 1조 원 이상의 손실이 예상되는 만큼 주변의 반대도 심했다.

그 결과 16메가D램은 일본과 동시에 개발했지만 대량 생산체제 구축능력의 핵심을 개발과 생산과정의 통합하여 양산시기를 앞당기고 8인치 웨이퍼를 사용함으로써 생산력에서 앞설 수 있었다. 이를 계기로 세계시장에서 일본 업체를 따돌리고 1993년 10월 삼성이 D램을 포함한 전체 메모리 부문에서 매출액 세계 1위에 오르게 된 것이다.이건희, 1997, 134

• 플래시Flash메모리와 비非메모리시스템 반도체의 도전과 기회

"미래는 예측되는 것이 아니라 창조되는 겁니다."

이건희는 1997년 초 전자 관련 사장단 모임에서 "우리 반도체가 10년 후 뭘 먹고 살 것인지 진지하게 고민해 봐야 합니다. 시장이 불확실한 일반 D램 비중은 줄이고 차별화된 상품으로 승부하지 않으면 사업성을 확보할 수 없습니다. 양보다는 질로 승부할 수 있어야 합니다."라고 했다.김성홍 · 우인호, 2005, 186-189

'1차 상품 함정'에 빠지지 않기 위해 일찌감치 제품의 다각화를 적극적으로 추진해왔던 이건희 회장이 플래시메모리에 주목했던 이유다.

2001년 8월, 이병철이 1983년 반도체사업진출을 결심했던 도쿄 오구라 호텔 주변의 '자쿠로'라는 한 회집에서 이른바 '자쿠로 모임'을 가졌다. 새로운 수종 사업으로 떠오르게 될 플래시 메모리 사업을 독자적으로 개발할 것인지 합작개발을 받아들일지를 결정하기 위해서였다.최지성, 2010, 230-232 당시 도시바는 낸드플래시 원천기술을 보유하고 있음은 물론 세계시장 점유율 46%로 삼성전자 26% 보다 크게 앞서 있어 2위인 삼성에게는 도시바의 합작사업 제안은 매력적인 제안이었다. 경영진도 결론을 내리지 못하고 이건희도 고심에 고심을 거듭하던 터였다. 이 자리에서 이건희는 경영진으로부터 도시바와 합작할 경우와 독자사업으로 추진할 경우의 장·단점을 내용으로 하는 두 가지 안을 보고받았다. 이 회장은 심사숙고 끝에 낸드 플래시메모리사업을 독자적으로 추진할 것을 결정하였다. 그는 미래 메모리사업 전략을 '차별화 전략'으로 할 것을 강조했다.

이 날의 회동은 'D램 신화'에 이은 '플래시메모리 신화'의 시작이기도 했다. 삼성전자는 이후 1년 만에 도시바를 추월했다. 그리고 3년 후에는 시장점유율 58%라는 경이적인 수치를 기록하면서 세계 정상의 자리를 더욱 굳건하게 지켜낸 것이다. 이 같은 성과를 올릴 수 있었던 가장 큰 계기는 '자쿠로 회동' 때 내린 이건희의 결단이었다. 그 때의 선견력과 결단력이 없었다면 플래시메모리사업은 일본의 그늘에 가려 몇 년 후퇴했을 것이 틀림없다.

이건희는 D램 사업이 세계를 제패하며 승승장구 할 때 오히려 메모리사업의 미래를 고민하고 "기술적으로만 완벽한 제품이 아니라 사업성이 있는 제품을 만들어야 된다."며, 플래시메모리 사업에 더욱 박차를 가했다.

'시장이 없으면 시장을 만들자'는 공격적인 마케팅으로 새로운 시장을 창출해냈다. 이후 삼성전자는 이 회장의 지시로 메모리사업의 차별화와 비메모리사업의 강화 등 두 가지 축에서 수종 사업을 발굴해 왔다.

예컨대, 퓨전 메모리Fusion Memory 시장개척사市長開拓史에서 보듯 플래시메모리의 도전은 오늘에도 계속되고 있다.

2003년 10월 9일, 이건희 회장 주도로 열린 '반도체 특별 전략회의'는 반도체사업의 세대교체를 공식적으로 천명한 날이자 D램이 주도했던 반도체사업의 틀을 바꾸어 놓은 전략회의로 기록된다.

"삼성전자는 모바일 혁명을 주도할 모든 반도체기술을 갖고 있습니다. 앞으로 삼성전자 없이는 모바일 혁명이 불가능할 겁니다." 이런 배경을 등에 업고 퓨전 메모리 1호라고 할 수 있는 원낸드OneAND TM가 탄생했다. 최지성, 2010, 221-236

개발된 제품을 업체가 사용하게끔 사업화 시키는 것이 더욱 힘들다. '512메가도 매출이 없는 마당에 무슨 1기가냐'가 그때 분위기였지만 마침내 2008년 8월 원디 램을 적용한 스마트 폰모델명 SGH-L870이 출시됐다. 휴대폰 개발이 평균 7개월 소요되는데 반해 원디 램을 적용한 스마트폰은 1년 2개월이 걸렸고 그 기간은 그야말로 피를 말리는 시간의 연속이었다. 2007년 3월 탄생한 플렉스-원낸드Flex-OneANDTM는 개발이후 바로 양산에 돌입할 수 있었다. "플렉스-원낸드는 바로 비빔밥 같은 제품이다." 칩의 메모리 공간을 둘로 갈라 한쪽은 고속

용으로 다른 쪽은 대용량으로 만들어 쓸 수 있게 만든 것이다.

한편, 비非 메모리시스템 반도체는 Data를 단순히 저장만 하는 메모리 반도체 기능과 달리 논리적인 정보처리 기능을 포함하고 있으며, 연산기능과 데이터 저장, 아날로그와 디지털 신호의 변화 등을 하나의 칩으로 해결할 수 있다. 예컨대, 스마트폰·태블릿PC 등 스마트 기기에서 컴퓨터의 CPU와 같은 역할을 담당하는 APApplication Processor, 사진을 찍었을 때 빛을 디지털신호로 변환해 주는 디지털필름 기능 역할의 CISCMOS Image Sensor, 화면에 문자나 영상 이미지가 표시되도록 LCD 패널에 구동신호 및 데이터 전기신호로 제공하는 DDIDispaly Driver IC, IC 기억소자를 장착하여 대용량의 정보를 담을 수 있는 전자식 신용카드인 Smart Card가 있다.

이러한 다양한 기능 때문에 스마트폰, 태블릿PC, 스마트TV 등 IT SET가 스마트화 되면서 수요가 더욱 늘어나고 있다. 삼성전자는 2010년부터 비메모리시스템 반도체 설비투자를 본격화하면서 생산 CAPA도 규모의 경제로 가고 있다. 예컨대, 2010년 반도체 투자 중에서 20%에 육박하는 2.7조원을 투자했으며, 2011년도에 사상최대인 4.2조원을 투자하여 미국 오스틴Austin 공장에 시스템 반도체 전용 공장을 건설하고 AP 등을 생산하여 애플에 납품하고 있다. 2012년에는 시스템 반도체 투자가 약 8조원이 예상되면서, "이건희의 반도체에의 도전은 D램에서 플래시메모리 그리고 비메모리시스템 메모리로 그 중심이 옮겨가고 있다."

LCD의 도전과 기회

5~10년 후 무엇을 먹고 살 것인지 고민하라.

'삼성이 만들면 글로벌 표준이 된다.'는 이 회장의 '표준화' 구상에는 '기회를 선점하라'는 메시지가 담겨 있다. 지난 1990년 말에 'LCD 사업을 반도체 사업부에서 수행하는 것이 옳은지, 아니면 별도 사업부에서 추진하는 것이 유리한지가 LCD업계의 핵심적인 고민이었다.

1990년 말, 일본에 머물던 이건희 회장은 비서실 김순택 팀장을 호출해 삼성전관에서 추진 중인 LCD사업을 삼성전자로 옮기는 방안에 대해 검토토록 했다. 일본의 샤프, NEC 등, LCD 선두업체 경영진과 만나는 동안 이건희 회장은 특이한 점을 발견했는데 샤프, NEC, 도시바, 히타치 등은 디스플레이사업부와 LCD사업부를 별도로 추진하고 있었던 것이다.

이건희는 LCD사업은 개척정신과 대규모 투자가 수반되기 때문에 당시 삼성전관은 투자여력이 없고, LCD는 반도체 공정과 흡사하기 때문에 단순히 디스플레이의 하나라고 해서 삼성전관에 맡겨서는 안 된다고 판단, LCD사업을 삼성전자 반도체 사업부에로의 이관을 결심했다. 그리고 기본 공정기술은 반도체의 기술을 그대로 적용했다. 그 결과 반도체 사업과 LCD 통합의 시너지 효과를 얻을 것이라는 이건희의 예상은 적중했다. 최지성, 2010, 45

원래 LCD는 1983년 삼성반도체통신에 엔지니어로 입사했다가 반도체 매력에 빠져 미국에 유학중인 김상수 박사가 노스케롤라이나 주립대 루코브스키Locovsky 교수 연구실에서 아모퍼스 실리콘 연구에 참여하던 어느 날, IBM에서 6인치 크기의 조그만 컬러 LCD를 보았다. 그 LCD가 바로 오늘날 모니터와 TV등으로 발전한 TFT-LCD초박막액정표시장치, Thin Film Transistor Liquid Crystal Display이었다.

당시로서는 미래 LCD의 주도권을 보급형액정표시장치STN-LCD가 차지할 것인지 초박막 액정표시장치TFT-LCD가 잡을 것인지가 불투명하였다. 하지만 이건희는 '5~10년 후에 무엇을 해서 먹고살 것인지를 고민하라'고 독려하며, 수종 사업으로 LCD, CDMA부호분할다중접속, 시스템LSI시스템대규모집적회로, MLCC적층 세라믹 캐패시티 등 10여 개의 제품과 부품을 지목하였다. LCD사업을 삼성전자로 이전함으로서 삼성전관은 오직 PDP, 유기EL 등 첨단 디스플레이 소재 개발에 집중할 수 있는 여력을 확보할 수 있게 되어 세계시장에서 삼성전자와 선의의 경쟁을 펼칠 수 있게 되었고, 한편, 삼성전자로 이관된 TFT-LCD 사업은 높은 불량률에다 선진업체들의 견제로 LCD사업이 지지부진김성홍·우인호, 2005, 173-175하자 삼성은 10.4인치 다음 1세대인 11인치세대를 건너뛰고 차차대 세대인 12인치를 개발한 것이다. 즉 결국 남들이 간 길을 따라가서는 앞설 수 없다는 전략에 따라 세계 1위 샤프를 비롯한 대다수의 일본기업들이 선택한 11.3인치가 아닌 삼성전자만의 12.1인치의 외로운 싸움을 시작했고 이것이 삼성 LCD 사업을 살린 역전 드라마의 시작이었다.

삼성은 1996년 2라인 준공과 함께 12.1인치를 대량 생산하여 6개월만에 샤프를 비롯한 선발기업들이 만들어 놓은 11.3인치 시장을 12.1인치로 전환시키는데 성공했다. 그런데 그 행운의 여신은 10.4인치 패널로 여기 저기 계속 문을 두드리던 중, 뜻밖의 노트북 세계 1위 기업인 도시바로부터 연락이 왔다. 마침 일본 업체들이 11인치 대신 삼성의 12인치를 표준으로 선택함으로써 삼성은 큰 힘을 얻게 되어 위기를 극복할 수 있게 되었다. 이렇게 앞서 나가며 시장을 이끌어야 성공할 수 있다는 전략이 도시바의 전략과 맞아 떨어져 12.1인치의 계약이 성사된 것이었다. 그 후 삼성의 기회선점전략은 1994년 10월 세계 최대 디스플레이 전시인 'LCD인터내셔널'에 삼성전자가 14인치 TFT-LCD 샘플을 전시하자, 일본 언론들이 앞 다투어 "LCD에 삼성이 몰려온다."는 특집을 다루었다. 이미 반도체와 LCD 등의 사업이 시간싸움이라는 것을 알고 있는 삼성으로서는 끊임없이 후속 모델을 개발, 5세대17인치에서도 히트를 쳤으며 6세대32인치를 뛰어넘어 7세대46인치까지 차근차근 도전하여 성공하였다. 얼마 후 전문 조사기관인 디스플레이서치에서 1998년 삼성전자가 세계 점유율 1위를 차지했다. 세계 노트북 강자들인 도시바와 델 등이 삼성의 손을 들어준 결과였다.최지성, 2010, 47-52

이는 이건희가 반도체, LCD산업의 특성을 '시간산업'이라고 규정하고 선발자로서 과감하게 투자한 결과로 얻어진 산물이다.

▌선택과 집중이 아닌 사업 융·복합화Digital Convergence 도전의 도전과 기회

1988년 이건희가 종합가전회사이던 삼성전자와 삼성반도체통신을 합병한 것에서부터 융복합화다각화가 시작되었다. 1997년 외환위기 당시 서구의 전문가들은 '선택과 집중'이라는 원론적인 잣대로 삼성전자의 주력사업인 메모리반도체사업을 제외한 모든 사업을 포기하라고 권고했다. 하지만 이 회장은 반도체, 통신, 가전 컴퓨터, 디스플레이 부문의 사업융복합화를 끝까지 관철했다. 오늘날 삼성전자는 반도체, 통신, 디지털 미디어, 가전 등 각 사업을 고루 갖추고 있다는 것이 오히려 강점이 되고 있다. "반도체 부문의 의존도를 낮추는 대신 휴대전화 단말기와 디지털, 가전 부문 등으로 이익구조를 분산시키는 사업융복합화 전략이 성공을 거두고 있다고 평가되고 있는 것이다."Forbes, 2002.1월 이는 외환위기시 다양한 사업포트폴리오를 갖고 있으면서 각 부문이 내부적으로 과감하게 구조조정을 실시해 핵심경쟁력을 확보하는 데에 성공한 결과이다. 가전의 경우만 해도 세탁기, 냉장고, 에어컨, 전자레인지 등 경쟁력이 있는 4개 품목에 집중하고 나머지 소규모 품목들은 분사 등의 형태로 구조조정을 했다. 한 회사의 울타리 안에 있는 반도체와 통신, 디지털, 가전은 단순히 경기를 완충하는 역할을 넘어 시너지 효과를 발휘하는 단계로 들어섰다. 비메모리 사업부와 디지털 미디어 사업부는 셋톱박스와 HDTV를 공동으로 개발하고 있다.

이런 결과를 가져온 배경에는 이 회장의 어린 시절 터득한 입체적 사고가 삼성新경영 복합화전략으로 발전한 것으로 서로 연관성이 있는 인프라, 시설, 기능, 기술이나 소프트를 효과적으로 결합해 이들 간에 서로 유기적인 상승효과를 내도록 함으로써 경쟁력과 효율을 극대화하자는 전략이었다. 삼성 新경영실천위원회, 1993, 158

이로서 삼성은 오늘날 반도체, 통신, 가전, 컴퓨터, 디스플레이 등을 모두 구비하게 되어 '디지털 컨버전스' 시대에 최적의 조건을 갖춘 글로벌 IT기업으로 발전할 수 있었다. 그리고 그것이야말로 삼성의 글로벌 경쟁력이다.

❙ 삼성 자동차의 도전과 교훈

이건희는 자동차 수집광이며 앞서 기술한 바와 같이 미국 유학시절에는 자동차에 심취해 1년 반 동안 자동차를 뜯고 조립해서 되팔아 자동차를 여섯 번이나 바꾸며 자동차 구조의 전문가가 되었다. 그는 그만큼 자동차에 관심이 많았기 때문에 1987년 취임 초 비서실에 승용차사업의 진출방안을 지시할 정도였다. 한때 삼성생명을 통하여 기아자동차 인수를 시도했으나 세간의 여론에 밀려 실패하고, 1995년 일본 닛산자동차와 기술을 제휴하여 자동차회사를 설립하였다. 공장설비와 자동차부품을 일본으로부터 수입하여 조립하고 1998년부터 중형차 SM5를 생산하기 시작했다.

그러나 국내 동종업종의 과당경쟁과 내수부족으로 규모의 경제를 살릴 수 없었고, 공장건설 비용이 타 사에 비해 4배 정도 소요되어 사업성이 낮았다. 무엇보다도 국내 동종업계의 반발과, 재벌이 문어

발식으로 무엇이든 하려 한다는 반 기업, 반 기업가 정서와 더불어 정치적 논리까지 개입되었다. 결국 이 자동차회사는 1997~1998년 외환위기를 넘기지 못하고 1998년 법정관리에 들어가게 되었고 빅딜 정책의 제물이 되었다.

이 회장은 이 회사가 법정관리에 들어가게 되자 채권단의 손실을 보전하기 위해 삼성생명주식 350만주를 채권단에 증여하기로 하였다. 이 사건은 후에 이 회장이 삼성자동차에 대주주도 아니고 경영에 직접관여는 하지 않았지만 법적 책임이 아닌 도덕적 책임에서 주식을 증여한다는 사실을 가지고 법정투쟁까지 벌어졌다. 그러나 현실적으로 삼성체제에서 자동차사업과 같이 막대한 자금이 필요한 사업에 회장의 결심 없이 진출하기는 쉽지 않았을 것이다. 결과가 어떠하든 최고 경영 책임자가 경영실패로 막대한 금액을 배상하는 초유의 사태가 발생한 것은 앞으로 경영에 대한 책임의 선례가 될 것이다.

아울러 경영판단에 정치적인 논리가 개입되면 성공할 수 없다는 귀중한 교훈과 함께 삼성전자 등 타 사업에 더 많은 투자와 노력을 기울일 수 있게 되어 삼성으로서는 불행 중 당행한 일이었다.

창조적이고 경쟁력 있는 혁신과 기회

■ 이병철의 3PsI 혁신과 기회

▎퍼스널 혁신Personal innovation : 인재지향 혁신시스템 = "인재의 삼성"

'기업은 사람이다'가 아닌 '기업은 인재다.'

한국 기업의 미래는 역시 생산요소 중 한국이 그나마 상대적으로, 유일하게 가지고 있는 인적자본human capital이며 인적자본의 질을 지속적으로 높이는 길이 한국이 살아남는 길이라는 점을 이병철은 통찰하고 있었으며, 그것은 기업가로서 선택사항이 아니라 필수라고 생각했다. 그에게 있어서 "기업은 사람이다."가 아니라 "기업은 인재다."였다. 이 선견지명이야 말로 오늘날 삼성이 살아남을 수 있게 하는 제일의 요인이었다.

• 이병철의 인재관 정립과 인재상像

'일생을 통해서 일생의 80%를 인재를 모으고 기르고 육성시키는데 시간을 보냈다.'

이병철 기업경영의 가장 핵심은 인간이다. 자본이나 기술도 중요하지만 인간제일이다. 그래서 이병철 경영의 특징은 인재제일에 있다. 인재제일이란 인간을 존중하고 개인의 능력을 개발하고 그 적성에 따라 적재적소와 공정인사를 실현함으로써, 그것이 개인과 사회 발전의 원동력이 되게 하는 인재지향 혁신talent driven innovation을 말한다. 그리고 '인재'야말로 기업을 경영하는 기본구조이며, 그의 신조이다. 예컨대, 삼성 경영이념 중 인재제일을 으뜸으로 삼는 이유를, "나는 탁월한 소양을 갖춘 인물을 채용합니다. 탁월한 소양이란 인품을 뜻하지요. 그런 사람에게 탁월한 교육을 베풀면 탁월한 삼성맨이 됩니다. 그들의 창의적 두뇌와 노력, 활발한 행동력으로 사업은 반드시 성공하고 발전합니다. 사람은 기업의 모든 것이죠. 그래서 인재제일이 첫 번째입니다."山崎勝彦, 2010, 49라고 했다.

IBM의 왓슨Watson사장의 경영철학도 개인을 존중하는 것이었다. 그는 사람이야말로 기업의 가장 큰 자산이라는 것을 가장 잘 이해하고 이를 실천하여 경영에 적용함으로써 오늘날의 IBM을 있게 한 장본인이었다.

기업을 구성하는 가장 근본적인 생산요소는 물적 요소와 인적 요소이다. 이 중 물적 요소는 필요하다면 언제든지 단기간 내에 조달이 가능하다. 그러나 인적 요소란 물적 요소처럼 단기간 내 조달이 어려울 뿐만 아니라 상당한 기간, 지속적인 투자가 전제되어야 그 결실을 얻을 수 있다. 그러므로 기업의 성패는 인재의 육성여건에 의하여 결정된다고 해도 지나친 말이 아니라고 했다.

인재육성에 대해 이병철은 "一年之計는 곡식을 심는 일이요, 十年之計는 나무를 심는 일이며, 百年之計는 사람을 기르는 일"이라는 동양의 격언을 자주 인용, 역사와 인간사회에 대한 깊은 의식을 바탕으로 50년간의 기업 활동에 있어 인재제일을 신념으로 삼고 스스로 철저히 실천해 왔다. 이병철이 기업을 경영해오며 절감한 것은 모든 일은 그 규모의 대소를 불문하고 결국은 사람이 그 성패를 좌우한다는 것이다. 새로운 기축을 여는 것도 인간이며 기술과 지식의 혁신을 가능케 하는 것도 역시 인간의 능력이라며 인재의 중요성을 늘 강조했다.

예를 들면, 1980년 7월 3일 전경련이 주최한 최고경영자 연수 강연에서 이병철은 "나는 내 일생을 통해서 일생의 80%를 인재를 모으고 기르고 육성시키는데 시간을 보냈다. 내가 키운 인재들이 성장하면서 두각을 나타내고 좋은 업적을 내는 것을 볼 때, 고맙고, 반갑고, 아름다워 보인다. 삼성은 인재의 보고寶庫라는 말을 세간에서는 자주 하는데 나에게 있어서 이 이상 즐거운 일은 없다."라고 설파했다.

특히 인재 교육에 남다른 노력을 기울여 온 이병철의 삼성에서 요구하는 **인재상**人材像은, 창의創意, 탐구探究, 적극積極, 성실誠實한 사람이다.

즉 첫째, 창의적이고 적극적이며 성실한 성품을 갖춘 사람, 둘째, 항상 문제의식을 가지고 끊임없이 아이디어를 창출하며 새로운 것을 탐구함으로써 조직에 활력을 주는 사람, 세째, 극심한 경쟁과 격변하는 환경속에서 기업을 이끌어 나갈 수 있는 적극적이고 실천력이 강한 사람, 마지막으로 성실성과 책임감이 인재가 갖추어야 할 기본 인품이라고 보았다.

• 이병철 인재지향 혁신의 뿌리 : 삼성물산공사

이병철은 1948년 삼성물산공사를 설립한 시절부터 인재를 중심으로 하는 기업경영 사풍을 갖추어 나갔다. 삼성물산공사의 경영요체는 네 가지였다. 첫째, 사원의 투자 규모를 정하지 않고 사원이면 누구나 투자를 하고 응분의 이익배당금을 투자분에 비례해서 공평하게 받을 수 있도록 설립 당시 사장인 이병철을 비롯하여 20여명의 사원으로 구성된 삼성물산공사는 참여의식을 높이자는 뜻에서 조금씩이나마 그들에게도 출자를 시켜 하루라도 빨리 한국에서 가장 이익 배당률이 높은 회사로 만들자고 다짐한 것이 '사원 투자제도'를 만들게 하였다. 둘째, 자질 향상의 기회 부여이다. 각종 기술과 관리방식의 개발・개선을 위해 회사와 개인이 전력투구하는 정신이었다. 셋째, 능력주의와 신상필벌信賞必罰의 기풍이었다. 이병철은 신상필벌을 해내지 못하는 사람은 경영자로서 자격이 없고, 친절과 겸허를 실천하는 사람들은 저절로 신상필벌의 원칙도 잘해간다고 했다. 그러면 신상필벌을 어떻게 해야 하는가. 경영의 능력을 높이는데 필요한 아이디어 또는 좋은 생각을 내놓는 사람, 회사를 위해서 뚜렷한 공을 세운 사람, 회사가 곤경에 처했을 때 희생과 모험을 무릅쓴 사람, 이러한 것은 그것이 비록 작은 것이라 할지라도 철저하게 조사해서 신상필벌을 적용시켜야 하는 것이라고 했다. 조직 내에서 개인에 대한 평가는 학연 · 지연 · 혈연관계를 떠나 오직 개인이 발휘하는 능력을 기준으로 하며 공功에 대해서는 상으로, 과過에 대해서는 벌로 다스리는 기풍을 확립해 나갔다. 넷째는 사원의 안정된 생활보전이었다. 삼성물산공사는 사원이 회사에 충실할 수 있도록 경영에 지장이 없는 한 최대로 대우해서 생활에 대한 경제적 부담을 갖지 않도록 하며 급여는 업계의 최고 수준을 지속적으로 유지했다.

이병철은 "내가 제일의 방침으로 하고 있는 것은 종업원의 생활을 안정시켜 희망을 갖게 하는 것이다. 이를 위해 그는 급료를 정하는 원칙 세 가지를 정했다. 첫째, 물가를 반영해서 생활이 안정되도록 최소한 생계비 수준은 되어야 하고, 둘째, 타사의 수준을 조사하여 타사보다 높은 수준을 유지하도록 해야 할 것이다. 셋째, 회사사정을 감안하고 지급능력도 고려하여야 할 것이다"라고 정례사장회의에서 선언했다.

이와 같은 삼성물산공사의 사례는 이병철의 인재지향혁신의 뿌리가 되고 있다. 이후 사원공채를 비롯하여 사원연수제 등 삼성의 인사관리제도로 구체화되어 실천으로 옮겨졌다.

• 공개채용 사원모집 제도

삼성의 성장 배경에는 여러 요인이 있겠으나 가장 핵심적인 요인은 역시 인재의 힘이다.1985. 4. 22, 이병철의 KBS방송과의 대담 1950년대 중반까지만 해도 한국 사회는 안정된 일자리가 많지 않았다. 한국의 전통적인 사회구조 속에서 학연 · 지연 · 혈연에 따른 연고채용이 대부분이었다. 이병철은 이러한 상황에서 당시로선 대혁신적인 사원의 공개채용 모집을 과감히 실시하였다. 1954년 6월 삼성물산이 처음으로 4명의 대학졸업 사원을 채용하였고, 이어서 1955년에 제일제당과 제일모직이 대졸사원 3명과 기능공을 공개 모집하는 등 부분적으로는 모집하였으나, 전사그룹 공통으로 계열별 공개채용을 정식으로 실시한 것은 1957년 1월 30일장소: 서울 성북구 종암동에 있던 서울대학교 상과대학 강당이었다. 이것은 우리나라 기업 최초의 공개채용사원모집이었다.

공개경쟁시험은 지知·덕德·체體를 고루 갖춘 사람을 뽑는 신입사원채용의 원칙에 의해, 필기시험보다는 면접시험에 더 큰 비중을 두었으며, 이병철은 신입사원 면접에는 반드시 참여하였다. 그의 면접시험 평가기준은 “나는 채용기준에 있어서 학력이 50점, 인물에 50점씩 배정한다. 인물은 용모가 단정하고, 건강하고, 능동적인 성격을 우위에 둔다.”서울경제신문, 1976, 6 즉 신언서판身言書判이 기준이었다. 첫해 1기 모집에 500여 명이 지원 27명이 최종 합격했으며 그중에는 손영희, 송세창과 같이 훗날 삼성의 최고경영책임자도 나왔다.

사원 공채는 1957년부터 1986년도까지 29년간 대졸사원 16,736명, 그리고 1978년부터 1986년도까지 8년간에 전문대 및 고등학교 졸업사원 19,062명을 채용하였다.

이들은 1개월간의 연수 후 삼성물산, 제일제당 및 제일모직 등 현장에 배치되어 실습을 받으며 이병철의 기대에 부응하며 성장했다. 이병철은 인재육성을 기업의 영속만을 목적으로 하는 것이 아니라고 했다. “물론 모처럼 길러 놓아도 떠나가는 사람이 있을 것이다. 지금까지 많은 사람이 삼성을 떠나갔고 앞으로도 계속 그러할 것이다. 그러나 나는 떠나는 사람을 굳이 잡지 않는다. 유익한 인재를 길러 사회로 내보내는 것도 하나의 기업사명이라고 나는 생각한다. 기업은 사람이라는 것과 마찬가지로 국가도 사람이다. 국가 사회에 유익한 인재를 길렀다고 생각하면 결코 무의미하지는 않다"라며 인재육성의 목적을 기업적 차원을 넘어서 더 큰 시점에서 내다보았다.

〈표 1〉 삼성 사원 공채 현황(1957~1986)

(단위 : 명)

연도	대졸	전문대졸	고졸	연도	대졸	전문대졸	고졸
1957	27			1974	386		
1958	18			1975	249		
1959	10			1976	392		
1960	24			1977	737		
1962	42			1978	1,068	240	2,084
1963	58			1979	539		640
1965	120			1980	407		880
1966	100			1981	1,047	131	2,040
1967	62			1982	1,210	119	1,912
1968	123			1983	1,928	197	2,458
1969	102			1984	2,638	314	2,591
1970	49			1985	1,946	231	2,059
1972	207			1986	2,714	286	2,880
1973	533			합계	16,736	1,518	17,544

자료 : 삼성 50년사 p.151참고 재작성

이렇게 이병철은 사원의 공채제도를 실시하여 창의적이고 적극적이며 성실한 성품을 갖춘 삼성인을 키움으로써 인재지향 혁신을 지속 정착시켰고, 이 과정을 통하여 국가와 사회에 기여하는 길을 개척하였다.

• **인재 교육**

'조직력은 곧 인재를 키우는 힘이다.'
교육목표는 지知, 행行, 합合

슐츠T.W. Schultz는 경제성장의 핵심원천으로 교육, 기술, 경험 등 인간능력의 개발 즉 인적투자의 필요성T. W. Schultz, 1971, 16-30을 주장하였지만 이는 이병철의 인재지향혁신과 맥락을 같이한다. 이병철은 인재의 선발 뿐만 아니라 교육의 의의도 강조하였다. 이병철은 1982년 GE의 잭 월치 회장과 만난 자리에서 잭 월치가 '나는 지난 40년간 생산성향상에 열중했고 그를 위해 로봇을 사용하고 있다고 하자, 나는 사람을 사용하고 있다고 하였다.'

챈들러Alfred D. Chandler, Jr의 실증연구에서 밝혀진, 혁신도 중요하지만 그 혁신에 투자하는 것이 기업의 조직능력을 갖게 한다는 이론을 스스로 체득한 그는 "조직력은 인재를 키우는 힘이다"라며 특히 "교육에 많은 예산을 투자"했다. 미국의 대기업 크라이슬러사의 아이아코카Lido Anthony Iacocca사장이 삼성의 교육경비가 크라이슬러社의 2배나 된다며 놀랐을 정도로 막대한 비용을 교육에 투자했던 것이다. 사원공모, 사원연수 등은 이제는 거의 일반화가 되었지만, 삼성이 공채제도와 연수제도를 도입했던 1950년대에는 극히 이례적인 것이었다.

이병철은 자기성찰과 자기구현을 먼저 훈련하게 함으로써 성실하고 반듯한 삼성인을 가꾸고자 했다. 인간집단의 30%는 우수하고,

10%는 열등하며 나머지 60%는 환경과 지도의 여하에 따라 좌우된다고 믿었다. 따라서 그는 교육을 아주 중요시했다. 이를 위해 1977년 국내 최초로 종합연수원을 지어 인성 및 기능교육을 실시했다.

종합연수원은 창업 이래 '기업은 사람'이라는 정신을 실천하는 현장임과 동시에 인간의 수련도장으로써 '인재의 삼성'의 영원한 산실이 되었다.삼성인력개발원, 2000, 69

삼성의 교육목표는 첫째, 삼성인으로서의 확고한 정신자세와 투철한 사명감의 확립, 둘째, 경영관리능력과 전문실무능력의 향상, 셋째, 기업의 환경변화에 진취적으로 대처할 수 있는 추진력과 적응력 배양, 넷째, 높은 교양과 행동력을 지닌 건전한 삼성인의 양성이라는 우리나라 동량의 양성을 궁극적인 목표로 삼았다.

그리고 그 교육내용〈그림 3〉참조은, 신입사원의 경우 경영이념과 삼성정신을 함양하고 삼성인으로서의 자세와 태도를 확립하여 확고한 가치관, 인생관을 수립함으로써 업무수행을 통해 삼성인으로서 자부심과 긍지를 갖도록 했고, 중견사원은 사례를 통해 자기가 직접 적절한 내용을 실험해 봄으로써 스스로 체득하고 나아가서 실천하는 효과를 낳게하는 효과적이고 실천적인 교육을 받게 했다. 그리고 관리자와 경영자 교육은 목표를 분명히 해서 어떻게 활용할 것인지 스스로 계획을 세워 실행하도록 했을 뿐만 아니라 경영자는 리더인 만큼 지도자로서 자질과 조건을 갖추도록 하였다. 신망과 덕망이 없으면 리더로서 자격이 없다고 보고 큰 그릇으로써의 조건을 갖추도록 하였다.

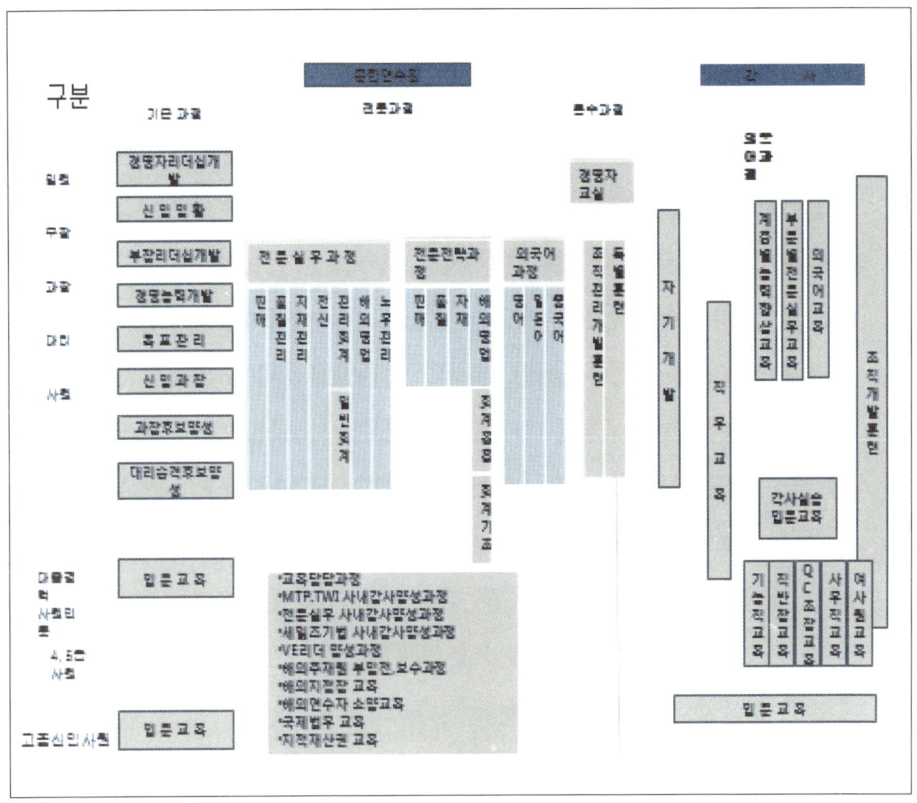

출처 : 삼성 50년사, p.808.

〈그림 3〉 삼성의 교육체계

그러나 그의 교육은 지식의 습득만이 아니라, 습득한 지식을 강력하게 실천할 것을 요구했다. 따라서 모든 연수과정은 실천적인 면을 중시하는 지행합일知行合一을 교육목표의 하나로 설정했다.

삼성종합연수원을 비롯하여 동방생명 용인연수원, 동방생명 경주연수원, 삼성해운대연수소, 삼성서울연수소, 동방생명 전주연수소 등

교육연수원의 연계교육은 연 인원 277,000명으로 1985년 한 해만 해도 교육비는 109억 3,300만원에 달했다. 이와 같이 이병철은 인재개발을 위하여 막대한 투자를 하였다. 투자는 우수한 인력양성을 위한 또 하나의 정도正道라고 보았기 때문이다. 삼성의 인재교육은 그룹 공통으로 실시하는 연수원교육과 각사의 업무 특성에 맞추어 실시하는 각사의 교육으로 구분된다. 삼성은 체계적이고 본격적인 기업교육을 실시하기 위해 삼성종합연수원을 비롯해 많은 연수소를 두고 있다. 특히 삼성종합연수원의 규모와 시설은 세계 어디에 내놓아도 손색이 없을 만큼 완벽하다. 삼성이 어느 기업체보다 많은 예산을 인재육성에 투자하고 있다는 것도 내외에 널리 알려져 있는 사실이다. 이병철은 공장의 증설이나 신규사업을 벌이지는 못하더라도 사원연수만은 중단이 없어야 한다고 했다.

• 이병철의 경영자 자질론의 정립

기업은 사장의 기량器量만큼 큰다.

- 경영자상經營者像

자본주의 사회에서 기업의 꽃은 최고경영책임자이며 샐러리맨이 오를 수 있는 정상이다. 전쟁을 방불케하는 치열한 기업 경쟁 속에서 사장의 위치는 야전군野戰軍 사령관 자리와 같이 불타는 투지와 치밀한 작전 그리고 시시각각 판단력을 요구하는 자리일 수 밖에 없다.

사장은 출퇴근 시간이 따로 없고, 회사 안팎의 모든 책임이 지워지는 무한책임만이 있을 따름이다.

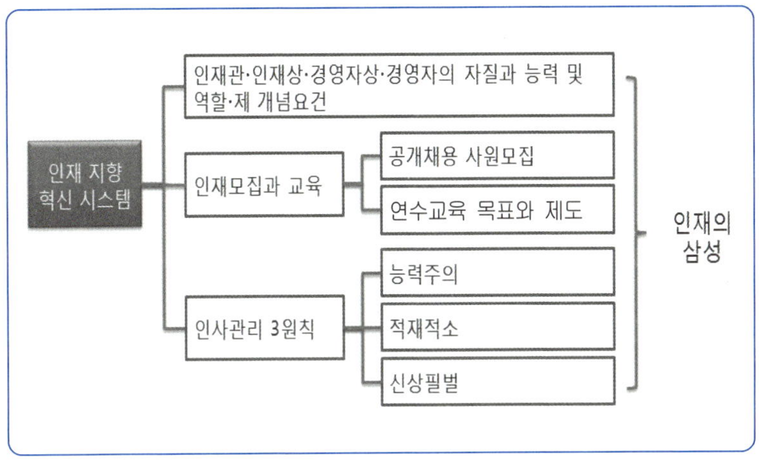

〈그림 4〉 이병철의 인재지향 혁신시스템

이병철이 말하는 경영자상은 일본경제신문과의 인터뷰에서 “내가 존경하는 경영자는 움직이는 전자계산기라고 불리는 세계은행 총재인 맥나마라, 박력이 있고 건실한 도고 도시바전기회사 사장, 그리고 자신감을 가지고 일을 처리하는 미즈가미 미쯔이물산 사장 등이다”라고 말했다. 이는 그가 바라는 경영자상을 한마디로 그려본 것으로, 바로 자신과 같이 기업과 일체심一體心을 갖고 자신이 세운 기업을 영속시킬 자신의 분신分身이자, 대리인이어야 했다. 따라서 단지 위임받은 사업을 조정·관리하는 단순한 경영자가 아닌 기업가정신이 투철한 전문경영인이어야 했다. 그리고 그가 요구해 왔던 경영자는 무엇보다도 기업에 생명력을 불어 넣을 수 있고, 기업속에서 활력을 느낄 수 있는 경영자로서 기업가적인 앙트러프러너십entrepreneurship을 지닌 자이어야 했다.

이병철은, 기업은 곧 사람이고 훌륭한 인재 양성만이 기업을 발전시키는 첩경이라는 신념 아래 실천해 왔기에 그룹 각사 경영자에게도 그렇게 하기를 요구했다. 경영자는 모름지기 사람을 키우는 것을 최대의 책무로 알아야 한다며, 인재양성에 대한 체계적인 계획과 투자를 강조해 왔고, 한편으로는 적재적소의 배치가 인재양성의 지름길이라는 평범하고도 귀중한 교훈을 몸소 실천으로 보여 주었다.

이병철이 경영자를 평가하는 기준은 '그릇 곧 그 사람 됨됨이다'라고 했다. 그는 경영자의 자질이 선천적인 소질이 60%, 후천적인 교육으로 개발할 수 있는 부분이 40%라며 미국의 교육론 보다는 유럽의 유전론에 무게를 더 두었다. 따라서 그 사람의 기량(器量)에 따라 적합한 직책과 임무를 맡겨야만 본인과 조직에 유용하다. 최고경영자는 자기의 기량을 넘어 기업을 키울 수는 없기 때문이라고 했다.삼성인력개발원, 2000, 57

- 경영자의 자질, 능력과 역할

기업가경영자의 위험부담risk-taking과 위험관리risk management의 대가가 기업경영의 목표인 이익profit이라고 정의하기도 한다. 경영자는 이익을 창출하기 위하여 '판단과 선택'으로 위험부담에 도전하고, 그 위험을 최소화시키기 위해서 효율적인 위험관리를 실행해야만 하기 때문이다.

또한 경영은 의사결정이라고 할 수 있다. 막스 웨버M. Weber는 의사결정은 의사형성과 의사실현을 의미한다고 하였다. 따라서 유능한 경영자의 훌륭한 의사결정은 철저한 탐색과 결심, 올바른 판단력과 주도면밀한 준비와 점검, 과감히 실천하는 실천력을 지녀야만 한다고 했다.

이병철도 자신의 사업경험을 통해 “경영자가 갖춰야할 자질과 능력”을 다음과 같이 강조하였다.

첫째, 사업을 에워싼 모든 상황과 “위험에 대한 적절한 **판단**”, 그리고 주도면밀한 계획과 “결단성이 있는 **대처능력**”위험관리 능력이다. 이병철이 강조하는 종합적인 **판단력**은, 직관보다는 충분한 정보를 바탕으로 한 합리적 판단력이다. 예컨대, 1977년 신년사에서 이병철은 “우리 일상생활은 크든 작든 판단의 연속입니다. 시작이 반이라는 말이 있습니다만 시작보다 더 중요한 반은 바로 이 판단력인 것입니다”라고 판단력을 강조했다. 경영자의 판단력이 기업의 장래와 운명을 결정짓는 일임은 새삼 논의의 대상이 될 수 없을 정도로 명백하다. 따라서 이병철이 강조하는 판단력은 직관보다는 충분한 정보를 바탕으로 한 합리적 판단력이다. 직관은 그 스스로 인식할 만한 토대가 있어야 하는데 그것은 다름 아닌 평소의 치밀한 경영과 풍부한 경험이라고 말한다. 가능한 한 과학적인 근거와 경험에 입각해서 합리적으로 결론을 도출하는 바탕이 전제가 되어야 한다는 뜻이다. 국내외 기업 중 가장 특이한 형태인 삼성비서실의 업무 가운데 국내외의 자료와 정보를 수집해서 경영자의 판단자료를 챙기는 일이 있다. 이는 국내외의 앞서가는 지식을 최단으로 수집하고 소화해서 그룹 전체에 공급하는 일이다. 또 1986년에는 경제연구소를 발족시켜 보다 광범위한 경제·경영정보를 수집, 전문적인 연구를 거쳐 최고경영자의 판단을 뒷받침해 주는 자료를 제공하고 있다.

한편, 올바른 판단을 위해서는 마음의 자세도 중요하다. 경영자가 편견이나 선입견을 갖고 있다면 아무리 가치있는 자료라고 해도 그 판단, 결정은 정확성을 기하지 못할 때가 종종 있다. 그는 이러한 편견이나 선입견을 경계해 왔으며 그 근원이라할 수 있는 욕慾과 정情을 다스리는 '담淡의 세계'를 추구했다. 그리고 이병철이 경영자에게 강조하는 것은 경제성판단이다. 그리고 그가 요구하는 상황 판단력은 바로 일의 대소완급에 대한 판단력이다.

둘째는 눈앞의 이익과 결과에만 매달리지 않는 대국적 **통찰력**비전으로 "경영자는 시대를 통찰하는 눈과 국제적인 감각이 있어야 한다." 미래를 투시하는 거시적 안목이 오늘날처럼 기업에서 절실히 요구되는 때는 없었다. 경영자의 통찰력과 **창의성**은 현실안주를 거부한다. 현재에 만족하지 않고 한 걸음 앞서 나가려는 모험과 도전 속에서 기업은 발전하고 확대되기 때문이다. 그리고 사업의 요체가 시대의 움직임을 예리하게 통찰하고 판단한다는데 있다는 신념을 가지고 있어야 한다고 설파했다. 이병철은 국제정세의 변화와 세계시장의 추세를 눈여겨 보았고 그 속에서 배양된 국제감각으로 언제나 한

발 앞서가는 선견력을 발휘해 왔다. 전후 폐허속에서 원조물자에만 의존하고 있던 시절, 수입대체 산업으로 모험적 도전을 했던 제일제당과 제일모직의 설립을 통하여 삼성은 현대적인 대기업으로 내디뎠고, 1970년대의 중화학공업 참여와 1980년대 부터 시작된 첨단산업으로의 과감한 변신을 통하여 삼성은 세계기업으로써 그 면모를 드러내게 되었다. 이와 같은 끊임없는 도전과 기업 변신은 기업의 수명을 영속시키는 활력소인 동시에 세계기업의 추진축이 되었다. 통찰력, 창의성을 통한 자기 변신의 노력은 그가 50여년간 최고경영자로서 불후의 명예를 누릴 수 있게 한 절대적 비법으로 평가받을 것이다.

그리고 일을 창조하고 내일을 개척하는 혜안이다. '창조정신-새로운 것을 탐구하고 개척한다.'는 정신은 곧 변화에 기민하게 대처하면서 미지의 분야에서 과감하게 사업을 추진하는 것이다. 선도기업이 되기 위해서는 과감한 궤도수정도 해야 한다. 그렇게 함으로써 기업은 새롭게 살아날 수 있게 된다. "재생재흥再生再興에의 혁신적 기풍을 이루지 않으면 안 된다."는 이병철의 당부는 기업가의 프론티어 정신과 직결된다. 그의 기업가로서의 프론티어 정신이 유감없이 발휘된 사례가 이병철이 만년에 시작한 반도체사업이다.

셋째의 자질은 높은 이상과 독립자존의 정신, 그리고 불퇴전의 정력과 고고한 명예를 지닌 **리더십**이다."기업체의 운명에 있어서도 마찬가지로 아무리 유능하고 성실한 인재를 모아 놓았다해도 이들을 하나로 묶어 주는 구심점이 없다면 기업으로써의 힘은 발휘될 수 없다. 그 구심점이 다름 아닌 경영자의 인격적인 호소력, 리더십이다.

이병철은 기업의 적자를 사회악으로 규정하고 있었지만, 그 적자보다도 무서운 것은 인재의 부재와 단결이 되지 않는 기업이라고 보았다. 이병철 밑에서 오랫동안 일했던 한 사장은 그것을 이렇게 분석한다. "그분이 리더십을 발휘하게 만드는 가장 중요한 핵심은 직접 일을 맡아 하는 사람으로 하여금 꿈을 갖게 하는 일입니다." 어떻게 해서 사원 모두를 경영자 자신의 분신으로 만들 수 있었는가에 대해 그 사장은 오직 신의信義 뿐 이라고 말한다. 회장이 믿고 일을 맡기는데 어떻게 최선을 다하지 않을 수 있겠는가 하는 것이 그의 결론이었다.

이병철과 오랜 동안 교유해와 누구보다 이병철을 잘 아는 일본의 야지마겐지矢島欽次 교수에 의하면 이병철의 '**기업경영자가 되는 4가지 조건**'은, 치밀한 계획능력이 있을 것, 통솔력이 있을 것, 판단력이 있을 것, 마지막으로 구상능력이 있을 것을 꼽았다. 그 중 계획, 통솔, 판단은 이병철과 같으나 그가 오랫동안 삼성을 관찰한 결과로서의 '이병철 경영자 조건'에 단지 구상능력이 추가되었다. 구상능력은 아이디어를 현실적으로 실현시키는 능력이다. 이것은 비전이라고도 말할 수 있으며, 표현된 구상이나 구도가 다른 사람을 끌어드리는 매력을 가지고 있어야 한다는 것이다.

끝으로 '**경영자의 역할**'은 기업 내 특정 분야, 특정 업무에 국한될 수 없다. 기업 전반에 걸친 방침과 목표의 수립, 경영, 의사결정, 조직의 통솔 및 관리 등 모두가 경영자의 임무인 것이다. 그 중에서 이병철은 특히 인재양성과 적재적소의 인사가 경영자의 가장 어려우면서도 중요한 책임임을 강조했다.

또한 '**최고경영자의 7가지 자질**'에 대하여, 최고경영자의 자질이 무엇보다도 중요하다. 평소 어떠한 사람이 되어야 하느냐 하는 문제에 관해서 깊이 생각해 온 몇 가지 조건이 있다. 첫째, 덕망을 갖춘 훌륭한 인격자이어야 하고, 둘째, 탁월한 지도력을 구비하고, 셋째, 신망을 받는 인물이어야 하며, 넷째, 창조성이 풍부해야 하고, 다섯째, 분명한 판단력을 갖추고, 여섯째, 추진력이 있어야 하고, 끝으로 책임을 질 줄 아는 사람이여야 한다고 했다.

- 결격경영자 3가지 부류 조건

이병철은 경영자로서 결격缺格이라는 3 가지 부류의 사람을 다음과 같이 열거하며 각성을 촉구했다. 첫째, 어려운 일은 안하고 쉬운 일만 하며 제 권위만 찾아 남을 부리는 사람, 둘째, 얘기를 해도 못 알아듣는 사람, 셋째, 알아듣긴 해도 실천하지 않는 사람. 이병철은 이 점에 대해서 스스로 솔선수범을 보였다. 예컨대, 그룹 경영에 관여하면서 언제나 당부한 말도 "내게는 큰일을 맡겨줘라. 상식적인 것은 보고하지도 말고 잘되는 것은 10%만 보고하라. 어렵고 안 되는 것을 나에게 보고하라. 정말 어렵고 힘든 일은 내가 해결할 것이며 또 내가 해야할 것은 내가 하겠다.", "내가 의사결정을 해야할 때, 동일한 조건이라면 상대방에게 양보한다. 나는 내 마음대로 하지 않는다. 상대방의 의견을 최대한 존중한다.", "밑의 사람이 하는 이야기를 존중할 줄 알아야 한다." 등, 경영자의 의사결정에 대한 기본적 자세를 말했다. 그는 경영자의 독단에서부터 그룹경영의 크고 작은 실패가 온다는 점을 경험을 통해 익히 알고 있었다. 그래서 참다운 경영자라면 넓게 의견을 듣는 것을 두려워하지 않는 경영자의 자세를 역설했다. 이같이 경영자의 개방적이고 전인적인 자세를 늘 당부하며 "사장이 솔선수범해야 밑에서도 움직이는 법이다."라고 거듭 강조했다.

• 이병철 인사관리의 핵심 3원칙

'능력주의'는 모든이에게 '기회'와 '희망'을 준다.

일본형 경영의 3種의 神器종신고용, 연공서열 기업내 노조가 있다면 이병철 경영에도 인재경영의 핵심원칙인 '인사관리 3원칙'이 있다.

이병철의 인사관리에 있어 두드러진 특징은 엄격한 공정성을 생명으로 하고 있다는 점이다. 그 기본적인 원칙은 학연, 혈연, 지연을 배제하고 오로지 능력과 업적에 따라 처우한다는 점이다. 인원의 선발, 배치, 승진 등에 있어서 정실이나 불공정이 일체 용납되지 않음은 두말할 나위도 없다.

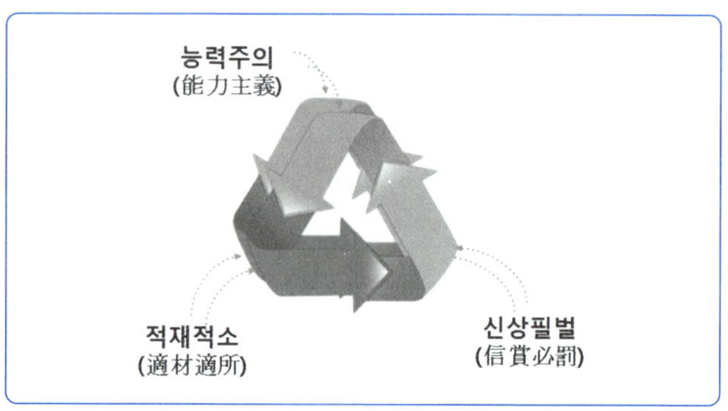

〈그림 5〉 인사관리 3원칙

“기업경영에서 가장 중요한 것은 인사이다. 기업은 사람이 하는 것이다. 사람이 기업을 움직인다. 그러므로 결국 기업의 성패를 좌우하는 것은 사람이다. 또 그 사람을 만들어 내는 것도 기업”이라고 이병철을 말하였다. 이 말은 인사의 중요성을 강조하는 내용으로 인사人事가 만사萬事라는 뜻이다. 인사가 중요하다고 하는 원리는 흔히 말하는 경영자의 3대 요소, 즉 사람, 기술, 자금의 3요소 가운데 기술과 자금은 경영의 객체일 뿐이지만 사람은 이들 객체를 움직여 경영활동을 하는 주체이며, 이와 같은 경영의 주체를 관리하는 경영활동이 인사이기 때문이다. 이병철은 창업 이래 항상 공정하고 공평한 인사가 되도록 끊임없이 힘써왔다. 예컨대, 비서실에 인사위원회를 두고 최대한의 공평성을 유지하는 장치를 마련하였다. 그 까닭을, “나는 두 눈으로 15만명의 사원을 보지만 사원들은 30만개의 눈으로 나를 보고 있다.”며 자신을 경계해왔다.山崎勝彦, 2010, 63

기업이 곧 인간이라고 보는 이병철의 ‘인사관리 3원칙’은 공정성을 바탕으로 한 ‘신상필벌信賞必罰’, 능력과 자질에 알맞게 배치하는 ‘적재적소適材適所’, 연공서열이 아닌 능력으로 평가와 보상 받는 ‘능력주의能力主義’ 3가지의 인사관리 원칙을 근간으로 하고 있다. 기업은 경영과 재무판단도 중요하지만 공정 · 공평 · 공명해야하며 이를 엄격한 인사와 충실한 감사로 끊임없이 조절했다. 삼성은 1년에 업적고과를 2번, 능력고과를 1번 실시한다. 이 같은 고과자료를 5년 치만 보면 그 사람의 역량과 가능성을 파악할 수 있다. 도덕성 테스트도 사원채용 때부터 이미 30여년 이상이나 실시하여 잘 선별하고, 이들 선택된 사람들을 계획적인 교육으로 육성하여 능력있는 사람으로 키우고, 적소에 배치하여 개개인의 능력을 최대한 발휘하게 만들어 기업과 개인의 발전을 공동으로 추구하는 것이다. 그리고 채용한 인재를 교육을 통해 최고경영자가 되기까지 채찍과 당근으로써 자질을 갖춘 경영자로 길러냈다. 그런 그도 인사의 70%밖에 성공하지 못했다고 했다.

이병철은 특히 신상필벌을 하지 않으면 책임회피를 초래하고 조직의 활력을 감소시킨다는 점을 단호히 천명하고, 조직의 건강과 활력을 유지하기 위해 '상을 크게, 벌도 크게' 할 것을 원칙으로 삼았으며, 특히 필벌必罰에는 사사로운 감정을 버리고 엄정히 법을 지켜 기강을 바로 세우는 읍참마속泣斬馬謖의 결단력을 가져야 한다고 강조했다. 조직에 번지기 시작한 나쁜 습관은 냉혹하다는 평을 듣더라도 조기에 제거해야 조직을 살릴 수 있다는 소신을 갖고 있었다. 삼성인력개발원, 2000, 63 적자생존의 원칙은 어느 시대, 어느 사회에도 적용되게 마련이다. 잘못한 사람을 제재하고 잘하는 사람에게 상을 주는 신상필벌 제도가 없다면 사회나 기업은 발전할 수 없다고 하였다.

업적평가도 물질적인 평가는 이익, 경비 등 숫자로 나타나지만 정신적인 업적평가는 그렇지 못하기 때문에 경영 대도大道에 따른 올바른 실천합리, 합법, 윤리성의 실현, 사리私利를 배제하고 사원의 입장을 고려하면서 일치단결해 목표로 가는 과정이 올바르고, 사내규율 엄수, 신상필벌, 상의하달, 하의상달, 실천으로 이루어지는 올바른 조직운영 등, 이 3 가지를 실천, 실현하고 있으면 설사 적자가 나도 이병철은 그 경영자에게 책임을 묻지 않았다.

이병철이 인사업무 수행에 대한 지침으로 정靜, 정正, 중重의 자세를 강조했다. 즉, 인사를 처리함에 있어서 냉정하게 판단하고 공정하게 심사하여 신중하게 결정한다는 것이다.삼성경제연구소, 1989, 223

▎프로세스 혁신process innovation : 합리경영 혁신삼성경영Software: 삼성WAY 확립 = "관리의 삼성"

합리경영이란 수레의 양 바퀴는 '경영 합리화'와 '기술혁신'이다.

이병철의 합리추구 경영은 근대 지향적 경영이념이며 사회의 모든 면에서 합리화가 이루어져야 한다는 사고다. 즉 모든 일에 있어서 합리를 바탕으로 건실하게 경영을 해나감으로써, 기업이 적정이윤을 확보하고 지속가능한 발전을 추구한다는 것이다. 특히 합리는 이성적 활동의 행동철학이므로 그는 스스로 그것을 실천함으로써 합리경영, 혁신의 표본이 되고자 하였으며 합리추구는 이병철이 성공의 3요소로 지칭한 운運, 둔鈍, 근根 가운데 '根'에 해당하는 것으로 어떠한 난관이나 위기에 봉착하더라도 합리와 끈기가 조화를 이뤄 나가면 두려울 일도, 해결하지 못할 일도 없다고 하였다. 사람은 능력 하나만으로 성공하게 되는 것이 아니다. 운을 잘 타고 나야 하고 때와 사람을 잘 만나야 한다. 운을 놓치지 않고 잘 타고 나가려면 역시 운이 다가오기를 기다리는 둔한 맛이 있어야 한다. 그리고 운이 트일 때까지 버티어 나가는 끈기가 있어야 한다고 했다. 근과 둔이 따르지 않으면 아무리 운이 좋아도 그 운을 놓치고 만다고 했다.

합리경영 혁신의 양축은 경영합리화와 기술혁신이라고 하였다. 예컨대, 이병철은 "경영의 합리화야말로 뒤떨어진 우리나라의 기업풍토가 당면한 가장 시급하고 중대한 문제이다. 선진국의 새로운 경영기술과 기법을 속속 도입하여 경영체질을 국제화 시대에 있어서 경쟁에 이길 수 있도록 바꾸는 방법은 경영합리화에 있는 것이다."라며 합리경영과 혁신을 강조했다.서울경제신문, 1970. 1. 12일자

그렇게 그는 합리경영, 혁신을 해야 한다는 나름의 경영철학을 가지고 여러 사업을 일으켰으며 그 원칙에 의해서 각 계열사 사장들에게는 책임경영제에 의한 위임경영을, 그리고 회장의 이상을 구현할 수 있는 회장비서실과 각 계열사를 연결하는 삼각구도로 경영을 했다. 그의 독특한 철학과 원칙을 효과적으로 구현할 수 있는 제도적 기초를 견고히 하여, 건전한 사풍을 진작, 합리적인 조직제도에 근거한 짜임새 있는 경영을 부단히 추구함으로써 '관리의 삼성'을 실현시키고자 하였고 또한 그것을 실행해왔다.

• 합리경영의 8가지 원칙과 룰rule을 정립

삼성을 급성장시킨 경영의 비법 중 합리合理는 그 하나다.

- 기업경영의 4대 원칙 : 합리경영의 뿌리교훈

이병철은 1936~7년 정미소와 운수업으로 다소의 자금이 모이자

앞에서 기술한 바와 같이 은행돈을 크게 빌려 농지에 투자하여 한때는 만석萬石꾼이 되었지만, 한창 사업을 늘려나가던 중 예기치 않았던 중·일전쟁으로 거래은행으로부터 대출이 중단되자 도산을 면치 못하였다. 이 때 그는 비로소 경영의 어려움을 깨닫고 이를 다시없는 교훈으로 삼아 합리적인 경영의 필요성을 터득하게 되었다고 한다.

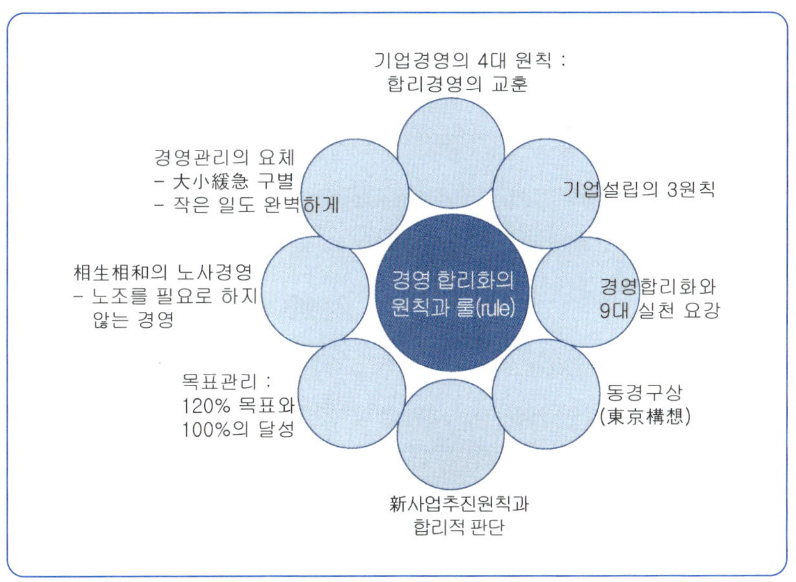

〈그림 6〉 합리경영 혁신을 위한 8가지 원칙과 룰rule

즉 기업가가 경영의 요체를 찾는 길, '기업경영의 4대 원칙'은 첫째, 국내외 정세의 변동을 적확的確하게 통찰해야하며, 둘째, 무모한 과욕을 버리고 자기능력과 한계를 냉철하게 판단해야하고, 셋째, 요행을 바라는 투기는 절대 피해야하며, 넷째, 직관력의 연마를 중시하는 한편 제2, 제3선의 대비책을 미리 강구함으로써 대세가 기울어 이미 실패라고 판단이 서면 깨끗이 미련을 청산하고 차선의 길을 택해야 한다는 것이다. 이병철, 1986, 32 이것이 바로 기업경영의 금과옥조이며 합리추구의 정신이다. 이 교훈을 거울삼아 이병철은 늘 자신을 경계하여 이 후, 투자한 사업에 한 번도 실패 한 적이 없게 되었다.

- 기업설립의 원칙

이병철은 '기업을 설립할 때는 다음의 원칙'에 따라야 한다고 했다.

첫 번째 원칙, 기업은 직접 설립해야 한다는 것이다. 다른 사람에게 의지하지 않고 자신에게 가장 적합한 기업을 생각하고 기업을 설립한다. 그리고 시야를 넓혀 자신의 능력이 미치는 한 어떻게 하는 것이 역사의 흐름에 순응하며 인류의 생활향상을 위해 필요한 것인지를 생각한다. 예컨대, 이병철이 제일모직과 제일제당을 설립했을 당시, 사람들은 그의 창업에 의문을 보이기도 했고 우려를 나타내기도 했다. 그 후, 성공에 대하여 감탄도 했지만 시간이 경과하자 그의 노력과 성과에 대해 그들은 과소평가했다. 하지만 이병철은 그러한 중론을 전혀 의식하지 않았다. 당시 그는 다른 사람보다 한 발 앞서 기업을 일으켰고, 그 때문에 성공을 거둘 수 있었다는 점을 긍지로 여기고 있었기 때문이다. 만약 그 때 제철이나 석유화학, 조선 등 규모가 큰 사업에 착수했다면 성공을 거두기 어려웠을 것이라는 사실을 잘 알고 있었다. 기업이란 '전망'과 함께 '현실'을 바탕으로 출발해야 한다는 사실을 이병철은 한 순간도 잊지 않았다.

두 번째 원칙은 가능하면 큰 기업규모의 경제을 만들어야 한다는 것이다. 소자본으로 대기업을 설립하는 것이 아니라 긴 안목으로 보아 장래에 발전할 여지가 있는 기업을 선택하는 것이다. 예컨대, 제일제당과 한국비료공장의 설립은 이 원칙의 산물이다.

이와 관련하여 이병철은 기업인에게 요구되는 것은 혁신과 합리성을 추구하는 정신이라며, "나는 경영이론에 대하여 잘 모른다."며 겸손한 자세를 취면서도 장기경영계획 입안, 성과 평가, 내부관리의 체계화, 판매조직에 이르기까지 80여 항목을 웃도는 각 기업에 대한 현대적 경영기법을 대담하게 채택하는 한편 개인의 직감이나 임시방편 같은 방식은 배제했다. 여기에서 보다 중요한 점은 조직관리의 체계화를 충분히 활용할 수 있는 혁신적이고 창조적인 결단으로 보고 있다는 것이다. 1980년대 한국이 자주적인 기술개발을 추진하고 두뇌공업의 육성과 수출, 시스템기술의 개발촉진, 공업기술의 수출을 주요 전략으로 삼은 만큼, 비교 우위를 차지할 수 있는 기술과 투자 대상에 대한 현명한 선택은 기업과 국가의 운명을 좌우하였다고 했다.

- 동경구상東京構想

이병철은 해마다 정초 일본 동경에서 신규 사업, 기술도입, 인사문제 등에 관한 대체적인 것을 구상한다. 이를 세간에서는 '동경구상東京構想'이라 불렀다. 동경은 우리나라와 가장 가까운 거리에 있는 외국의 수도일 뿐 아니라 그에게는 의사소통에 불편이 없는 유일한 국제도시이며 세계에서 으뜸가는 정보센터이기도 하였다. 그의 정초 동경체류는 1959년말 부터 시작되어 30여년 동안 지속되었다.

1960년 이병철은 동경을 방문하고 5단계의 '東京계획'을 수립했다. 첫째, 미래의 경제상황을 다루는 일본매체에 귀를 기울일 것, 둘째, 가장 경쟁력 있는 분야에 대한 질문을 하기 위해 명성 있는 일본 경제부 기자를 식사에 초대할 것, 셋째, 경제개발에 대한 명확한 답변을 얻기 위해 일본 경제학자들을 초대 할 것, 넷째, 명망 있는 기업가들을 초대하여 그들의 성공열쇠와 여론수렴을 어떻게 하는가에 대해 질문할 것이다.

또한 이병철은 새롭게 도입할 신제도나 관리기법을 그곳에서 알아내고 이를 비서실에 지시하여 실시해 나갔다. 새로운 사업을 시작할 경우에는 이런 과정이 더욱 철저했다. 확신이 설 때까지 확인하고 또 확인했다. 귀국 시에는 서점에서 참고가 될 만한 책들을 사들이고 귀국 즉시 자신이 직접 작성한 유망업종 리스트를 그룹비서실에 건네주며 삼성의 실정에 맞게 사업의 타당성을 검토하고 삼성에 맞는 사업 하나를 선정하도록 지시한다. 이런 식으로 선정된 업종이 보험, 제지, 합섬, 매스컴, 전자, 중공업, 석유화학이었고 모두 이런 과정을 거쳐 설립되었다.

이병철이 일본재계의 동향을 철저히 살피고 삼성의 다음 업종樹種

이라 부른다을 결정한다. 여기에는 다음과 같은 기본사고가 깔려있다. 미국에서 잘되는 사업이라고 해서 한국에서도 잘된다는 보장은 없다. 따라서 미국에서 잘되는 사업이 일본으로 건너와 일본에서도 잘된다면 그런 사업은 한국에서도 잘 될 가능성이 크다. 왜냐하면 우리와 일본은 여러가지 면에서 유사한 점이 많기 때문이다. 이런 식으로 엄선해서 착수한 신규 사업들은 모두가 하나같이 크게 발전하였다. 이렇게 동경구상은 오늘날 삼성그룹이 발전하는데 있어서 결정적인 역할을 하였다. 새로운 업종선택이란 사업가에게 있어선 가장 중요하고 어려운 결단 중에 결단이기 때문이다. 이렇게 어려운 결단을 내리기까지 따져보고 또 따져보는 그러한 합리적인 확인과정이 이른바 이병철의 '동경구상'이다.

- 新사업 추진원칙과 합리적 판단

돌다리도 두들겨 보고, 다리기둥 밑도 파 보고 주위를 살펴가며 건너야 한다.

"나는 반세기에 걸쳐서 삼성을 경영해 왔지만 지금까지 경기활동에 따른 영향을 받아 삼성이 위험에 빠지는 사태는 한 번도 없었다. 결국 경영 계획이 합리추구의 경영 이념에 기초를 두고 결정된 것이라고 생각한다."라고 이병철이 회고했듯이 이병철이 '사업을 계획하고 추진하는 데에는 몇 가지 확고한 원칙'들이 있다.

첫째는 신규사업은 신중히 철저히 계획해야 한다.

둘째는 장기적인 관점에서 착수해야 한다.

셋째는 철저히 경제성을 검토해야 한다.

그는 기업의 본질상 혁신과 창조가 그 고유의 체질이지만 혁신과 개혁은 철두철미한 합리주의와 경제계산이 토대가 되어야 한다는 점을 강조하고 있다.

동시에 '합리적인 판단'은 내 스스로 예상되는 문제에 대하여 그 사안을 분석하고, 앞을 내다보고 사업성 검토지침 20개 대 항목, 90개의 소 항목을 세밀히 검토하는것과, 담당자의 의견을 존중해서 그대로 하는 것, 두 가지를 제시하고 중지衆智를 수렴하여 합리적인 결단을 내리는 것이다.

결단을 내리고 사업을 추진할 때에 이병철이 강조한 또 하나의 요체는 착수하는 용기와 물러서는 용기다. 배수진을 치고 백척간두에서 단호히 결행해도 예기치 못한 장애에 부딪치는데, 하물며 출발부터 의심하고 망설이면 될 일도 안 되는 법이라고 했다. 그렇다고 해서 이병철이 밀어붙이는 용기와 힘만을 강조하지는 않았다. 모든 일을 한 번 하기로 정하면 철두철미하게 계획을 수립하고 90개 항목에 달하는 면밀한 사업성 검토 지침은 50년간 삼성의 경영 노하우이다. 예를 들면, 사업내용이 삼성의 기업이념과 기업목적과의 합치여부, 품질향상, 가격인하 등과 국민경제 기여여부, 시장규모, 기술수준, 대기업 사업에 적합여부, 사업과 관련된 환경분석 등이 있다.

검사결과에서 승산이 없으면 과감히 그만두는 것이 현명한 방법이다. 이것이 이병철의 경영방식이었다.

- 경영합리화의 실천요강

이병철은 1980년 12월 '경영합리화의 구체적이고도 현실적인 실천요강'삼성경제연구소, 1989, 135-137을 제시하면서 반드시 실천하도록 당부했다. 이것은 이병철의 합리경영 혁신의 길way이며 이것의 실천으로 합리경영을 이루자는 것이다. 즉, 이는 다음과 같이 축약된다.

- 교육이 중요하다 : 장기적으로 삼성을 발전시키기 위해서는 훌륭한 사람이 양성되어야 한다.
- 부정이 문제다 : 부정은 먼저 교육을 통해서 막도록 하자. 연수, 조직 감사시스템 이용
- 기술도입에 역점을 두라. 기술연구센터 강화, 그 기술을 우리 고유기술로 만들 것
- 품질관리에 우선을 두라.
- 생산관리에 합리화를 기하라. 가격을 낮추고, 기술개발, 생산능력 증가, 경영을 합리화
- 운영의 합리화를 기하라. 조직을 끊임없이 시대 상황에 맞게 적응시켜 경영의 합리화
- 신상필벌을 엄격히 지켜라.
- 사업부제를 철저히 하라. 각 부분별 조직된 실질적인 시스템으로 개선
- 컴퓨터를 최대한 활용하라. 습득한 정보를 최대로 이용

이상은 역설적으로 그 당시 이병철이 합리적 경영혁신이 가장 요구되는 부분을 지적한 것이기도 하다.

- 목표관리 : 120% 목표와 100%의 달성

이병철은 사업을 벌일 때는 5년 앞을 봐서는 안되고 50년 앞을 내다보고 착수해야 한다고 강조한다. 미래를 지향해서 앞으로 밟아갈 절차가 무엇인지 항상 중요 시 했으며, 발전목표를 확실히 세우고, '목표관리'를 의욕적으로 세워 목표를 달성하도록 하는 원칙을 제시하고 있다. 즉, 능력의 90%를 세워 놓고 110% 초과 달성하는 것보다는 능력의 120%를 세워 놓고, 100% 달성하는 것이 바람직하다고 하였다. 이는 세계적인 고급시계 제조회사인 스위스 PIAGET의 슬로건 "필요한 것보다 항상 더 이상의 것을 추구하라"와 일맥상통한다. 다소 높은 목표, 상당히 노력을 해야 달성할 수 있는 목표를 세워 놓고 부단히 노력하는 것이 조직의 발전을 가져오는 첩경임을 항상 강조하였다. 특히 그가 강조하던 것 중 하나가 '선진지표'다. 각 기업과 상품의 국제 경쟁력을 가늠하는 수치들로써 선진국 우량기업의 각종 경영성과를 지표화指標化 한 것이다. 선진지표는 기업경영 목표를 설정함에 있어서 하나의 기준이 될 수 있었다. 원가 면에서는 선진국에 비해 얼마나 차이가 나느냐, 수준은 어느 정도이냐, 1인당 생산량은 얼마냐 등, 그 후에도 보고나 회의 때에도 항상 일본은? 미국은? 어떠냐고 따지는 것이 습관이었다. 또 평소에 강조하던 제일주의를 역설하며 '1등을 목표로 최고, 제일을 향해서 앞서 나가는 선진국을 따라

잡자catch up정신'는 의식이 기업발전의 원동력임을 표출한 것이다.

- 상생상화相生相和의 노사경영 : 노조를 필요로 하지 않는 경영

이병철의 '노조를 필요로 하지 않는 경영'관은 동경 유학시절에 읽었던 「女工哀史」에서부터 시작된다. 그 책의 내용은 비참한 노동조건 하에서 일하는 방직공장의 참담한 여공생활을 그린 것이었는데, 그 당시 그는 큰 충격을 받았고 많은 것을 느꼈다고 한다.

그로 인해 그는 1955년 1월 제일모직 공장건설을 착수할 때 여공들이 기식할 기숙사에 최상급의 쾌적한 시설을 갖추도록 하였다. 우리나라 처음으로 공장과 기숙사 등 전 관에 스팀난방 설치는 물론, 공장 내의 환경미화에도 큰 관심을 쏟아 연못과 분수도 마련하였으며 공장부지 전체를 잘 다듬어진 정원으로 꾸몄다. 당시 대구 시민들 사이에서는 제일모직 공장을 '제일공원'이라고 부를 정도였다고 한다.

이병철은 창업 이래 인간존중의 경영 아래 종업원과 회사의 관계는 서로 협조하고 공존공영하는 관계로 정의하고, 화합에 바탕을 둔 조직풍토를 세우는 한편 종업원이 노조의 필요성을 못 느낄 정도로 노조가 있는 기업보다 더 나은 근로조건 즉, '업계 최고의 대우와 근로조건을 고수해 왔다.삼성경제연구소, 1989, 198 여기에는 이병철의 "분위기 좋은 직장을 만들어야 한다.", "상호 신뢰와 협조할 수 있는 분위기 조성을 위해 노사협의를 활성화하여 직원에게 희망을 주고 사기를 높이기 위해서는 장래를 보장해 주어야 한다."는 그의 相生相和 철학이 바탕에 깔려있다.삼성인력개발원, 2000, 64-66

앞서 기술한 바와 같이 이병철은 삼성물산공사 시절부터 '급료를 정하는 원칙'은 첫째, 물가를 반영, 생활이 안정되도록 최소한의 생계비는 되어야 한다, 둘째, 타사보다 높은 수준을 유지해야 한다 등으로 최고의 대우는 급료뿐만 아니라 복리후생 면에서도 제일을 지향하였다. 예컨대 그는 공장에 오면 꼭 현장을 먼저 들르고 사무실을 거쳐 임원실로 간다. 항상 공장을 들러보고 근로자의 작업환경을 점검하여 현장의 소리를 먼저 듣는다는 취지다. 이러한 그의 실행은 삼성을 노조를 필요로 하지않는 기업으로 만들었다. 이렇게 이병철은 신뢰와 화합의 기업체계를 정립하여 노조를 필요로 하지않는 경영체제를 구축, 종적 · 횡적으로 짜임새 있는 경영체제로 오늘날까지 삼성이 흔들리지 않고 정진을 계속할 수 있는 경영능력이 되었다.

- 경영관리의 요체

합리적인 경영관리의 핵심은 사업에서 시기時機, 자본, 사람의 3박자를 맞추고, 기술과 시장도 갖추어야 한다. 그렇게 모든 여건을 완벽하게 갖추고, 모든 상황을 철저히 관리한다면 사업은 성공할 것이다. 그러나 제한된 자원으로 사업을 해야하는 현실에서는 제한된 자원을 효율적으로 사용하는 길 밖에 없다. 그 길삼성경제연구소, 1989, 139-143은

첫째, 일의 대소완급大小緩急을 구별해서 관리하라. 현 시점에서 무엇이 중요하고, 무엇이 시급한가, 무엇이 문제인가를 따져보는 것이다.

둘째, 작은 일도 완벽하게 해야 한다. 경영자는 작은 일에 능해야 하고 작은것이 곧 큰것이 되는 일임을 알아야 한다.

즉 "대사는 가볍게 소사는 무겁게 생각하는 마음가짐이 중요하다. 바로 그것이 경영요체인 것이다."라고 이병철은 강조했다.

• **기술혁신을 위한 3가지 원칙과 룰rule의 정립**

기술을 지배하는 자가 세상을 지배한다.

- 종합기술원綜合技術院의 주요 과제

"합리경영에서 변치 않는 양 수레바퀴가 있다. '기술혁신'과 '경영합리화'가 그것이다."삼성경제연구소, 1989. 125, "기술은 돈보다 중요하다"일본 다이아몬드, 1981. 8. 29일자, "기업은 영속해야 합니다. 기업을 견실하게 이끌고 가고 경쟁에서 살아남기 위해서는 끊임없이 경쟁합리화가 이루어져야 합니다. 기업이 경쟁에서 이기는 길은 합리화를 통해 값싸고 질이 좋은 물건을 생산하는데 있습니다. 따라서 끊임없이 기술을 개발하고 선두경영의 노하우를 습득하여 경영의 쇄신을 이룩해야 합니다."라고 이병철은 설파하면서 수원의 삼성전자 본관에 "무한탐구無限探求"라는 친필 액자를 걸어 놓고 구성원들을 독려하였다. 그리고 살아남기 위해서는 기술혁신을 꼭 해야하고 그것을 철저하게 실천에 옮기는 것이 중요하다고 항시 강조했다. 기술에 대한 절실한 인식은 제일제당 건설 시 이승만 대통령이 배일정책의 일환으로 플랜트를 조립하고 시운전할 일본인 기술자 입국을 금지시켜 어쩔 수 없이 처음보는 기계를 직원이 당시 상태도 좋지않은 국제전화로 기술을 전수받으면서 절감했다고 한다.

제일제당, 제일모직의 설립이 현대적 산업에로의 제1기의 전환이라고 한다면 그보다 한 단계 올라선 하이테크놀로지 산업으로 변신한 전자 및 반도체·유전공학 산업에의 참여는 제2기의 전환이라고 할 수 있다. 1979년 한 회의석상에서 그는 "과거 10년 전에는 제일모직이나 제일합섬의 기술이 일본에 뒤지지 않았으나, 10년이 지난 지금 일본과 우리 회사와의 차이는 너무 현격하다. 10년 동안 일본은 설계, 디자인, 품질 등에 엄청난 진보를 이룩했다."며, 그 자리에서 이병철은 각 사는 구체적으로 실천적인 계획을 짜서 추진하라고 경영자들의 적극적 자세를 부단히 촉구했다.

이를 위해 먼저 '종합기술원綜合技術院의 주요 과제'로 다음 4가지를 제시했다.

첫째, 그룹 차원에서 개발해야할 미래유망 첨단제품의 개발, 둘째, 고도의 기술을 요하거나 여러 회사에서 공통으로 활용할 수 있는 핵심 기술개발, 셋째, 개발에 장기간이 소요되고 파급효과가 큰 소재 및 제품개발, 넷째, 각 사간에 개발이 중복되거나 대형과제로서 공동개발해야할 과제 등 4가지를 제시했다.

- 기술도입의 4원칙과 기술개발단계

이병철은 스스로 기술을 도입하고 발전시켜가는 과정에서 기술 지향적 사고를 갖고 앞서가는 기업가가 되었으며, 삼성경영의 핵심적 요소로 기술을 중시하는 풍토를 조성해 갔다. 이에 따라 제일제당, 제일모직의 설립 이후부터 기술개발, 기술혁신, 기술정보에 대한 철저한 분석, 연구, 개발이 삼성 그룹 경영의 핵심적 요소로 등장하였다.

기술을 도입하고 발전시켜 나아가는 과정에서 다음과 같은 '기술도입 4원칙'을 설정 경영자들의 적극적인 자세를 부단히 촉구해왔다.

첫째, 최고경영자는 솔선수범해서 적극적으로 기술을 도입하되 그것을 창의적으로 살려야 한다. 둘째, 도입의 거점을 동경에 두고 세계의 특허 등 고급자료를 입수해서 활용방법을 연구해야 한다. 셋째, 삼성 내부의 힘만으로 모든 문제를 해결하려 하지말고 기존의 연구단체인 KAIST, KORSTIC 등을 충분히 활용하라. 넷째, 무조건 도입하려 들지말고 왜 그 기술에 우리가 접근해야만하는 목적을 명확히 하고 이익을 생각하지 않으면 안 된다고 하였다.

또한 기술개발의 순서順序도 첫째, 조달 가능한 자금의 한계를 안다. 둘째, 확보한 사람의 능력, 적성을 정확히 파악한다. 셋째, 구사할 수 있는 기술수준을 확인한다. 넷째, 확보할 수 있는 시장규모를 파악한다. 는 4가지 단계에 따라 접근해야 한다고 했다.

- 국제경쟁 방법 : '가장 싸고, 가장 좋고, 가장 먼저'의 제품

경영철칙으로 기술혁신과 함께 이병철이 강조한것이 경영의 합리화다. 기업경영에서 원가의식 하에 많은 불합리한 요소를 제거하고 낭비를 줄여 생산성 향상을 기하면 기업의 흑자는 물론 영속 발전의 기틀이 이루어 진다는 것은 당연한 진리라고 했다. 이병철은 그 생산성의 기본을 '국제경쟁력'에서 찾았다. 세계시장을 개척하고 타개하

는 것, 자원과 국내시장 규모가 빈약한 우리나라로서는 해외시장을 목표로하는 것만이 살 길이며, 따라서 삼성도 국내시장만을 대상으로 해서는 절대로 성장할 수 없다는 것이 그의 지론이었다. 이병철이 수없이 강조한 선진지표先進指標, 선진수준 역시 '수출에 의존할 수 밖에 없는 한국적 현실에서 기업이 생존할 수 있는 길은 국제적인 경쟁력 확보 외에는 없다'는 소신에 근거한다. 그렇다면 선진국들과 '세계시장에서 경쟁할 수 있는 방법은 다음 3가지 방법' 뿐이다.

첫째, 남도 다 똑같이 만드는 상품을 누가 가장 싸게cost 만드느냐. 둘째, 값도 다 똑같다면 누가 가장 품질 좋은 상품quality을 만드느냐. 셋째, 품질도 다 똑같다면 누가 남보다 앞서speed 만들어 내느냐. 이런 정신만이 글로벌 경쟁력을 가질 수 있다. 바로 이것이 이병철의 제일정신이다.

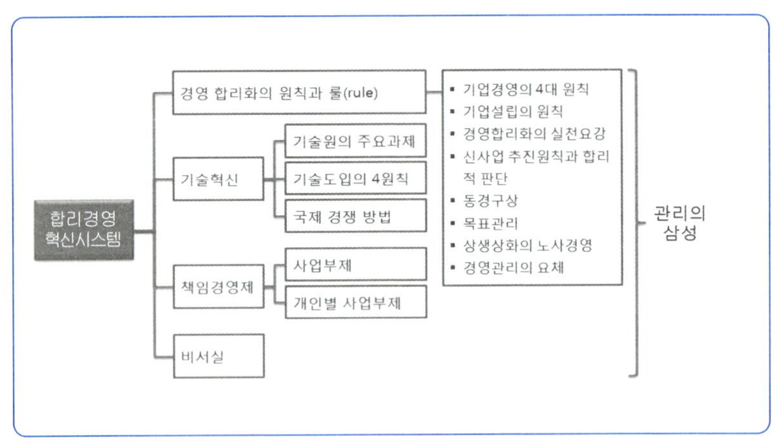

〈그림 7〉 이병철 합리경영 혁신시스템

• **책임경영제***empowerment* **제도 구축**

擬人勿用, 用人物擬 **의심나는 사람은 쓰지 말고, 쓴 사람은 믿고 맡겨라!**

이병철은 사업규모가 아주 작았던 창업 초기에는 사업을 진두지휘하고 경영을 직접 관장하기도 했으나 사업규모가 대형화, 다각화됨에 따라 분권화하게 되었고, 그의 경영철학과 원칙을 제도의 틀에 담아 삼성이라는 거대한 조직을 운영할 수 있는 독특한 경영체제를 구축했다. 이것이 '책임위임경영'인데, 기업을 경영하는데 있어서는 자본이나 기술도 중요하지만 무엇보다 중요한 것은 사람이다. 이는 어떤 기업이든 다 위에서 부터 말단 직원에 이르기까지 모든 것이 사람에 의해 사업이 계획하고 진행하기 때문이다. 이병철은 기업의 틀을 갖춘 삼성상회 시절부터 경영일체를 지배인에게 일임하는 책임경영방식을 채택했다.

이 책임경영제를 지지하는 그의 철학은 명심보감明心寶鑑 통속편通俗編에 나오는 "擬人勿用, 用人物擬의심나는 사람은 쓰질 말고, 쓴 사람은 믿고 맡겨라!"이다. 일단 믿고 맡겼으면 의심하지 않고 모든 것을 위임 한다는 것으로 용인술用人術의 귀재인 이병철의 용인철칙이었다. 그는 "책임경영이란 참뜻은, 위임 받은 자가 자기 책임 하에 기업의 발전을 위해 성의를 다하는 것이다."라고 했다.1968.12 사장단회의에서

- 조직운영원칙 : 책임경영제

책임경영이란 위임받은 자가 자기책임하에 기업의 발전을 위해 성의를 다하는 것이다.

이병철은 이렇게 책임위임경영체제를 일관하여 채택해 왔다. 그는 구체적인 작업 또는 서류에 결재를 하거나 하는 경영 실무를 한 적이 전혀 없다. 각 사 사장에게 회사경영을 분담시키고 비서실이 그룹의 중추로써 기획, 조정을 하는 운영 체제이기 때문에 이병철은 경영, 운영의 원칙과 인사의 큰 틀만 맡아왔다. 즉, 기업 경영의 원칙, 이것을 이어갈 인재의 발굴, 이것만을 맡아왔다. 그는 경상적인 사업의 사소한 일은 알려고도 하지 않고 알지도 못했다. 다만 이병철은 擬人勿用, 用人物擬로 유용한 인재를 찾아서 그에게 모든 것을 맡겨왔을 따름이다. "나는 지금까지 내 손으로 수표나 전표에 도장을 찍거나 물건을 직접 산 적이 없다. 도장을 찍고 비즈니스를 할 사람을 찾고 기르는 것이 나의 일이라 생각했기 때문이다." 이는 조직원 각자에게 일을 나누어 맡기고 권한과 책임을 동시에 부여하는 것이다. 이병철은 이러한 '책임경영제'의 장점으로 명확한 책임과 권한 아래에서만이 각자 자율적으로 성의를 다해 일을 하게 되고, 공정한 평가를 받게 되어 합당한 처우를 받을 수 있고 나아가 직원의 활력을 유지할 수 있다는 점을 들고 있다. 삼성상회의 출발과 함께 터득하고 실천했던 사람을 쓰는 원칙은 그 후 일관되게 "나의 경영철학의 굵은 기둥의 하나가 되어왔다."삼성인력개발원. 2000. 52-53고 했다.

예컨대, 이병철은 1938년 삼성상회를 창업한지 1개월 후 와세다대학 시절의 친구인 이수근을 지배인으로 받아들여 경영 일체를 맡겼다. 이 경우 뜻밖의 사태를 초래할지 모른다는 주위의 충고를 물리치고 위임하였다. 이는 인간에 대한 믿음이 없으면 불가능하다. 이병철은 경영자의 자질을 인정한 후, 그를 발탁하고 발탁한 경영자에게는 믿음을 주고 신명을 불어 넣어주어 자신의 분신으로 만들었다.삼성인력개발원, 2000, 54-55 이것이 세간에서 그를 "용인用人의 귀재"라 부르게 했다.

그러나 권한의 위양을 빙자해서 책임을 회피하는 것처럼 무책임한 일은 없다. 무책임한 권한의 위양은 질서를 혼란시키고 활력을 오히려 저하시킨다. 부하에게 지울 수 있는 책임은 한정된 직무상의 책임으로 국한되며, 일의 성사, 공과에 대한 책임은 당연히 책임자가 져야 한다고도 했다. 물론 책임을 위해서는 권한이 부여되어야 하나 명심해야 할 것은 권한을 위양하여도 경영자의 책임은 그대로 남는다고 그는 지적하였다. 특히 그는 "부실경영은 형법에도 없는 죄다. 부정과 사람을 잘못보고 잘못 쓰는 것을 용서할 수 없다."며 부실경영에 대한 책임을 가장 강조했다.

- 사업부제와 개인별 사업부제

사업부제는 책임경영 원칙을 더욱 구체화시킨 것이다. 조직의 활성화를 위하여 각자의 책임소재를 명확히 하고, 그에 맞는 권한을 부여하는 방식을 제도적으로 발전시킨 것이 사업부제이다. 원래 사업부제는 이익책임 단위별로 명확한 권한과 책임이 주어지고, 사업부별로 경영성과의 평가와 실적을 관리하는 제도다. 이 제도의 장점은 합리적인 경영의사 결정, 생산성 향상에 대한 강한 동기부여, 생산과 판매의 촉진, 책임경영 체제의 확립과 업적 측정의 명확화, 관리자 양성 등이다.

삼성의 '이병철형 사업부제'는 단순하지만 바로 핵심을 짚고 있다. 첫째, 일을 적당히 구분하여 담당을 정하고, 둘째, 업무를 분명히 맡겨서 수행해 나가도록 하고, 셋째, 결과에 대해 공정하게 평가함으로써, 넷째, 사업 전체가 이익을 내고 잘 운영되도록 하는 것이 사업부제의 기본 정신이다.

삼성은 1970년대 초부터 사업부제 내지 준사업부제를 실시했으나 그룹차원에서 본격적으로 채택한 것은 1975년 9월부터였다. 이것이 우리나라에서 그룹 전체가 사업부제를 도입한 최초의 사례이다. 삼성 사업부제의 특징은 각 관계사의 특성에 맞도록 이를 발전시키고 정착시켰다는 점이다. 권한의 위임과 책임의 한계를 현실에 맞도록 명확하게 정하는 한편, 모든 임직원이 이 제도를 이해해 경영의 근간이 되도록 반복교육 시켰으며 미비점은 단계적, 지속적으로 보완해 내실을 다져나갔다.

'개인별 사업부제'는 21세기를 앞두고 첨단경영시대에 돌입한다는 목표 아래 1986년 3월부터 본격적으로 시작됐다. 사업부제를 보다 정교하게 다듬어 발전시킨 개인별 사업부제는 개인별로 업무 분장을 명확히 하고, 조직의 목표에 부합되도록 각 단계별로 개인의 업무목표를 구체적으로 정한 다음 주기적으로 관리, 평가하여(신상필벌의 원칙으로 적용하며) 스스로 관리하는 자주관리 평가제도이다.삼성회장비서실, 1998, 186-188 이병철은 이 제도가 조직의 활성화와 합리성을 획득할 수 있는 경영방식이라고 생각, 적극적으로 수용케 하였다.

- **회장 비서실 설치 및 운영**

비서실은 회장의 가치관과 신념을 철저히 공유함으로써 회장의 이상을 구현한다.

- 설치 목적과 배경

회장 비서실은 1950년대 후반 삼성물산을 핵으로 제일제당 · 제일모직 등 산하 기업이 늘어남에 따라 그룹 전체를 총괄할 기구의 필요성이 대두되어 설립하게 되었다. 오늘날 삼성의 비서실 기능을 도입한 배경에는 독일 대원수 몰트케Moltke 1800~1891의 독일식 군대참모조직을 받아들여 일본의 카츠라고고로桂太郎, 1848~1913가 일본군의 大本營, 즉 작전 총지휘본부를 만들고, 이를 일본 3대 자이바쯔財閥인 미쯔이三井 · 미쯔비시三菱 · 스미토모住友가 비서실로 원용한 것을, 이병철회장이 이를 삼성에 도입했다는 설이 있으나 진부의 여부는 알 수 없다. 다만 1959년 5월 1일부터 비서실제도를 도입 발전 시켜 오늘날은 삼성 고유 것으로 발전시킨 것은 사실이다.

삼성그룹에는 여러 조직이 복합적으로 구성되어 있다. 이들 관계사들은 책임경영이라는 사명을 가지고 각기 독자적인 사업을 벌이고 있는 특성 때문에, 경우에 따라서는 서로 협조할 사항이 생기기도 하고, 때로는 독자적인 경영으로 마찰이 일어나기도 한다. 따라서 관계사 간의 협조를 증진시키고 불의의 마찰을 사전에 막기 위해서는 조정기구를 필요로 했다.

또한 그룹 회장의 경영이념과 지시가 각 관계사에 전달되기 위해서도 별도의 기구가 필요했고, 관계사들 간의 인력 수급 및 배치나 적성에 따라 인재를 고르게 배치해 줄 수 있는 그룹 차원의 종합 인력관리기구도 필요하였다. 그리고 본의 아니게 또는 고의로 일어나는 크고 작은 문제들을 사전에 막을 수 있게 점검하고 개선해야 할 임무를 맡는 기구도 있어야만 했다. 이병철은 이러한 목적과 기능을 감안해 회장 비서실이라는 기구를 설치하게 되었다.

챈들러Alfred D. Chandler, Jr도 미국기업의 사업부제성립사(事業部制成立史)를 다룬 그의 명저 "경영조직과 전략Strategy and Structure"에서 복수 사업부Division제 조직 구조를 가진 기업에서는 현업과 분리된 전략적 문제를 다루기 위해서 집권화된 의사결정을 할 수 있는 중앙본부central office 형태의 기능을 필요로 한다고 했다. 그 점에서 삼성의 회장비서실은 합리경영을 실행하는 조직으로서 꼭 필요한 조직이라고 판단, 비서실을 설치한 이병철의 판단은 옳았다.

- 비서실 기능의 변천사

설립 당초는 회장 비서실은 의전과 신규 사업을 담당하는 팀, 그리고 은행관리와 문서작성 및 대외서신 등을 담당하는 팀으로 구분돼 있었다. 그 후 1960년대에 들어 회장 비서실은 재무와 감사 등의 기능을 보강해 종합조정기능을 갖춘 조직으로 부상했다. 그러나 1967년 10월 이병철이 한국비료사건으로 경영일선에서 은퇴를 발표함으로써 회장 비서실은 전환을 맞게 되었다. 이로 인한 경영공백을 메우기 위해 우선 '기획위원회'가 설치되었고, 기획위원회의 결정사항을 집행할 기구로 1968년 8월 '기획실'이 설치됐다. 이 무렵의 기획실은 산하에 기획조사과, 인사기획과, 감사과의 3개 과를 두고 관계사의 종합적인 기획, 조사, 채용, 교육, 감사 및 진단의 기능을 수행했다. 이 같은 기능은 관계사에 최대한의 서비스를 제공하고, 나아가 그룹 전체의 경영효율을 증진시킨다는데 목적을 두고 있었다. 그리고 1969년 3월 1일자로 이병철이 경영일선에 복귀하면서 "회장 비서실"로 확대 개편했다. 확대 개편된 회장 비서실은 종전에 회장 비서실과 기획실로 이원화 되어있었던 체재를 통합, 산하에 비서과, 기획조사과, 인력관리과, 감사과의 4개 과를 두었다. 기획, 조사 분야는 그룹의 주요 신규 사업을 기획, 입안하며 장기 발전 방향을 모색하는 기능을 갖도록 했다. 인사 분야는 그룹 전반의 채용, 교육, 배치, 복리후생 등의 인사관리의 기능을 담당하도록 했으며, 홍보 분야는 그룹 전체의 이념과 사업 활동을 대외적으로 홍보하고 그룹 안의 매스컴 기능을 갖도록 했다. 그 후 1983년 회장 비서실이 새로운 전기를 맞아 종래의 비서실 팀 업무가 기능별 전문분야의 '스탭 역할'로만 한정되어 있던 것을 '운영팀'을 신설 경영전반을 점검하고 개선을 강구하는 복합적 성격을 가지게 되었다. 1987년에 이르러 비서실의 조직체계는 기획조사, 인사, 재무, 금융, 홍보, 감사, 기술 등 기능별 스탭 조직과 함께 운영팀이라는 특수조직이 매트릭스의 형태로 편성됐다.삼성회장비서실, 1998, 191-192

운영팀은 후에 각 관계사의 경영실태를 정기적으로 체크하고, 개선이 필요한 부분을 찾아내 적절한 대응책을 강구하는 새로운 임무를 부여받게 되었다.

이렇게 회장 비서실은 종래의 기구를 일원화 하여 자연스러운 운영을 하기 위해 만들어졌으며, 그룹에 현대적 경영혁신기법을 도입하고 적용을 도모하는 통로와 같은 역할에 비중을 두었다. 이 같은 취지를 살려 비서실은 발족 직후부터 사원공채제도, 인사고과제 등의 근대적 경영제도 도입에 착수했고 회장의 철학을 구현하고 경영선진화를 주도하는 역할을 하였다. 비서실은 국내 여타의 참모 조직인 기획 조정실과는 다른 성격으로 이병철 특유의 철학이 담겨 있는 조직이라고 할 수 있다. 이는 비서실이 그룹 내에서 차지하는 비중이나 역할보다는 업무에 임하는 기본자세의 차이에서 찾을 수 있다. "비서실은 회장과 같이 사고함으로써 회장의 철학과 마음자세 등 기본에서부터 모든 일에 이르기까지 회장의 이상을 구현해야 한다." 그러므로 이곳은 이 회장의 가치관과 신념을 철저하게 공유하는 핵심인력이 모여 있다. 이러한 구조 속에서 비서실은 회장과 일체감을 형성하고 회장의 철학을 구현하는 대리인의 역할을 충실히 수행해 왔다. 삼성의 독특한 비서실 운용은 그 후 삼성의 발전에 밑거름이 되고, 그룹의 통일성과 일체감을 형성하는데 중추적 역할을 수행했다. 삼성인력개발원, 2000, 59 삼성이 오늘날 글로벌 기업으로 도약할 수 있었던 배경에는 회장의 앙트러프러너십entrepreneurship을 실천할 수 있도록 계획을 수립하고 추진하는 컨트롤 타워 역할을 담당한 비서실이 있었기 때문이다.

- 회장 비서실의 역할

"삼성의 경쟁력의 원천은 회장을 정점으로 비서실과 계열사 전문경영진이 양축을 이루는 삼각편대 구조이다."

이병철은 그룹 경영에 있어 각 사 경영은 사장에게 전권을 위임하는 책임경영체제를 고수하는 한편, 그룹차원의 조정과 기획업무는 비서실을 통하여 운영함으로서 회장인 이병철 자신은 경영의 대원칙을 세우고, 그 원칙을 주지시키고, 인재를 발굴하는 일에만 전념할 수 있는 체제를 운영했다.

이병철은 기업의 '**참모 조직의 자세**'에 대해 다음과 같은 기본원칙을 지키도록 하였다. 즉 기업의 참모는 경영자가 목표하는 전사적인 분위기를 만들기 위해 창의적인 입안과 연출을 행하고 그것을 수행해야 한다. 또한 이러한 대원칙을 갖고 적절한 방법에 의해 일의 대소완급 순서를 바로 잡고 사태를 개량하는 것이 기업참모의 역할이라는 점을 강조하고 비서실은 점검기능과 서비스기능을 모두 함양하여 그룹의 발전을 지원할 것을 주지시켰다.

또한 이병철은 라인과 스탭의 상충, 책임경영제와 '**비서실 기능**'의 상충에 대하여 다음의 3가지 점을 비서실에 유의시킨 바 있다. 첫째, 회장을 보좌하기 위해서 국내외의 정보를 수집하고 계획방안을 작성한다. 왜냐하면 정확하고 신속한 조사를 통한 판단자료가 절대적으로 필요하기 때문이다. 둘째, 각 사에서 제각기 하기보다는 공동으로 하는 것이 능률적인 일, 각 사 단위로는 불가능한 일, 각 사에서 하면 오히려 비용이 더 드는 일이 무엇인가를 추출하는 일, 셋째, 국내외 경제동향이나 새로운 지식을 더욱 더 빨리 소화해서 그룹 전체에 골고루 퍼지게 하는 일 등을 비서실의 기능이라고 정해 주었다.

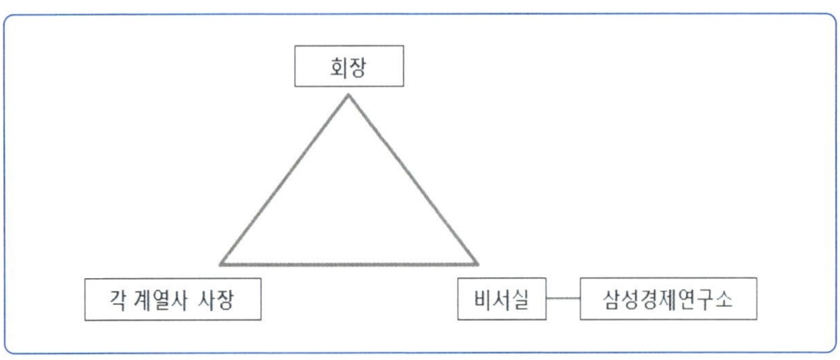

〈그림 8〉 회장 비서실, 각 계열사 사장의 역할

그리고 그룹의 전략을 의논하고 결정짓는 최고 의사결정기구인 사장단회의를 효율적으로 운영하기 위하여 이병철은 '**사장단회의 4원칙**'도 제시했다. 첫째, 먼저 회의석상에서는 문제점을 활발하게 토의

하도록 하고 개선책을 토의한 후 방침을 모색케 한다.

둘째, 회의 보고에는 매출액, 이익, 시설의 증설과 자산의 변동사항, 경영상의 문제점과 대책, 내년도 전망 등을 요약해서 발표하도록 했다.

셋째, 경영실적에 관한 보고서에서는 목표 대비 실적이 어떠한가를 중심적으로 보고토록 한다. 목표가 달성되지 못했을 경우에는 그 원인의 규명과 금후의 개선책을, 목표를 초과달성 했을 때도 그 원인을 밝혀 주는 보고를 하도록 한다. 넷째, 국내외의 경영동향이나 새로운 지식을 더욱 더 빨리 소화해서 그룹 전체에 골고루 전달하고 경영가치에 관한 보고에서는 목표 대비 실적이 어떠한가를 중점적으로 분석 보고토록 한다. 다섯 째, 결정은 곧 실천이다. 따라서 실현 불가한 것이 있는 사업은 결정하지 않는다 등이다.

무엇보다 **회장 비서실이 효율적으로 작동 했던 이유**는, 우선 비서실 구성원은 회장의 분신으로서 회장의 신념과 가치관을 철저하게 공유하고 있다는 점, 둘째, 장차 그룹을 이끌어갈 가장 뛰어난 핵심적인 인재들이 모였고, 인재집중 뿐만 아니라 정보의 집중, 그룹차원의 자금운영, 임원인사에 관여하는 등 막강한 권한을 회장이 주었기 때문이다. 따라서 마지막으로 비서실 구성원은 자부심을 갖고, 자율적으로 유연성을 가지고 팀제 하에서 운영되기 때문에 그 기능을 잘 발휘 할 수 있었었다. 따라서 그 업무는 사업부관리, 성과평가와 통제, 환경 예측과 장기계획 수립, 신규사업개발 등 그룹의 전략관련 업무와, 인적자원 관리, 자금관리, 정보수집, 분석 및 관리 등의 전문성을 요하게 되었다.

단지 이 비서실이 회장으로서 그룹 계열사의 분권화와 중앙 통제를 유효하게 경영하는 수단이기에 회장으로서는 서로 상반되는 두 기능을 어떻게 잘 효과적으로 균형을 이루며 운영하느냐에 따라 세간의 평가는 회장이 자율경영을 하고 있다. 또는 황제경영을 하고 있다라고 갈리고 있다. 즉 회장이 비서실에 힘을 실리면 황제 경영이오, 균형을 이루면 각사 사장들의 자율경영이 되는 것이다.

이 때문에 이병철은 회장, 비서실, 각 계열사 사장의 '**업무영역구분 원칙**'을 다음과 같이 정했다. 회장은 큰 것을 관리한다. 비서실은 그룹의 각사를 도와 각사의 공통부분을 하나로 모아서 지도, 지원과 동시에 그것을 관리한다. 그리고 각 사의 사장은 책임경영체제의 이름에 부끄럽지 않도록 각자가 책임을 가지고 임해야 한다.

'삼성의 경쟁력의 원천'은 이렇게 회장을 정점으로 비서실과 계열사 전문경영진이 양 축을 이루는 '삼각편대구조'이다. 각 사의 경영진들은 비서실의 정보와 분석결과를 참고해 새로운 경영전략과 전술을 수립한다. 회장의 비서실을 통한 경영은 경영리스크를 최소화 해 경쟁력을 높여주는 중요한 요인이 되었다.

회장이 주요 방향만을 제시하면 비서실은 '싱크탱크' 집단인 삼성경제연구소1986 발족와 협력해 전체적인 미래 전략을 그리는 길잡이역할을 하면서 계열사 경영진의 경영판단을 도와 오늘날 삼성 성공의 뒷받침이 되었다.

• 이병철 경영의 15계명

경영의 합리화를 실현하기위한 이병철 경영의 개념과 원칙 그리고 룰은 다음과 같은 경영 15계명으로 요약된다. 삼성은 이것들을 실천함으로써 "인재의 삼성", "관리의 삼성"이란 세평과 지속적인 기업발전을 이룰 수 있었다.

〈1계명〉 행하는 자 이루고, 가는 자 닿는다.
〈2계명〉 신용을 금 쪽 같이 지켜라.
〈3계명〉 사람을 온전히 믿고 맡겨라.
〈4계명〉 업의 개념을 알아라.
〈5계명〉 판단은 신중하게, 결정은 신속하게.
〈6계명〉 근검절약을 솔선수범하라.
〈7계명〉 메모광이 되라.
〈8계명〉 세심하게 일하라.
〈9계명〉 신상필벌을 정확히 지켜라.
〈10계명〉 전문가의 말을 경청하라.
〈11계명〉 사원들을 일류로 대접하라.
〈12계명〉 부정부패를 엄히 다스려라.
〈13계명〉 사원교육은 회사의 힘을 기르는 것이다.
〈14계명〉 목계의 마음을 가져라.
〈15계명〉 정상에 올랐을 때 변신하라.

프로덕트 혁신Product Innovation : 다각화와 제휴·합작을 통한 그룹의 형성

일제 식민지하에서 이병철은 한낱 지방의 작은 기업 '삼성상회'라는 무역상을 창업 하였고, 해방 후 1948년 큰 뜻을 품고 서울로 이주하여 삼성물산공사를 설립하였다. 주거래 품목은 오징어, 한천 등을 수출하고 면사를 비롯 철강재, 재봉틀, 비료 등을 수입하였다. 거래 품목이 100여종에 달했다. 설립 1년 후, 삼성물산공사는 무역업체 503개사 가운데 천우사, 화신산업, 남선무역, 대한물산 등과 어깨를 나란히 하였고, 1년 반 후에는 최선두 기업이 되었다. 그러나 1950년 6·25사변으로 인하여 삼성물산공사는 문을 닫게 되었고 1951년 1월, 삼성물산주식회사를 부산에 설립하였다. 삼성물산주식회사는 설립한지 6개월 만에 순이익을 올렸고, 1년 후는 출자금의 20배의 수입실적을 올려 순이익이 20억 원에 달했다. 이렇게 1938년에 세운 삼성상회는 삼성물산공사, 삼성물산주식회사로 재건되었다.

그러나 한국전쟁이 휴전되자 무역업은 더 이상 비교우위를 지속할 수 없다는 것을 깨닫고, 주의의 만류에도 불구하고 1953년 8월, 제일제당을 설립하였다. 이는 이병철이 "기업제품을" 업종 다각화와 기술제휴를 통하여 삼성의 지속적인 발전을 도모한 것으로 당시 제일제당 제품은 외제와 비교하여 품질이 손색없었을 뿐만 아니라 가격을 비교하여 매우 저렴했기 때문에 매우 잘 팔려 많은 이윤을 얻었고 수입대체효과도 가져왔다.

1954년 9월에는 한 발 더 나아가 제일모직을 설립하였다. 당시 한국 실정이 양복이라는 것은 대개 미 군복을 염색하는 것이었기에 이와 같은 시장에서 이병철은 공장규모가 국제적으로도 손색이 없고 최신, 최고의 대규모 공장 설립을 기획하고 주요기기는 서독으로부터 수입하여 방모, 직포, 염색, 가공 등 제 공장을 차례로 준공하면서 제일모직의 '골덴 텍스'라는 제품을 생산하여 영국제와 일본제의 직물을 국내에서 축출하게 되었다.

이 같이 제일제당과 제일모직으로 성공한 이병철은 당시 정부의 은행주 공매 불하단행에 참가하여 1957년 한일은행주식, 1959년 조흥은행주식, 상업은행주식를 매수하여 전 시중은행의 거의 절반을 소유하게 되었다. 그 외에도 호남비료주식, 한국타이어주식, 삼척시

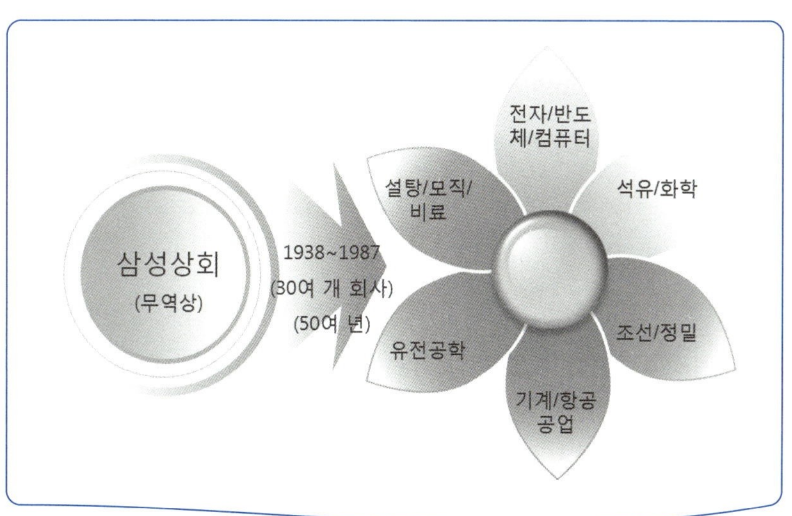

〈그림 9〉 이병철의 프로덕트 다각화 혁신

멘트주식을 매수하였다. 1958년에는 제한정당주식회사를 설립, 안국화재와 동일방직을 인수하였고 59년 미풍산업설립하였다. 이병철은 이렇게 기업(제품)을 업종다각화전략과 기술제휴합작을 통한 혁신으로 성공 1950년대 후반 명실공이 한국제일의 재벌그룹으로 부상하였다.

그리고 1964년 8월에는 한국비료공업주식회사를 설립하여 연간 36만 톤 규모의 세계최대 공장건설에 착수하여 1967년 4월에 완공한 후 소유주식을 국가에 자진 헌납하였다. 1968년 3월에는 용인자연농원공사에 착수, 1976년 개장하여 오늘의 에버랜드로 발전하였다. 1969년 1월, 이병철은 수원근교에 45만 평의 부지를 확보하여 삼성전자를 세웠고, 발족 한 지 9년만인 1978년 흑백 TV수상기 400만대를 생산하고 1981년에는 1000만 대를 생산하여 세계최고의 기록을 수립하였다. 1970년 1월에는 일본전기와 합작으로 삼성 NEC주식회사를 설립하고, 1973년 미국의 코닝Corning glass company과 합작으로 삼성코닝주식회사를 설립, TV용유리 유착공장을 건설, 1977년 12월에는 한국 반도체 주식회사를 인수하여 삼성반도체주식회사로 상호를 변경, 2년 후 삼성 전자에 합병되었다.

삼성전자 공업주식회사는 이와 같이 여러 회사를 합병, 흡수함으로써 비대하여졌고 1984년에는 삼성전자주식회사로 상호를 변경하였으며, 1988년 11월 삼성반도체통신을 흡수하여 오늘날 삼성전자에 이르게 되었다

한편 1970년대 중화학공업으로서 74년 7월 삼성석유화학을 설립하고 8월 삼성중공업주식회사를 설립하였다. 1983년에는 삼성기계

주식회사, 84년에는 삼성의료기계, 84년 1월에는 삼성휴렛패커드를 설립, 85년에는 삼성 유나이티드항공, 삼성 데이트시스템 등이 설립되었다.

80년대까지 이병철은 33개 회사를 설립하고 20개 회사를 인수·합병하여 기업집단으로 기반을 한층 확고히 하였다.

이상과 같이 이병철은 삼성물산의 상사 활동을 기반으로 1950년대 제일제당, 제일모직 등 소비재 산업을 중심으로 1960년대와 1970년대는 전자전기, 중화학 공업 설립과 제품의 수출 및 금융 산업을 중심으로 그리고 1980년대에는 반도체를 비롯한 첨단산업에 역점을 두면서 기업제품의 업종 다각화전략과 기술제휴·합작 등을 통해 선진기업으로부터 기술이전을 받는 전략으로, 기업이라는 "프로덕트를 혁신"product innovation하여 각 업종 분야에 걸쳐 30여 개 기업들을 국내외 유수의 기업으로 성장시킴으로써 생전에 거대 기업집단 삼성그룹을 창출1986년 8월 4일자 미국 Fortune誌, 삼성은 총매출액 141억9천3백만 달러로 미국을 포함한 세계50대기업 중 42위 랭크하고, 오늘날 글로벌기업 삼성이 존재할 수 있게 하였다.

이병철이 "나는 기업을 통해서 생명감을 확인하고 인간으로 성숙화를 이루어갔다."라고 술회한 것은 그의 기업가활동entrepreneurship 50년을 단적으로 표현한 것이다.

■ 이건희의 3Ps 혁신과 기회

❙ 이건희 혁신의 배경

"마누라와 자식만 빼고 다 바꾸자!"

이건희는 1993년 회장 취임 6년째를 맞이해 심각한 위기의식을 느꼈다. 과거 삼성의 핵심적인 성공 요인인 목표지향성은 지나친 물량중심의 단기 업적주의로 인하여 내수시장에서의 과당경쟁을 유발하고 장기적인 전략결여라는 문제점을 나타내게 되었다. 그리고 청결한 조직풍토를 유지하기 위하여 신상필벌의 원칙과 내부통제 기능을 강화하다 보니 책임질 일은 하지 않으려는 보신주의가 만연하여 조직의 활력이 떨어지는 경향도 나타나게 되었다. 합리추구는 지나치게 신중하게 사업성을 검토하다가 방어적이고 보수적인 의사 결정에 흐르게 되어 기회 손실이 생기는 등 한계와 역기능이 나타났다.전용욱 · 한정화 1994

이때의 삼성 상황은 이 회장이 취임 후 일본인 기술고문들에게 부탁하여 삼성에서 근무하면서 느낀 점을 보고 받은 〈일본인 고문보고서〉에 잘 나타나 있다.

1987년 12월 1일에 취임한 이건희 회장은 일본 기술고문들에게 그동안 삼성에서 느낀 점에 대해 기탄없이 이야기 해 달라고 했고, 그 회답이 1989년 보고서 형식으로 전해졌다. 그 내용은 삼성의 기술개발 수준, 경영자의 자세, 직원들의 근무태도 등으로 삼성병病 5가지 즉, 첫째 개인은 모두 훌륭하지만 연구한 것이 전달되지 않고 있다. 둘째 현재 자신들이 제일이라는 자만에 빠져 창조적인 도전을 하지 않는다. 셋째 한국기업은 미리 대비하지 않고, 문제가 터진 후에 돈을 쓴다. 넷째 삼성의 관리자들은 너무 급하고, 실전과 결과만 평가한다. 다섯째 부자나라인 일본의 근로자도 살아남기 위해 일벌레처럼 일하고 연구소에 밤늦게 까지 불이 켜져 있는데 삼성은 그렇지 않다. 그러나 다행히 한국에는 젊은 파워가 있다. 이 젊은이들을 잘 키우는 것이 바로 경영자의 책임이라고 하였다.

또한 일본 현지법인에 근무하던 한 기술고문은 삼성의 병은 소비적이고 비계획적이며, 철저하지도 구체적이지도 못하다. 미시와 거시도 구분 못한다. 이 삼성병을 고치지 못하면 삼성은 망한다는 내용의 보고서를 올렸다.

이건희는 1993년 3월부터 6월 말까지 프랑크푸르트를 포함해 LA, 오사카, 후쿠오카, 도쿄, 런던 등지에서 10여 차례 이상의 해외 회의를 직접 주재했다. LA회의는 삼성의 위치를 바로 알자는 것이었고, 동경회의는 기업이 아무리 혼자 잘해 봐야 행정, 정치, 국민의 수준이 안 되어 있으면 한계가 있다는 것이었다. 따라서 우선 삼성 내에서만이라도 바꿀 수 있는 것은 모두 다 바꾸어야 한다는 결론이 났다.

드디어 1993년 6월 7일, 프랑크푸르트 켐핀스키 호텔에서 이 회장은 삼성의 문제점을 낱낱이 지적하면서 질 경영의 실패를 질타했다. 그리고 이 자리에서 질質경영으로 대변되는 새로운 경영을 선포하였다. 그것이 바로 '삼성 新경영'이다.

新경영에 대한 결심의 배경은 1990년대 초반부터 시작됐지만, 1993년 2월 1일 미국 LA에 도착 하얏트 리젠시호텔에 여장을 풀고, 한 달 동안 시장조사 및 반도체 덤핑문제 협의에 들어갔다. 도착 후, 세계 최초로 8mm VTR을 개발 했다는 기쁜 소식을 들은 후 이 회장과 미국 출장 중이던 전자 관련사 임원들이 직접 백화점과 디스카운트스토어를 둘러보게 되었다. GE 월풀, 필립스, 그리고 소니, 도시바, NEC 등의 전자 제품들은 진열대 앞쪽 눈에 잘 띄는 곳에 정돈돼 있었지만 삼성 제품은 먼지만 뽀얗게 뒤집어쓴 채 뒷 구석에 놓여 있었다. 삼성 제품에 대해 그 누구도 눈길 하나 주지 않는 상황을 직접 목격한 것이다. 이 회장은 물론 전자 관련사 임원들은 한마디로 충격 그 자체였다. 국내선 일류라고 자랑스러워했던 삼성제품이 이런 처절한 모습을 하고 있다니… 뿐만 아니라 가격은 할인매장에서 저가로 팔리고 있었으며, 최고급 백화점에서는 아예 취급도 하지 않고 있는 실정이었다.

또한 1993년 6월 4일 일본 동경 오꾸라호텔 6월 1일부터 이건희 회장은 일부 사장단, 중역들과 함께 질 중시 풍토와 신념으로 제대로 된 물건을 만드는 삼성의 이미지를 구축하자는 결의를 다지고 있었다. 회의가 끝나고 후쿠다타미오福田民郞를 비롯한 서너 명의 일본인 고문을 객실로 불러 이야기를 나누었다. 이들은 이 회장 취임 후 일본 전자업계로부터 선진기술을 전수 받으려고 직접 스카우트한 인재들이었다. 이 회장이 이들에 그동안 보고 느낀 점을 허심탄회하게 말

해달라고 부탁하자 그의 진정성을 알아차린 일본고문들과 저녁 6시부터 새벽 5시까지 대화가 이어져갔다. 그 자리에서 후쿠다가 미리 준비해 두었던 〈디자인과 경영〉이란 보고서를 내밀었다. 그는 "삼성이 이 상태로 가면 결코 세계의 유수 업체들과의 경쟁에서 이길 수 없다. 사표를 낼 각오로 보고서를 쓰고 전달한다. 2, 3년 동안 담당책임자에게 세 차례나 의견서를 내는 한편 열 번도 넘게 개선방안을 제시했으나 번번히 좌절을 맛보아야 했다. 삼성의 수준은 한마디로 수준 이하이다." 등 삼성고문으로 온 것을 후회하는 전문가의 심정이 절절이 배어 있는 보고서이었다. 후쿠다 고문1989~1999 근무의 〈디자인과 경영〉'이라는 보고서[14]는 삼성전자가 확보해야 할 기술에 관한 제언, 상품개발 프로세스에 관한 제언, 사업부제 실시에 따른 디자인 매니지먼트 방안 등 크게 세 부분으로 이뤄져 있는데, 특히 경영자와 디자이너 간의 시각차를 조명하고 있다. 이 회장은 그 해 9월 월간지 기자와의 인터뷰에서 후쿠다 보고서는 삼성에 대한 "경고장"이라고 표현했다.

또 하나의 사건은 93년 6월 5일 일본 동경 하네다 공항을 떠나려는 이 회장에게 삼성비서실 SBC팀삼성사내 방송팀이 제작한 비디오테이프가 한 개 전달되었다. 삼성전자의 세탁기조립과정을 생생하게 담은 30분짜리 영상물이었다. 그 내용은 세탁기 생산현장, 납품된 세탁기 뚜껑 여닫이 부분의 플라스틱 부품이 조금커서 맞지 않는 문제가

14) 이 회장은 후쿠다 보고서에 감명을 받고 프랑크푸르트 회의에 앞서 이학수 차장에게 "내일 당장 후쿠다 고문에게 푸짐한 상금을 내리라"고 지시했다고 한다.

발생했다. 하지만 현장 직원 아무렇지도 않게 칼로 2밀리 미터쯤 깎아낸 다음 조립 했다. 주문이 밀려 생산량을 맞추어야 하는데 새로운 뚜껑 부분을 설계하고 금형을 제작하려면 시간이 부족해 어쩔 수 없다는 것이었다. 더욱 놀라운 건 뚜껑을 깎아내던 하청업체 직원이 다른 용무로 작업장을 떠나자 다른 직원이 긴급 투입되어 플라스틱을 깎았다. 그러면서도 그들은 어떤 거리낌이나 부끄럼도 없었다. 이 장면은 사내에 방영되었다.

LA에서 본 '**삼성의 현실**', 후쿠다타미오福田民郎의 '**디자인경영보고서**', '**세탁기 사건**' 등은 이 회장의 결심을 다시 한 번 다짐하는 계기가 되었다.

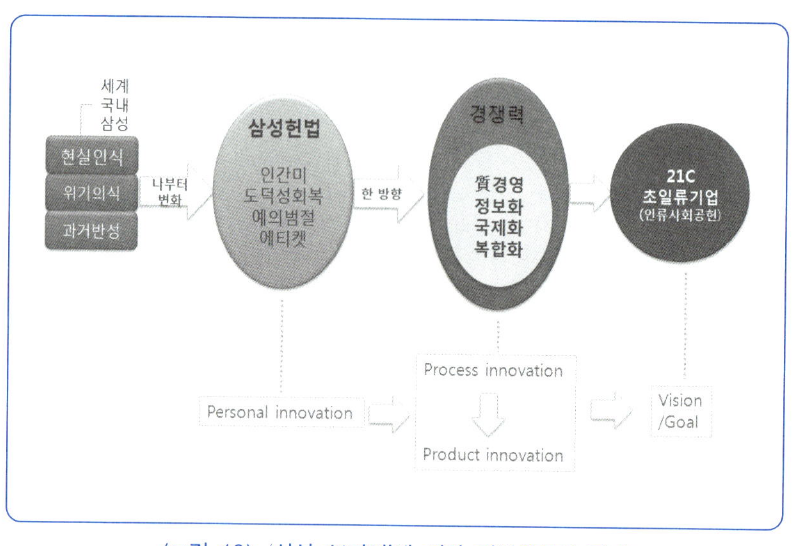

〈그림 10〉 '삼성 新경영'에 의한 혁신활동의 전개

프랑크푸르트선언 이후 3Ps 혁신3PsI : Personal Innovation, Process Innovation, Product Innovation이 본격적으로 시작되었다. '마누라와 자식만 빼고 다 바꾸자', '나부터 변하자'라는 정신적 · 문화적 구호로부터 시작된 구성원의 의식개혁이다. 이것은 이 회장이 가장 강조했던 문화혁신, 즉 그룹의 문화를 바꾸는 것이 목적인 기업문화 혁신으로 구성원의 의식 개혁인 퍼스널 혁신Personal Innovation이었다. 그리고 다음으로는 삼성이 약진할 수 있었던 가장 큰 요인 중의 하나인 프로세스 혁신Process Innovation이다. 이것은 제품개발이나 생산 등 모든 프로세스를 보다 효율적이고 효과적으로 바꿈으로써 경쟁력을 높이려는 것이 그 목적이다. 삼성의 스피드 경영은 이 프로세스 혁신에 의해 이루어진 것이다. 마지막으로 제품혁신Product Innovation도 똑같은 사고이지만 이것은 경쟁력을 원천으로 한 혁신적 제품을 개발하는 능력을 연마하는 혁신이다.

이건희의 패러다임 시프트Paradigm Shift : 생산성 · 효율성 → 창의성 · 효과성

기업이 살아남으려 하면 필수적으로 지켜야할 원칙이 있다. 그것을 우린 기업의 생존 부등식이라고 한다. 이는 제품의 가격이 원가보다 커야하고, 제품의 가치가 제품의 가격보다 커야한다. 즉 제품의 원가〈제품의 가격〈제품의 가치라는 등식이 성립되어야 한다는 것이다. 바꾸어 말하면, 제품가격보다 원가를 줄이려고 하는 것은 생산성을 높이려고 하는 것으로 기업의 목표인 생산과정에서 생산증가분과 투입자원의 비율인 효율성efficiency을 높이려 하는 것이다. 그러나 생산성을 높이는 것도 한계가 있다. 그러므로 생산성 향상보다 고객을 만족고객의 가치를 창출시키는 창의성이 요구된다. 이 창의성은 고객에게 제품의 가치를 제고 시키는 효과성effectiveness이라 할 수 있다.

삼성은 지난 55년 동안 기업경영의 목표인 효율성, 즉 생산성을 향상하여 원가를 낮추고, 시장은 표준화된 제품을 대량 소비할 수 있는 수출시장을 찾아야 했으며, 고객도 가장규모가 큰 대중시장을 상대로 발견해 대량으로 판매해야 했기에 삼성은 경영 가치의 최우선을 양量에 두게 되었다. 따라서 기업의 평가도 양量적인 판단에 두었다.

그러나 오늘날과 같이 산업이 발달되고 시장이 포화상태에 이르면서 경쟁이 치열해지고, 갈수록 가속화되는 기술혁신, 다양한 소비자층의 대두, 글로벌화의 진전으로 새로운 경쟁자의 등장, 정보화 진전, 그리고 급속히 쇠락하는 비교 우위, 원가 절감의 어려움, 생산성 향상이 한계에 도달함으로써 얻을 수 있는 이익도 자연히 제한되었다. 한편 시장의 상황도 종래 Seller's Market에서 Buyer's Market으로 변하여 고객이 필요로 하는, 고객의 기호에 맞는, 고객의 가치를 생각하며 제품이나 서비스를 만들어야만 하는 시대가 도래 했다. 이러한 시대에 지금 삼성은 와 있는 것이다.

즉, 고객의 가치효과성를 만족 시키려는 가치창출은, 기업의 효율성을 높이려는 생산성제품의 원가를 낮추려는에 기초를 둔 양量 위주 경영사고로는 한계가 있다. 그러므로 삼성은 창의성효과성을 추구하는 경영의 목표를 달성하기 위해서는 경영가치가 제품의 질質, 제품을 만드는 사람의 질, 그리고 그것을 제품으로 연결하는 프로세스의 질을 강조하는 질質의 경영으로 나아가야만 했다.

특히 '21C 초일류기업'을 비전으로 내세운 이건희로서는 종래와 같이 표준화된 제품을 대량 생산하여 대량 판매하는 양量의 경영에서 패러다임을 완전히 시프트하여 질質의 경영으로 바꾸어야만 했다. 즉, 양 우선의 가치체계를 질 우선의 가치체계로의 전환이 요구되었다. 따라서 시장, 생산, 판매, 고객, 평가 등에 이르기까지 질 중심의 가치 개념으로 바뀌어야만 했다. 그러므로 이건희는 생산성 강조에서 창의성 강조로 혁명 보다 어렵다는 개혁을 하지 않으면 아니 되는 위기에 처해 있었던 것이었다.

퍼스널 혁신Personal Innovation : 기업문화의사람의 혁신

• 의식개혁 : 삼성헌법

이건희 혁신의 최우선순위는 역시 '퍼스널 혁신'이었다. 이는 선대부터 인재중시가 경영의 요체라는 전통에서 이것부터 바르게 하는 것이 혁신의 지름길이라 생각했기 때문이다.

이건희는 "한국에서 가장 우수한 인재집단이라고 하는 우리 삼성까지도 상하간의 학연, 지연에 따른 개인적 이해가 조직의 이익에 우선하는가 하면 타율과 획일, 이기주의와 권위의식, 흑백논리와 불신풍조에 젖어 있는 것을 알면서도 아무도 책임지려하지 않고 문제의

식조차 갖지 못하는 도덕불감증에 걸려있는 현실을 보면서 밤잠을 자지 못했습니다."라고 했다.삼성, 1993, 삼성新경영 머리말 이 말은 新경영을 왜 선언해야 했고 그중에서도 무엇을 제일 먼저 개혁대상으로 삼아야만 하는가를 정확히 파악하고 있음을 입증하는 것이다. 그러나 실제 그룹 내 분위기는 新경영 속에도 상호불신, 개인이나 집단이기주의, 권위주의, 타율, 기회주의, 무책임 등의 폐해가 난무하고 있었다. 이 회장은 처음부터 이와 같은 내용을 잘 알고 있었기에 개혁에 저항이 있을 것을 예측하였다. 따라서 첫째 혁신으로 도덕성을 앞세워 우수 인재집단의 오만을 깨부수는 의식개혁을 하고자 하였다.

그가 목표로 하고 있는 '21세기 초일류 기업'은 기업 구성원의 자질을 일류화 하여 기업경쟁력의 일류화를 이루는 것이다. 그는 개인의 질과 기업의 질을 같은 선상에서 놓고, 나부터 변화하는 것을 삼성 변화혁신의 출발점으로 삼았다. 삼성의 18만 구성원은 이 회장이 '**삼성헌법**'이라 명명한 **인간미를 갖자**, **도덕성을 회복하자**, 국내에서는 **예의범절을 지키자**, 해외에서는 현지에 맞는 **에티켓**즉 인간미, 도덕성을 완벽히 갖추고 한국인으로서의 예의범절과 글로벌 비즈니스맨으로서의 에티켓을 철저히 지키자. 지켜나가면서 개인의 질로부터 시작하여 회사의 질, 국가의 질을 높여 가장 좋게Quality, 가장 싸게Cost, 가장 빠르게Speed 최상의 서비스로 소비자에게 제품을 공급할 수 있는 기업이 되고자 하였다. 즉, 삼성헌법을 철저히 지키며 개인의 질 높은 삶을 출발로 초일류기업을 향하여 한 방향으로 가자는 것이 이 회장의 혁신이었다. 또한 초일류 기업으로서 최고의 품질과 서비스를 고객에게 제공하려면 그것을 생산하는 기업에 근무하는 종업원들의 자질을 최고로 해야 한다는 것이 이건희 혁신의 기본 틀이었다.

원래 이 회장이 주창한 질質위주 경영이란 제품Product의 품질뿐만 아니라 경영과 업무Process의 질, 개개인의 인간People의 질을 포함한 포괄적인 질 향상으로 경쟁력을 키워 나가자는 것이었다.

• 창조적 파괴 7 · 4 출퇴근제 : 라이프 사이클의 변화를 통한 개혁촉진

삼성조직의 타성을 타파하기 위하여 기존의 질서와 관행을 무너뜨린 대표적인 것이 출 · 퇴근 시간을 7시와 4시로 바꾼 것이다. 1987년 제2창업을 선언한 지 만 5년이 지난 1993년 초부터 LA, 도쿄 등을 거치며 수없이 변화를 외쳐왔지만 꿈쩍도 하지 않던 삼성을 움직이게 한 '이 회장 변화'의 상징적인 첫 조치가 바로 7 · 4제였다.

이른바 '7 · 4제'는 新경영을 구체화하는 개혁의 신호탄이었다. 당시 7 · 4제는 바뀌어야 산다는 회장의 개혁 철학을 전 임직원들이 체감하는 동시에 개인의 삶의 질을 높일 수 있는 두 마리 토끼였다. 이는 조직의 변신 과정에서 첫째 단계인 창조를 위한 파괴이자 이 회장이 평소에 강조해 왔던 '건전한 위기의식'을 불어 넣는 메기의 역할이었다. 메기론의 배경은, 선대 이병철회장이 20대 농사를 지으면서 으레 것 논에 미꾸라지를 키웠는데 한쪽에는 미꾸라지만, 다른 쪽엔 미꾸라지와 메기를 넣고 가을에 생산을 거두고보니 메기를 넣은 논과 안 넣은 논의 미꾸라지 육질이 달랐다고 한다. 메기를 넣은 곳은 미꾸라지가 잡혀 먹히지 않으려고 열심히 도망 다니다 보니 육질이 좋아졌고 그렇지 않은 곳의 미꾸라지는 퍽퍽해 먹기도 맛도 없었다고 한다. 여기서 메기론은 기업의 분위기를 생산적으로 활성화하는 역할을 의미한다.

8년 8개월간 실시된 7 · 4 출퇴근제는 디지털, 글로벌, 소프트 시대로 변화한 21세기의 신조류에 대응하기 위해 탄력근무시간제로 바뀌었다. 그러나 7 · 4제는 경영 성과와 정신적인 측면에서 뿐만 아니라 삼성인들의 역량까지도 한 단계 끌어 올렸다.

• **기록 문화의 철저한 실행과 「삼성 新경영」 교본을 통한 변화 확산**

7 · 4제와 기록을 철저히 남기는 기록문화실은 삼성은 그때까지만 해도 기록문화가 없었다는 퍼스널 혁신을 실행할 수 있는 초석을 마련하는 것이었다.

이건희는 일류 국가들이 가지고 있는 4가지 특징은 첫째 산림이 잘 조성되어 있고, 둘째 어린이들 장난감이 잘 발달되어 있고, 셋째 책방 인쇄업이 발달되어 있고, 마지막으로 기록, 역사 분석을 중요시한다고 했다. 자료와 기록의 수집은 같은 실수를 반복하지 않기 위해서이다. 예컨대 인간은 누구나 실수하기 마련이다. 그러나 실패를 철저히 기록하여 두면 그것은 재산이 된다. 왜냐하면 같은 실패를 반복하지 않을 수 있기 때문이다.

그 동안 삼성은 그 첫째 실행이 이 회장이 1993년 7월 30일 후쿠오카를 마지막으로 해외 경영특강168시간, 1,800여명 대상을 마치고 그 개혁 분위기를 전사 차원으로 확산시키기 위한 책자를 만드는 것이었다. 그의 해외 강연 내용A4용지로 무려 8,500쪽이나 되는 분량을 주제별로 분류을 정리하여 200장으로 요약한, 「삼성인의 용어 : 한 방향으로 가자」라는 책자를 50만 부 정도 발간하여 국내는 물론 해외현지인 교육을 위해 영어, 일어, 중국어, 말레이어 등 10여 개 국어로 번역 임직원들에게도 배부하여 매일 아침 1시간씩 '新경영 교본' 윤독회와 토론회로 新경영을 통한 개혁을 확산시켰다.김성홍 · 우인호, 2005, 28-29 이외에도 「삼성 매뉴얼」, 「함께하는 新경영 知行33訓」, 「知行33訓 II」 등을 발간하여 혁신을 전파하였다.

• **체계적 인재관리 혁신 : 연수교육제도**

삼성그룹의 교육은 인력개발원이 담당하며 각종 커리큘럼과 프로그램을 운영하고 있다. 이 회장은 혁신이 중단 없이 실행되기 위해서는 교육이 중요하다고 강조하며 각 연수 프로그램을 통해 체계적인 인재관리 혁신을 실행했다. 예컨대 핵심 직원들을 SSuper급과 HHigh Potential급으로 분류하였다. 또한 기술도 기초, 첨단, 핵심, 미래 등 4가지로 분류하고 각 단계에 맞게 인력양성 프로그램을 운영하도록 하였다. 1990년 이건희의 제 2창업 선언과 함께 설립된 첨단기술연구소는 회사의 장기 전략에 맞춰 교육 프로그램을 운용하고 있다.

'5~10년 후 삼성전자를 먹여 살릴 토양'을 배양하기 위한 미래 기술연구의 중추로 삼성전자 첨단기술연수소를 설립하였다. 이곳에서는 과학교육이 아닌 엔지니어 교육 프로그램이다. 실습교육이 중심인 전문가과정인 경우 현업의 프로젝트를 가져와 교육기관에서 해결하는 형태로 진행되며 종료시점에는 프로젝트 결과로 발표한다. 장기과정에는 현업부사장 및 관련 임직원들을 초청하여 결과 발표회를 운영하기도 한다. 최근에는 '테크노 포럼'이라는 사내 학습조직을 만들어 주요 분야 관련자들이 포럼활동을 통해 정보 공유 및 사내 이슈화 등을 진행하고 있다. 기술과 제품의 컨버전스융복합가 심화됨에 따라 이종異種기술간 또는 이종제품간 융복합화를 위한 교육과정 개발이 이슈화 되고 있다. 이곳은 R&D기술만을 별도로 교육시키기 위한 국내 유일의 연수기관이다. 그리고 삼성전자의 산·학 협력프로그램은 국내 톱클래스 대학과 공동 석·박사 과정을 운영할 정도의 단계에 있다.

한편 CDCCareer Development Center는 퇴직자의 재취업을 도와주는 곳으로 2001년 이건희 회장의 지시로 만들어 졌고, 우수인력의 유지를 위한 조직 관리시스템도 철저하게 운영되어 1인당 생산성을 높이기 위한 재교육 프로그램에 투자하는 금액이 연간 500억 원, 1인당 평균 100만원이 넘는다고 한다.

• 인재人材를 찾아라2002년, 천재 키우기 : 제 2의 新경영, 인재경영

> **"한 명의 인재가 수 만 명을 먹여 살린다."**
> **"미래의 수종을 발굴할 인재를 찾아라."**

이 회장은 기업이 인재를 양성하지 않는 것은 일종의 죄악이며, 우수인력 없이는 각 분야의 일류화가 불가능한데도 그룹의 간부들은 우수 인력이 절대 부족한 것을 모른다고 하였다. 그의 이런 판단은 한국의 인적자원과 내부의 인력 양성만으로는 부족하기 때문이며 세계의 우수 인력을 확보하여 이미 개발된 전 세계의 좋은 두뇌를 활용하자는 것이었다.

따라서 분야별로 우수한 인력을 확보하는 것이 경영성과를 올리는 방안임을 강조하였다. 세계적인 경쟁력을 갖춘 일류 기업에서 근무하면서 최고의 평가와 특급의 처우를 받고 있는 인력으로 능력, 인간성, 지식도 갖고 있고, 인망도 있는 S급동아일보, 2003. 6. 25일자 인력 확보를 전략사업으로 인식하고, 각 기술 분야에서 분야별자동차, 디자인, 소프트웨어 등로 끼 있는 사람, 천재, 이재異才 등 개성이 강하고 창의적인 인재를 세계적으로 확보하자는 것이었다. 특히 머리는 좋지만 생활수준이 낮은 국가, 중국, 러시아, 베트남, 스페인 등의 우수인력을 확보하는 데에 관심이 많았다.

2002년 4월 삼성전자의 시가총액이 SONY를 추월하자 이 회장은 2002년을 미래를 위한 준비경영 원년으로 하자고 제의하였다. 첫째, 미래의 수종을 발굴할 인재를 찾아라. 둘째, 5~10년 후 무엇을 먹고 살지를 찾아라. 셋째, 1등 기업의 자만을 버리고 기본으로 돌아가자.

그리고 찾는 **인재가 갖추어야 할 조건**으로 다음과 같은 4가지 조건을 제시하였다. 먼저 신수종사업을 주도할 인재, 둘째, 변화와 혁신을 주도할 인재, 셋째, 투철한 가치관과 조직관을 갖춘 인재, 마지막으로 인간미 넘치는 인재 등이었다.

2002년 6월 5일 용인연수원 창조관에서 사장단 50여 명이 참석한 가운데 열린 '인재 전략 사장단 워크숍'에서 이 회장은 "200~300년

전에는 10~20만 명이 군주와 왕족을 먹여 살렸지만, 21세기는 탁월한 1명의 천재가 10~20만 명을 먹여 살리는 인재경영의 시대, 지적 창조력의 시대"라고 설파하였다. 이것은 삼성이 5~10년 안에 초일류 기업으로 도약하기 위해서는 인재를 조기에 발굴하고 체계적으로 키워야 한다는 것이다.

특히 A급 인력은 각 회사 사장들이, S급은 회장이 인재를 찾고, 천재급 인력은 성격이 좀 독특하더라도 우대하여 그룹 차원에서 특별관리하여야 한다고 지시하였다. 이에 따라 천재급 우수인력을 조기에 확보하여 장학금을 지급하고 경제연구소, 종합기술원 등에서 특별교육을 통해 삼성에 필요한 인재로 육성하기로 하였다.

이것은 1위가 된 기업으로 더 이상 벤치마킹을 할 대상도 없고 스스로 선두에 서서 헤쳐 나아가야만 하는 현실을 반영한 것이다. 현재는 500여명의 해외 인재가 삼성에 근무하고 있으며 그 결실이 맺어지는 단계에 있다.

또한 **지역전문가 육성프로그램**은 세계 각국의 정보를 수집하고 전략적 마케팅을 수행할 수 있는 지역전문 산업 전사를 육성하는 프로그램으로, 미 정보국 정보요원 훈련과 같이 강도 높은 3개월간의 집중 집체 합숙교육 후 모든 경비는 회사 부담으로 1년간 현지에서 현지 지사와는 관계없이 독자적인 현지의 정치 경제 사회 문화를 체험하는 자율 연수제도다. 이과정이 끝나면 해당지역에 파견된다. 이 과정 출신들이 현재 BRICs를 비롯한 이머징 마켓에서 혁혁한 성과를 거두고 있다.

▎프로세스 혁신Process Innovation : 삼성 스피드경영의 원천

• 삼성의 모든 것은 마이 싱글My SINGLE로 통通 한다.

1993년 6월 프랑크푸르트 선언 이후 그의 비전인 21세기 초일류 기업을 향해 “한 방향으로 가자”는 캐치프레이즈는 이 회장을 비롯한 18만 삼성인 모두의 변화를 위한 절규였다. 이 같은 비전을 현실화하기 위한 조직능력의 기본은 정보의 공유체계를 마련하는 것이다. 즉 소속사의 업무시스템, 각종 지식/정보를 통합하여 단일 인터페이스로 제공하고, 그룹의 다양한 콘텐츠를 여러 방식으로 제공함으로써 지식기반의 업무환경을 조성하며, 그룹의 모든 임직원들이 사용하는 커뮤니케이션 및 그룹 일체성의 도구그룹웨어 + 정보공유를 마련하고 공유체계를 형성하는 것이다. 그리고 그 특징은 언제Any Time, 어디서나Any Where, 어떤 장치로든Any Device, 일관된 정보를One View, 실시간으로Real Time, 쉽게 공유Connected할 수 있어야 한다는 것으로 2009년 현재 1일 정보유통량 매일 수신량 1900만 건, 1인당 70건, 결재건수 월 170만 건에 달하며, 2,052개 기관과 실시간 데이터연개, 사용자수 84개사 27만 명에 달한다고 한다.

모든 업무는 물론 심지어 개인의 사적인 복지까지를 커버하는 인트라넷Intranet이 바로 삼성의 마이 싱글My SINGLE = Samsung INtegrated GLobal information systEm 의 축약어이다. 이 통신수단은 1996년 무렵 국제표준 통신 인프라로 완전히 정착시켰고, 2003년에 버전 업을 통해 결재가 가능한 ‘마이 싱글’로 시스템 구축을 완료했다. ‘모든 길은 로 마로 통 한다'는 말과 같이 삼성 내부의 모든 일은 마이싱글로 통한다. 그리고 그것을 통해야만 일을 처리 할 수 있다. 예컨대 회장부터 아프리카의 주재원에 이르기까지 모든 구성원이 실시간에 쌍방향으로 업무처리가 가능하다. 그리고 모든 정보시스템도 '마이 싱글'을 통하여 실행된다. 이것은 그룹의 구심력을 강화하고 스피디한 커뮤니케이션 체계를 제고하는 한편 창의적인 정보/지식 인프라를 구축함으로써 오늘날 디지털 시대의 문명의 이기를 선도적으로 창조, 개발하고 사용하여 글로벌 IT기업으로 자리매김을 할 수 있는 원동력이 되었다.

• **E-CIM과 PDM시스템구축을 통한 프로세스 혁신**

"정보공유와 협력하자." "자주 모이는 것이 경쟁력을 좌우 한다."

이 회장은 1993년 新경영 선언 당시 정보화를 통한 프로세스 혁신 작업을 혁신의 요체라 했다. 이를 위해서는 무엇보다 정보 인프라가 조속히 구축돼야 한다고 판단하였다. 컴퓨터의 이용 여부가 기업 성패를 좌우하므로 CAD/CAMComputer-Aided Design /Manufacturing 등을 활용한 수주 → 설계 → 생산 · 공정관리 → 재고관리 → 출고로 이어지는 프로세스를 종합적이고 유기적으로 컴퓨터를 통해 관리해야 한다는 것이 그의 지론이었다.

그는 구체적으로 CAD/CAM을 시작으로 IT를 적극적으로 활용한 새로운 프로세스를 구축하겠다는 확고한 의식을 갖고 1987년 CAD/CAM

의 전문가인 일본인 임원 요시가와 류조吉川良三, 2009. 113-114에게 협력을 요청했다. 당시 삼성의 IT화는 그다지 잘 진행되지 않고 있었다. 그 까닭은 애당초 삼성에는 정해진 개발 프로세스나 생산 프로세스와 같은 것 자체가 없었기 때문이었다.

이건희가 어린 시절 터득한 "입체적 사고" 는 삼성 신新 경영에서 복합화로 발전하여 "자주 모이는 것이 경쟁력을 좌우 한다."로 강조되었다. 그는 "21C 경쟁우위 전략으로 갈수록 사회가 다양해지고 복잡해지기 때문에 제품 하나를 개발할 경우에도 8~9개 팀이 한 자리에 모여야 한다. 예컨대, 전자산업은 어느 한 부서가 잘한다고 해서 잘되는 것이 절대 아니다. 상품이 제대로 나오고 판매가 제대로 되고, 잘나온 것을 제대로 광고해서 구석구석에 삼성물건이 들어가면서 고장이 안 나고, 고장이 나더라도 그때그때 바꾸어주거나 고쳐주고 해야 삼성전자의 가치가 올라가는 것이다. 판매, 개발, 디자인, A/S 등도 다 같이 잘해야 하고 물건도 잘 만들어야하고 다 잘 해나가야 회사가 살 수 있다. 기업의 경쟁력은 단기간에 자주 모일 수 있는 조직이 훨씬 유리한 것이다." 그리고 그것은 "하나의 시스템으로 이루어져야 한다." "개인적인 것들은 유기적으로 합쳐야 더욱 기하급수적으로 상승효과를 내는 것이다. 또한 복합화가 효율이다. 예컨대, 5개부서가 각자 일하면 5개 힘밖에 안 나오는데, 5개부서가 힘을 합하면 50개가 나올 수도 있다." "세계시장에서 살아남으려면 디자인, 샤시설계, 회로설계, 판매, 상품기획 등 각 조직에 있는 모든 사람들이 모여서 무슨 상품을 만들 것인지에 대해서 머리를 짜야한다"고 하

였다.삼성 신경영실천위원회, 1993, 161

그룹 차원에서 이 같은 이건희의 정보화, 복합화 사고를 실천하기 시작한 것이 E-CIMEngineering Collaboration and Innovation Management 시스템이다. 모든 기술정보를 그룹 전체삼성전자, 삼성전관, 삼성전기, 삼성코닝가 공유하면서 혁신적인 제품을 만들어내기 위한 정보시스템으로 전자 4사가 신제품 연구개발 시 발생하는 문제를 근본적으로 해결하기 위하여 상품 기획부터 디자인, 설계, 금형, 시험제작, 양산에 이르는 연구개발 전 프로세스를 혁신시키는 시스템이었다. CAD시스템의 도입은 그것을 위한 것으로 디지털화와 동시에 개발이나 생산 등의 모든 프로세스 혁신을 한 번에 추진하기 위한 것이다. 이것은 핵심 센터인 중앙연구소를 중심으로 그룹 내 각 기업에 ECIM실이 설치되어 있다. 삼성 속에서도 가장 우수한 100여명의 인재가 모여 있는 ECIM센터는 각 기업의 ECIM실과 제휴하면서 그룹 전체의 프로세스 혁신을 동시에 추진하는 것이다.

전자 4사가 부품, 제품, 자료를 단일 기술표준체계로 만들고 '팀 설계', '콘커랜트Concurrent, 동시진행공학'를 바탕으로 한 신개발 프로세스를 정립 했으며, CAD 인프라를 효율적으로 구축하고 개발정보를 체계적으로 관리해 모든 부문이 공유할 수 있도록 지원하는 도구로서 PDMProduct Data Management: 통합설계정보관리시스템을 개발 적용하는 순서로 프로세스 혁신은 전개 되었다.

1994년 각 부문별 실천기반 조성, 1995년 신개발프로세스와 CAD 인프라에 의해 명품 플러스 원 TV 등 시범 프로젝트칼라TV, FAX, 무선전화를 추진하여 성공하였다. 1996년에는 전사적으로 확산시키는 작업을 추진했고, 1997년에는 PDM시스템 개발과 사업부 전면 적용을 시행했다. 상품기획부터 양산준비까지의 모든 연구개발 모든 프로세스를 혁신시키기 위한 이러한 작업은 개발기간 단축과 품질확보 및 코스트 절감효과를 보았다.

삼성의 프로세스 혁신은 구체적으로 **PDM 시스템** 구축부터 시작되었다. PDM은 설계나 개발에 관한 모든 정보를 일원화해서 관리하는 것으로 공정의 효율화나 공정기관의 단축 등을 꾀하는 정보시스템이다. 이 시스템의 구축은 1994년부터 시작되어 1996년 7월 1일에 완성됨으로 신 표준체계를 적용할 수 있게 되었다. 이로써 해외사업장을 포함한 모든 곳에서 같은 부품에 대한 같은 코드를 사용할 수 있게 되었고 한번 승인으로 전 그룹사 사용이 가능하게 되었으며, 부품의 특성 및 업체 정보공유로 업무의 효율이 향상되고 통합구매도 원활하게 되었다. 그 후 매년 버전 업을 통해 진화되어 글로벌경영체제를 지원하고 있다. 이 정보시스템을 삼성은 SPDM이라고 부른다.

삼성은 PDM의 구축으로 팀 설계, 콘커랜트의 개발이 가능하게 되었다. 여기서 팀 설계란, 한 제품을 복수 부문에 분할해서 복수의 설계자가 각기 담당하면서 병행 작업을 추진하는 설계방법을 말하고, 콘커랜트 개발은 상품 기획, 디자인, 설계, 생산기술, 제조, 생산관리, 자재, 품질관리, 영업, A/S 등 다른 부문의 사람들과 동시에 참가하면서 개발을 추진하는 방법을 말한다.

삼성전자 40년사에는 이렇게 기술되고 있다.

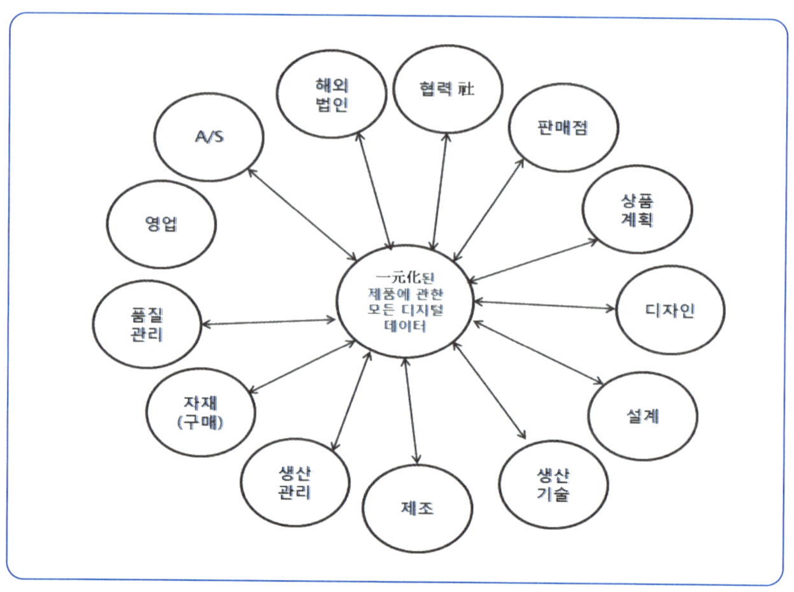

출처 : 畑村洋太郎・吉川良三, 2009, 「危機の經營」, 講談社, 113.

〈그림 11〉 글로벌시장에 대응하는 PDM 구조

"삼성전자는 디자인에서부터 대량생산에 이르기까지 모든 단계에서 엔지니어들이 함께 참여하도록 해서 개발부문과 생산 부문을 긴밀하게 통합했습니다. 설계가 끝나면 프로세스 엔지니어, 프로세스가 끝나면 테스트 엔지니어, 테스트가 끝나면 양산 엔지니어가 참여하는 순차적인 방식을 탈피해서 전 부문의 엔지니어가 한꺼번에 병렬적으로 개발과 생산 작업에 참여하도록 한 것이죠. 각 공정의 엔지니어들이 모든 단계에 함께 참여하는 체제를 구축해서 정보를 공유하고 기술적인 문제들을 신속하게 해결해나갔습니다. 무엇보다 삼성전자가 개발과 생산을 긴밀하게 통합시킬 수 있었던 가장 큰 이유는 전 세계

반도체업체 가운데 유일하게 설계와 생산이 한 단지 내에서 이루어지기 때문이죠."라고 간략히 삼성프로세스 혁신시스템을 설명하고 있다.

삼성 SPDM의 가장 큰 특징은 각각 부서만이 아니라 해외 사업소, 협력회사, 판매점 등 글로벌한 외부 관계자도 데이터베이스에 접촉할 수 있다는 점이다. 이런 구조는 일본기업에서는 거의 찾아 볼 수 없는 것이다.畑村洋太郎 · 吉川良三, 2009, 114 물론 모든 사람이 접속 할 수 있는 것은 아니고 관계자만 접속할 수 있다.

오늘날은 이렇게 제품 하나를 개발할 경우에도 8~9개 팀이 한 자리에 모여서 협동으로 작업을 한다. 상품기획을 할 경우, 상품기획팀 · 설계팀 · 개발팀 · 구매팀 · 생산팀 · 판매팀 · A/S팀 · 디자인팀 등 8개부서 이상의 팀이 설계 이전에 적어도 6, 7회 이상의 회합을 가져야 좋은 상품을 생산할 수 있다.

그러나 요시가와 류조吉川良三에 따르면 초창기 프로세스의 의미 자체가 현장에는 전혀 이해되지 않았고, 이노베이션이 있어야 할 것임에도 이노베이션은 일어나지 않아 이런 것들이 잘 기능하지 않았다고 한다. 그 까닭은 먼저 그때까지 삼성에는 개발이나 생산에 일정한 프로세스가 없었고, 일이 있으면 그 때 그때 대응하는 정도였다. 다른 하나는 ECIM센터의 우수한 인재들이 현장특히, 생산 공장을 천시하는 경향이 있어 사무실에서 자신의 일에는 열심이었지만 결코 현장에는 가려고 하지 않았다. 그 때문에 문제는 언제까지나 미해결인체로 남아있었고 현장의 의견을 듣는 일도 없었기 때문에 현장실태를 파악할 수가 없었다고 하였다.吉川良三, 2009, 50 그러나 삼성이 이러한 문제를 해결할 수 있었던 것은 새로운 '연수제도'를 만들어 혁신교육을 실행했기 때문이라고 한다.

그리고 삼성이 1997년 외환 위기에서 살아남을 수 있었던 것은 이상의 프로세스 혁신이란 강력한 무기를 갖고 인프라 정비를 빠른 단계부터 신속하게 달성했기 때문이며 아이러니하지만 그것이 가능했던 것은 그룹 내에 1997년 외환위기로 위기의식이 높아져 개혁의 필요성을 절감했기 때문이었다.吉川良三, 2009, 52

이 PDM은 SCM, CRM과 통합되어 프로세스 혁신의 핵심인 다음의 확장형 통합 ERP로 발전하였다.

• **글로벌 통합 ERP시스템**SCM, CRM, PDM

확장형 통합 ERP전사적자원관리시스템은 다양한 산업분야에서 생산, 구매, 재무, 회계, 인사, 공급자와의 거래를 위한 SCM, 고객서비스제공을 위한 CRM 등 주요 업무 프로세스의 통합관리를 지원하는 소프트웨어 패키지이다.

삼성전자는 정보화 추진 세부 목표로 완벽한 고객관계 관리의 CRM과 비즈니스 파트너와의 공조체제인 공급망관리의 SCM을 구축하였다.

2006년부터 글로벌 1위를 지키고 있는 TV의 경우 유통의 입장에서는 시장가격변동이 큰 편이라 재고관리가 매우 중요하였다. 삼성전자는 선진화된 SCM을 통해 유통의 재고를 최소화하는 대신 성수기의 판매 시기를 놓치지 않도록 재고, 현재판매추이를 바탕으로 정확한 수요예측을 통하여 공급납기 단축이 가능한 관리를 함으로써 큰 호응을 얻고 있다. 특히 북미에서는 대형 유통점을 대상으로 CPFRCollaborative Planning Forecasting and Replenishment · 상호 공급예측 프로그램 시스템을 운영, 정확한 수요공급예측으로 협력업체 및 유통망과 정보공유, 생산 및 재고관리의 효율성을 높이고 있으며 이 시스템은 현재 TV에서 휴대폰으로 북미에서 유럽으로 확대 적용하고 있다. 그리고 통합설계정보관리인 PDM시스템을 통합하여 확장형 통합 ERP 시스템을 구축함으로써 경영의 효율화와 삼성이 자랑하는 스피드경영의 인프라를 구축 한 것이다.

그 결과 예컨대, 판매와 제조의 동기화를 실현하는 삼성전자의 방대한 공급망관리SCM 시스템은 점차 그 효율성이 향상되어 1997년 8주였던 평균 재고 일수가 2001년엔 3주로 줄어들었다. 현재는 '재고관리 3일 확정체제'를 구축하여 제조와 판매 간의 시차를 실질적으로 제로로 만들었다.

최근 판매자들도 소비자의 요구에 빠르게 대응하고 재고유지비용과 가격하락으로 인한 손실을 줄이기 위해 단납기체제를 요구하고 있다. 이러한 단납기체제를 위해 삼성전자는 생산/제조/프로세스의 효율을 높일 수 있는 '3일확정체제'를 운영하고 있다. 3일확정체제는 3일간의 생산 계획을 확정한 후 변경 없이 실행함으로써 삼성전자에서 협력업체에 이르는 공급부문의 정상화 효율을 높이는 것이다. 그리고 거래선과 협력사에 대한 신속정확하며 효율적인 업무처리를 위해 ERP로 연결하고 있다.

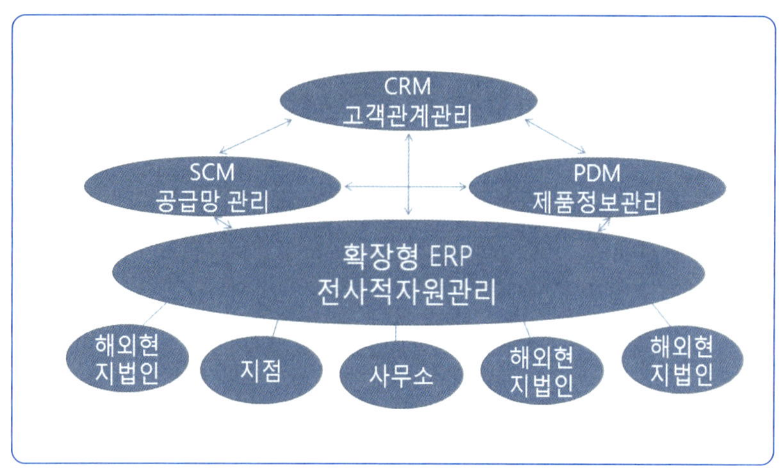

〈그림 12〉 글로벌시장에 대응하는 확장형 ERP구조

삼성전자는 ERP시스템 구축에 1993년부터 2001년까지 만 7년간 총 7,000억원을 투자했다. 해외법인 간 네트워크 구축에도 1,000억원이나 투입하였다. ERP 구축으로 본사가 해외법인의 경영 상태를 실시간으로 파악할 수 있게 되어 현금흐름 개선과 해외법인의 부실 방지라는 효과도 가져왔다.

삼성 SCM은 개발・제조・품질・물류・마케팅・판매・서비스 등 7가지 영역 모두를 대상으로 반도체, PC, 휴대전화, 가전제품을 한꺼번에 커버하는 세계적으로 유례가 없는 시스템이다. 그리고 삼성전자는 비록 ERP 소프트웨어 패키지를 미국 SAP에서 수입하였지만 삼성 SDS 기술자 100여 명을 투입하여 삼성만의 프로그램으로 탈바꿈시켰다. 이렇게 개발된 한국식 ERP는 상품화 되어 국내 중소기업들에게 팔리고 있다.

또한 이 회장의 정보화 인력양성정책의 일환으로 정보 인프라 교육연수원인 '멀티 캠퍼스'를 1996년 설립하였다. 여기에서 철저한 정보화 교육프로그램을 실행함으로 그룹의 업무생산성을 향상 시켰다. 한국경제신문, 2002, 164-170

한편 물류혁신으로 1C1B(One Contact One Bill)를 통한 효율화, 최적화를 추구하는 프로세스는 전문물류업체에게 모든 프로세스를 맡기는 것으로 이는 최소 비용으로 최적의 스피드를 달성하기 위한 것이다. 기업에서 전문성이 떨어지는 물류업무는 전문물류업체에 의뢰하고 기업은 물류전략에 치중함으로서 물류 프로세스의 효율을 높이고 있다.

▎프로덕트 혁신Product Innovation : 혁신적인 제품의 창조

앞으로 10년 안에 지금 삼성을 대표하는 모든 제품이 사라질 것이다.

- **제품의 품질**quality **혁신**

- 불량품150억 원어치 소각 사건

초일류기업을 지향하는 이건희가 경영진에게 자주하는 앞서 기술한 골프 이야기, "드라이버샷으로 180야드 나가는 사람이 250야드 이상을 보내려면 그립 잡는 법부터 스탠스 등 모든 것을 바꿔야한다."는 말은 새 술은 새 그릇에 담아야 한다는 것이다. 이건희의 휴대전화 사업은 초일류 정신의 산물이다. 돈은 얼마든지 써도 좋으니 수단과 방법을 가리지 말고 모토로라 수준의 제품을 내놓으라는 이 회장의 지시에 따라 나온 제품이 SCH 770 애니콜이다.

그러던 1995년, 시판한 무선전화기 중에서 불량이 있다는 보고를 받은 이 회장은 즉각 전제품의 회수를 지시했다. 15만 대의 무선전화기를 새 제품으로 교환해주거나 회수했다. 그리고 회수된 제품은 공장 전체 임직원이 보는 앞에서 모두 두드려 부순 후 소각했다. 그것을 금액으로 환산하면 150억 원에 달했다.[15] 이는 이건희의 "양에서 질로 가기 위한 퍼포먼스로 상징되는 불량제품 화형식이었다." 이 사건은 18만 구성원들에게 글로벌 시장에서 통용될 수 있는 제품을 만들어야 한다는 제품혁신 추진의 기폭제가 되었다.

• '비교 전시회'를 통한 제품혁신

삼성전자가 월드베스트 제품을 앞세워 세계적 IT기업으로 발돋움하는 데는 이 회장의 '비교전시를 통한 제품혁신'이 그 기저에 깔려 있다. 이 회장의 '비교전시'는 세계시장을 선도하기위해서는 세계 초일류 제품들의 핵심기술 및 기능과 디자인 등을 분석 삼성의 위치를 파악하는 것이 중요하기 때문이다. 본격적인 비교전시회는, 1993년부터이지만 시발은 원래 1968년까지 거슬러 올라간다. 당시 그의 사무실을 찾은 사람들은 책상 위에 첨단 시계가 순서대로 분해되어 놓여 있는 것을 보고 놀랐다고들 한다. 그때부터 호기심으로 구입한 제품을 분해하고 조립하는 취미를 갖고 있었고 이것은 오늘날에도 계속되고 있다.

15) 이 불량품 소각 사진은 1995년 3월 9일 삼성전자 구미사업장에서 있었던 일로 한국경제신문(200년) 간행 「삼성전자 왜 강한가?」에는 "무선전화기"가 "휴대폰"으로 잘못 기술되었고, MBN신년특집 다큐멘터리(2012년 1월 1일 방영) "한국의 거인들-이건희편"에서도 무선전화기가 휴대폰으로, 150억원이 500억원으로 잘못방영되었다.

예컨대, 비교전시를 통해 이 회장은 "삼성이 생산하는 VTR의 부품이 도시바보다 30퍼센트나 많으면서 가격은 오히려 30퍼센트가 싼데 어떻게 경쟁이 되겠습니까?, TV는 가로 세로가 4대 3이나 16대 9가 아닌 독창적인 와이드 제품을 만들어야 합니다. TV 브라운관이 볼록한데 평면으로 만드는 길을 찾아봅시다. 리모컨이 너무 복잡해요. 리모컨이 복잡한 것은 기술진이 사용자들의 편의를 생각하지 않았기 때문입니다. 손에 잡기 쉽고 간단히 온 · 오프 기능만 할 수 있는 리모컨을 만드는 방안을 연구해 봅시다. 휴대폰의 SEND, END의 버튼의 위치를 불편한 밑 부분보다는 안전한 윗부분으로 옮기는 것이 어떻겠습니까?"등의 끊임없는 이건희의 비교전시회에서의 지적은 아이디어를 분출하게 했다. TV '명품 플러스원'도 당시 이 회장이 이런 비교전시를 통해 아이디어를 낸 것이었다.

그리고 이런 이회장의 아이디어 중에는 휴대폰의 SEND, END의 버튼의 위치와 같이 글로벌 표준이 된 것도 있다.

삼성은 1993년 LA회의 이후, 초창기에는 연례적으로 2005년이후엔 2년에 한 번씩 경쟁기업의 신제품과 비교전시회를 비공개로 열었으며, 이 회장은 경영일선에 물러나 있던 2009년을 제외하곤 반드시 이 전시회에 참석하였다. 2011년 7월 18일부터 29일까지 수원공장에서 4년만에 열린전시회에서는 67개 품목에 걸쳐 삼성전자 모델 167개, 경쟁사모델 183개가 전시되었다. 전시회에 참가한 이 회장은 '5년, 10년후를 위해 지금 당장 소프트기술소프트웨어, 디자인, 서비스, S급최우수인재, 특허를 확보하지 않으면 안 된다며 경쟁기업 애플을 겨냥해 강조하며 독려했다.

<사례 1>

제품혁신 : TV, 명품에서 3D TV까지

이제까지 삼성은 그 같은 제품을 개발하려고 해도 프로세스 혁신 인프라가 없었지만, 어느 정도 인프라가 완료되면서 제품혁신을 시도하게 되었다. 삼성의 제품혁신 제 1호가 '명품' TV이다. 이 TV는 1994년부터 1995년까지 회장 프로젝트S프로젝트라는 특별한 체제를 만들어서 개발되었는데 책임자는 TV 개발경험이 전혀 없었던 요시카와 류조가 맡았다. 이 프로젝트는 디자인부터 설계까지 모두 3차원 CAD를 사용해서 추진되었다. 이것은 삼성이 프로세스 혁신을 바탕으로 한 첫 제품혁신 시도였다. 이 시도의 목적은 향후 널리 사용될 3차원 CAD를 본격적으로 도입하여 실제 제품개발을 통해서 CAD/CAM의 유효성을 사내에 널리 이해시키자는 회장의 의중이 밑바닥에 깔려 있는 것이었다. 결과는 대성공이었다. 개발기간은 종래 18개월에서 12개월로 단축되었고, 코스트를 3할 정도 줄일 수 있었을 뿐만 아니라 품질까지 향상시킬 수 있었다.吉川良三, 2009, 148-149 이러한 TV의 제품혁신은 명품TV를 시작으로 과거 브라운관 TV에서 PDP TV → LCD TV'보르도 → 크리스털로즈→ LED TV→3DTV로 제품혁신을 거듭하여 오늘날 삼성은 SONY를 제치고 세계 제1의 월드 베스트 TV생산기업이 되었다.

<사례 2>

제품혁신 : 레이저프린터 "레이"

레이저프린터 "레이"는 소형 · 가정용 · 저가라는 세 가지 요건으로 사업방향을 압축하고 앞을 향해 뒤도 돌아보지 않고 일을 추진했다. 사업부 사람들이 한자리에 모여 개발하는 1년 동안 금기어가 있었다. 신제품 개발에 '안 된다.' '못한다.'라는 부정한 용어들은 감히 입에 올릴 말이 아니라는 것이었다.

레이저프린터의 핵심부품인 LSULaser Scanning Unit를 더 작게 만들고, 칩 하나에 여러 기능을 담는 시스템 온 칩SoC기술을 도입했으며, 자체 보유한 광학 · 통신 · 반도체 · 화학분야의 기술 등을 집약했다. 그리고 프린터가 둔해지지 않아야 했으니, '고속'엔진도 붙였다. 여기에 덧 붙여 가격을 199달러로 맞췄다. 이로써 삼성전자가 포진한 한국은 미국과 일본에 이어 프린터 기술을 보유한 세 번째 국가가 되었다.

또한 가정용 컬러 레이저프린터, '레이'는 삼성전자 프린팅사업부가 프린터사업을 시작한 지 15년 만에 비로소 샴페인을 터트렸다. 레이는 출시 2개월 만에 1만대에 육박하는 판매량을 달성했고, 동시 출시한 복합기 역시 불티나게 팔려나갔다. 레이 출시 전 세계 레이저프린터 시장 점유율 5%로 하위권을 밑돌던 삼성전자는, 1년 만에 17%의 점유율로 단숨에 세계 2위로 올라섰다. 레이 후속모델을 구상하기 위해 50여 명으로 새로 구성한 '밀레'프로젝트팀이 출범했다.

"책상 위 사랑을 받으려면 몸집이 더 작아져야 합니다"

"보기가 좋아야 주인공이 되지요. 디자인도 강화해야 합니다"

"소음도 큰 문젭니다. 책상에 놓고 사용하려면 있는 듯 없는 듯 조용해야지요"

"속도가 더 빨라져야 소비자 만족도가 높아질 겁니다"

"출력 컬러는 더 선명할 필요가 있습니다."

사이즈를 줄이려다보니 부품소재가 메탈에서 플라스틱으로 바뀌기도 했다. 삼성전자 컬러레이저복합기는 2008년 1분기 유럽시장에서 처음으로 점유율 1위27.2%를 기록했다.

이렇게 삼성전자가 '프린터사업 초일류화'를 선언하고 4년이 지난 2009년 프린터사업은 메모리, 휴대전화, TV에 이어 삼선전자의 차세대 성장동력으로 떠올랐다. 세계 프린터시장의 크기는 디지털TV, 메모리반도체보다 훨씬 큰 시장규모이다.최지성, 2010, 151-155

- 반도체 D램과 Nand Flesh Memory 제품개발의 혁신

삼성전자의 반도체 사업은 1974년 이래 다양한 스타 제품을 배출하였다. 1994년 256메가D램을 세계최초로 개발한 이후 1996년 1기가D램, 2001년 2기가D램 등을 연달아 개발하여 세계기록을 경신하였다. 4MD램→16MD램→64MD램→256MD램→90Nano512메가DDR2D램→80Nano512메가DDR2D램→70Nano512메가DDR2D램→50Nano1기가DDR2D램→ 40NanoDDR3D램

또한 Nand Flesh Memory분야도 2001년 이후 지속적으로 세계기록의 개발사를 이어 2004년 8기가Nand Flesh Memory를 개발하였다. 그리고 2005년 9월 세계최초로 50Nano 16기가 Nand Fresh Memory를 개발했다. 이 제품은 손톱만한 칩 안에 164억 개의 트랜지스터가 완벽하게 동작한다는 의미다. 2006년 7월 최첨단 60Nano 공정을 적용한 8기가 Nand Flesh Memory를 본격 양산하는 체제로 들어섰고, SLCSingle Level Cell Nand Flesh Memory를 적용한 초고속 메모리 카드 MMC플러스, 고용량 MMC플러스를 개발하였다. 2007년 10월 마침내 그동안의 기술로는 한계로만 여겨졌던 30Nano 초미세 공정 기술을 확보하고 64기가 Nand Flesh Memory 개발에 성공했다. 이는 CTFCharge Trap Flash, DPTSelf-aligned Double Patterning Technology를 비롯한 첨단 설계 · 소자 · 레이아웃 등의 기술을 집대성한 제품이었다. 70Nano4기가 → 60Nano8기가 → 50Nano16기가 → 30Nano64기가 또한 DDR · 램버스 · DDR2 · 그래픽 DDR2 등 차세대 고성능 D램을 세계최초로 개발하는데 성공하였다. 한편, D램은 1992년부터 세계시장에서 1위를 지켜왔으며, 메모리 분야도 1993년부터, S램은 1995년,

Flesh Memory는 2003년부터 1위를 지켜왔다. MCPMulti Chip Package 분야는 2004년 1위로 올라 오늘까지 계속되고 있다. 삼성 반도체는 국제 반도체 표준화 기구인 'JEDEC', 모바일 표준 협회 'MIPI', Fresh Memory 표준 협의회 'MMC' 등 대표적인 국제 표준화 기구의 의장 및 보드 멤버로써 활동하면서 국제 반도체 표준화를 주도해 오고 있다.

• **소프트웨어 센터에 의한 소프트웨어 제품혁신**

삼성전자가 소프트웨어 개발에 관심을 보이기 시작한 것은 1990년대 후반이다. 1997년 2월 이건희 회장의 '소프트 경쟁력 강화 지시'에 따라 소프트웨어센터가 설립되면서 이전에 부문별로 흩어져 있던 소프트웨어 인력들이 비로소 한자리에 모이고, '미스터 소프트웨어'라는 별칭을 가진 유인경 전무가 센터장을 맡았다. 소프트웨어센터는 이 무렵에 등장한 개념으로 '유저 인터페이스'를 도입하여 유저 인터페이스UI 개발에 역량을 집중했다.

구이GUI는 그래픽 유저 인터페이스Graphic User Interface의 약칭으로 휴대폰 화면에 뜨는 것이 구이다. 그림만 봐도 메시지 쓰는 것, 소리랑 관계있는 것을 바로 알 수 있게 하는 것이다. 즉 물건 만드는 회사가 이걸 쓰는 사람들이 금방 알아차리고 편하게 쓰도록 해주려고 설계하는 것을 유저 인터페이스라고 하고, 그걸 그림으로 표시한 것이 구이다.

기업들은 고객 중심으로 경영마인드를 전환하는 추세였고 여기에 영상 세대를 겨냥한 디자인 중시 경향이 나타났다. 소프트웨어센터가 열악한 환경을 딛고 땀을 흘리던 2002년 10월, 이건희 회장이 윤종용 부회장에게 "모든 상품이 무선으로 바뀌고 디지털로 전환되는 추세니까 결국 소프트웨어로 합쳐야겠지요. 예를 들어 리모컨의 경우, 종류가 많아 쓰기 불편합니다. 이렇게 종류가 많은 제품은 통합하여 간편해지는 것이 좋겠습니다. 전 제품에서 진행하려면 컨트롤타워를 만들어야 하고, 소프트웨어 쪽에 최고 인력을 더 많이 투입해야겠지요."최지성, 2010, 318 발언은 급기야 소프트웨어센터의 사내 위상을 재정립하는 데에 결정적 계기가 됐다.

이런 관심에 힘입어 소프트웨어센터는 휴대전화기, 반도체, 디지털TV 등 주요 제품마다 삼성전자 고유의 플랫폼을 속속 개발했고, 이 플랫폼을 활용하여 삼성전자는 제품 개발기간을 단축시킴으로써 빠르게 변하는 시장 상황에 탄력적으로 대응할 수 있었다. 전사 소프트웨어 간담회의 진행을 통해 이미 소프트웨어의 중요성은 사내에서 공인되었으나, 여기에 글로벌 파워 런칭을 통하여 마침내 삼성전자가 세계TV시장 1위로 등극하는 데에 디지털 TV플랫폼 개발이 주요 요소였던 점이 부각되면서 소프트웨어 부문의 사내 위상도 한껏 높아졌다. 이후 각 사업부에서는 플랫폼에 대한 인식을 새롭게 하고 각자 영역에 대한 플랫폼 개발을 소프트웨어연구소에 의뢰해 왔다. 커다란 변화였다.

미국시장조사업체인 IDC에 따르면 지난 2007년 IT서비스를 포함한 세계 소프트웨어 시장 규모는 7,200억 달러로 우리나라의 대표

수출 품목인 반도체2,400억 달러의 3배에 달했다. 그중에서도 한국경제를 견인하는 주력으로서 휴대폰, 자동차, 반도체 분야에서 소프트웨어 파워는 계속 상승세다. 2008년 모바일 솔루션센터MSC를 발족함으로써 휴대폰과 MP3플레이어 등 디지털기기의 애플리케이션과 콘텐츠 개발에 박차를 가하고 있다.

과거 소프트웨어 개발이 제품기능을 향상시키는 목적으로 개발돼왔다면, 앞으로는 소비자들의 라이프스타일 변화에 대응하는 쪽으로 발전할 것이다. 길을 걸으면서도 세계와 소통하는 유비쿼터스의 방향으로 진화하고 있는 것이다. 최지성, 2010, 312-319

• 제품의 가치를 창조하는 VIP센터

센터의 이름 'VIP'는 가치혁신프로그램Value Innovation Program을 뜻한다.

VIP센터는 삼성전자의 전체 활동을 가치혁신이라는 통로로 여과시켜서 이전에 없던 새로운 가치를 창출하는 경영도구이다. 처음 개설했던 1998년에는 8개 과제, 1999년부터는 12개 과제를 동시 수행할 수 있는 시스템을 갖추고 해마다 80개 정도의 프로젝트를 진행했다. 한 과제를 해결하는 데 소요되는 시간은 대략 6개월에서 12개월이다.

VIP센터에서는 주로 협의協議다. 상품기획, 기술개발, 생산, 마케팅 등 신상품 개발과제와 관련이 있는 직원들이 한 공간 안에서 논의를 지속해가는 것이다. 이를 CFTCross Functional Team, 즉 협업協業팀 이라고 한다. "여기서는 다른 사람의 의견에 반대하면 안 된다."프로젝트마다 VIP센터 소속 컨설팅 전문가들이 매니저로 배치된다. 전문컨설팅 요원은 외국인도 합류하고 있다.

예컨대, '하나로' 프로젝트사례를 보자, LCD패널을 구성하는 부품은 크게 여섯 종류로 나눈다. 백라이트유닛, 인버터, 티콘T-con에 관한 기술은 LCD사업부가 맡았고, 영상보드와 전원보드, 그리고 기구물에 관한 기술은 VD사업부에서 담당했다.

2007년이 저물어가는 연말, 엔지니어들 사이에는 회사가 LCD TV에 장착할 백라이트 유닛BLU을 플라스틱으로 개발하기로 했다는 소식이 돌았다. 일명 '백라이트'는 '백라이트유닛Back Light Unit'을 가리키는 것으로, LCD 제품의 패널 뒤에 들어가 컬러와 밝기를 조절해주는 핵심부품이다. 소식이 흘러나온 진원지는 그해 11월에 수원사업장에서 열린 LCD TV사업과 관련한 혁신전략회의였다. 2000년대 초에 등장한 LCD TV는 시장 규모가 연평균 16%의 고속성장을 거듭했으나, 또 다른 벽걸이 TV인 PDP TV와 경쟁관계에 있었다. 이를 극복하는 방안은 당연히 원가 절감에 초점이 맞춰지는데 엎친 데 덮친 격으로 원부자재는 적기수급이 원활하지 못한 채 가격이 오르고 있었다. 논쟁은 뜨거웠지만 해결 실마리는 좀처럼 찾아지지 않았다. LCD TV를 만드는데 필요한 부품 종류는 사양에 따라 약간씩 다르지만 32인치의 경우에는 1,200개 가량이었다. 당시 삼성전자 조직은 총괄단위 사업부별로 예결산을 독립 계상·집행하는 체제였다. 서로 다른 총괄에 소속한 VD사업부와 LCD사업부가 번번이 의견 상충을 일으킨 것은 총괄간의 문화도 다르고 사업부 각각의 역할과 책임이 막중했기 때문이지만, 세트사업과 부품사업의 특성인 프로세스 차이와 조직 문화의 이질감도 한몫했다고 볼 수 있었다. 이렇게 서로 다른 두 사업부가 VIP센터에 모여 대립과 협의를 거듭하는 과정에서 개발한 신소재 부품은 당초의 모델뿐만 아니라 다른 LCD TV모델을 개발할 때도 널리 사용하게 되어 결국 두 사업부가 힘을 모아 이룩한 시너지효과는 앞으로도 증폭될 것이다.

"팀원들의 생각과 행동을 순일하게 하나로 합일 시켜준 VIP센터는 삼성전자 TV가 3년 연속 글로벌시장에서 1위를 고수할 수 있게 한 핵심 축이다" 지금도 VIP센터는 삼성전자가 다양한 사업에서 기술 주도권을 선점하도록 이끌고 있다.최지성, 2010, pp.321-331

삼성의 빅히트 제품인 휴대폰 애니콜, LCD TV '보르도', 노트북 PC'센스Q', 냉장고 '지펠', 컬러 레이저프린터 들이 모두 이 VIP센터를 거쳐 가면서 고유의 특별한 가치들을 찾아냈다. 그런 점에서 VIP센터는 삼성전자가 추구하는 '창조경영'의 산실이다.

미국 〈포춘〉지가 '블루오션 전략의 대표적 사례'라 극찬하였고, 오늘날 전 세계 수많은 기업들이 가치혁신을 위해 삼성전자 VIP센터를 벤치마킹하고 있다.

• **창조적 제품의 디자인**design **혁신**

제품혁신은 품질만이 아니라 디자인 혁신을 통한 차별화가 글로벌 경쟁력의 관건이라고 이 회장은 생각했다. 즉 과거는 가격으로, 현재는 품질로 경쟁하지만 미래는 디자인이 기업의 승패를 좌우한다는 것이다.

이건희는 세계의 리더가 될 만한 오리지널 제품혁신을 요구하였다. 그 결과 디자인 부문을 본사로 통일시키고 강화함으로써 오리지널 제품개발이 실행되었다. 삼성은 산업디자인 인력을 육성하기 위해 1996년 외국인 교수 5명을 채용해 IDSInnovative Design Lab of Samsung를 설립했다. 디자인을 비롯한 소프트웨어가 21세기 기업 경쟁력의 승부처가 될 것이라는 이 회장의 1996년 신년사를 확실하게 입증한 셈이다.

그가 디지털시대의 새로운 지표로 디자인 혁명을 내세우며 디자인 경영을 선언한 지 10년이 되는 2005년 4월 14일 지금까지 세계 일류 제품을 만들어내는 성과는 일부 있었다. 그렇지만 초일류 브랜드로 자리 잡기 위해서는 디자인 혁명이 필요하다는 판단 아래 이탈리아 밀라노에서 이 회장 주재로 '제2의 디자인 혁명 선포식'을 열었다. 그 자리에서 다음과 같은 4가지 전략이 발표되었다.

첫째, 독창적인 디자인과 유저 인터페이스 구축, 둘째, 우수 디자인 인력 확보, 셋째, 조직적이고 자유로운 조직문화 조성, 마지막으로 금형기술 인프라 강화가 그것이었다.

제 2 디자인혁명의 핵심전략은 단순히 제품의 모양과 기능을 차별화하는 것이 아니라 트랜드를 선도하는 상징성을 갖는 디자인 창조인 아이코닉(Iconic)디자인에 의한 차별화였다. 이를 위해 유명 디자인 디자이너와 협력을 맺고 생활가전 총괄 금형팀과 생활가전 총괄 가전연구소에 금형디자인그룹을 신설하였다. 그리고 디자인경영센터와 디자인 혁명을 이끄는 두 두뇌집단, 즉 세계 6개국 6개 도시 미국

LA, 영국 런던, 일본 도쿄, 중국 상하이, 이탈리아 밀라노, 인도 노이다에 있으며 각국의 문화차이를 기반으로 한 디자인 역량강화에 주력하고 있는 해외디자인연구소Global Design Network와, 1995년 설립한 디자인 전문교육기관으로서 미국 뉴욕의 파슨스Parsons와 제휴로 실무위주 교육에 의한 제품 · 시각 · 패션 디자인부문의 창의적 인재를 육성하는 3년 3학기제인 삼성디자인학교sadi: Samsung Art & Design Institute를 중심으로 마케팅과 브랜드 경쟁력을 높일 수 있는 디자인 혁신을 추진했다. sadi는 오늘날 "양에서 질로, 더 나아가 서구의 감성의 벽을 넘자"고 하고 있다.

디자인 혁신의 첫 결실은 천만대 이상의 텐 밀리언셀러로 꼽히는 'T100 휴대폰'이었다. 이른바 '이건희 폰'이라 불린 이 T100은 프리미엄 브랜드로서 삼성의 이미지를 널리 알렸다. 또한 LCD TV시장에서 선두 그룹에 올라설 수 있게 한 보르도TV 시리즈도 모두 이 디자인 혁신의 산물이다.

예컨대, 보르도TV를 통해 디자인의 차별화가 프리미엄을 얻을 수 있다는 사실과 함께 프리미엄 효과가 배가 되려면 생산원가를 낮추는 디자인이 중요하다는 점을 깨달았다. 그리고 제품경쟁력이 이제 디자이너의 아이디어 하나로도 상승할 수 있다는 사실을 확인했던 것이다. 따라서 디자이너의 긍지도 높아졌고 그 만큼 책임감도 커졌다. 보르도 TV 두께를 디자이너들이 세계에서 가장 얇게 80mm로 디자인하였지만 실제 두께는 79mm로, 그 1mm는 엔지니어들의 자존심이었다. 디자인팀의 디자이너들은 기술 부문 엔지니어들의 자존심이 감추어진 그 1mm에 경외감을 표시했다. '보르도'는 삼성전자의 대표 TV제품으로 세계 시장을 누볐고, 이를 발판으로 삼성전자는 세계 TV시장에서 처음으로 1위에 올랐다. '보르도' TV는 시장 판도를 바꾸고 소비자 만족을 끌어올린 점에서 삼성전자 TV 역사의 한 전환점이었다. 이에 따라 '보르도' 디자인은 오랫동안 바라던 삼성전자 디자인의 아이덴티티를 정립하고 그 위상을 높였다.

디자인과 가격의 프리미엄에 의한 차별화 전략으로 성공한 사례는 휴대폰이다.

삼성은 1998년 차별화전략의 일환으로써 기존 제품들보다 10% 더 높은 프리미엄 가격으로 GSM 시장에 진출했다.

새로 바뀐 방식은 GSM이 발전된 GPRS라는 방식이었다. 전력과 비용문제로 노키아나 모토로라 등 많은 휴대폰 제조사들은 CSTN방식을 선택했다. 하지만 삼성은 여기서도 차별화를 시도했다. 과감하게 TFT LCD 패널을 사용하기로 결정한 것이다.

당시 TFT LCD 패널의 가격은 극복할 수 있었지만 배터리 소모가 많다는 문제도 쉽게 해결될 있는 문제가 아니였으나 2003년 업계최초로 TFT LCD 패널을 적용한 폴더 형 제품, 이 제품이 바로 삼성의 첫 텐 밀리언셀러를 달성한 SGH-T100 모델이었다. 후속작인 2004년 SGH-E700, 일명 벤츠 폰으로 불리는 제품 역시 날렵한 디자인과 다양한 부가기능을 앞세워 인기를 얻었고, 결국 삼성의 두 번째 텐 밀리언셀러로 이름을 올렸다. 삼성은 이 두 가지 디자인의 장점만을 녹여 낸 새로운 제품, 즉 슬라이드 방식의 휴대폰을 시장에 선보였다. 이러한 슬라이드 휴대폰 기술은 2005년 SGH-D500 블루블랙 제품을 통해 시장의 인정을 받게 되었다. 그해 블루블랙은 휴대폰의 오스카상이라 불리는 '3GSM 최고 휴대폰'을 수상하면서 제품의 아름다움을 전 세계에 알렸고, 단시간에 삼성의 세 번째 텐 밀리언셀러 제품으로 등극하였다. 이러한 삼성의 치열한 기술 개발과 과감한 투자, 적절한 의사결정은 오늘날 전 세계 휴대폰시장의 트렌드를 주도하는 힘으로 이어지고 있다.

삼성은 혁신적인 제품개발을 위해 '디자인 뱅크 시스템'을 활용하여 시대를 앞서는 디자인을 개발하고 상품생산이 가능한 기술력이 생겼을 때 이를 곧바로 채용함으로 세계시장을 주도하겠다는 전략을 실행하고 있다.

삼성의 디자인 실력은 이제 세계적인 수준이다. '독창성 제로'라는 놀림을 받던 삼성은 애플을 제치고 디자인 최강의 자리에 올랐다. 그 증표가 미국의 '세계디자인공모전IDEA', 독일의 'iF'와 '레드 닷' 등 세계 3대 디자인 공모전을 휩쓰는 글로벌 톱 수준의 디자인 회사로 성장했다.

예컨대, 1997년부터 2006년까지 IDEA에서 35건의 디자인상을 수상했고, iF디자인 어워드에서 25개 제품이 상을 받아서 2006년에 가장 많은 수상작을 냈고, 제2의 디자인 혁명 후는 2008년에는 레드 닷 디자인 어워드Red Dot Award에서 삼성디자인학교가 14개의 최다 수상작을 냈다. 드디어 2011년 7월 4일 현재 iF 심사위원회가 평가하는 세계디자인 기업 랭킹에서 당당히 1위를 차지 했다.애플은 세계6위

• **제품 브랜드brand 가치 제고에 따른 제품혁신**

월드 베스트 제품이나 브랜드 가치 제고 전략은 제품혁신에 직접

적인 관련은 없지만 월드베스트 제품이나 브랜드 가치 제고를 위해서는 제품혁신이 선행적으로 이루어져야 하기 때문에 제품혁신의 목적이자 동기가 된다.

이 회장이 소년 시절부터 일류에 대한 집착은 초일류기업의 비전을 제시케 하였고, 삼성 新경영에서 핵심전략의 하나로 발전된 것이 제품과 서비스의 월드베스트이다. 각 분야에서 1등을 할 수 있는 제품이 아니면 경쟁에서 이길 수 없다는 이 회장의 신념에 따라 사업부별로 한 개의 명품을 만드는 작업에 착수했다. 삼성의 월드베스트 전략이 의욕적으로 추진될 수 있었던 것은 1992년 메모리 반도체의 시장점유율이 세계 1위를 달성하면서 얻은 자신감을 기반으로 하고 있다. 제일모직이 월드베스트로 키운 양복지 '란스미어'도 당시 화제를 불러일으켜 세계 최고급 백화점인 영국 헤롯을 비롯해 이탈리아, 미국 등 선진 백화점에서 대대적인 전시회도 가졌다. 이 월드베스트 전략으로 삼성은 오늘날2009년 기준 Color TV LCD TV, LED TV, 플랫패널 TV, 3DTV 각각 1등, 반도체 D램, 반도체 S램, 모니터, DDI, Chip Card, Media Play용 IC, 대형LCD패널, 와이브로, LFD정보형 대형 모니터 등 세계 1위의 월드베스트 제품을 21개나 갖고 있다. 삼성제품의 글로벌 점유율은 TV 22%,모니터 17.8%, 휴대폰 19.9%, PC 2%, D RAM 33.6%, Nand Flash 40.6% HDD 12%, LCD패널 27%를 점하고 있다.2009년 기준

브랜드는 원래 앵글로색슨족이 그들의 가축에 달군 인두로 낙인을 찍는 것에서 유래되었다.

1996년 8월 16일 사장단과 비서실 팀장급 등의 삼성 수뇌부 60여 명은 신라호텔에 모였다. 그 자리에서 이 회장은 "다가올 21세기는 브랜드가 경쟁의 핵심이 되는 소프트웨어경쟁시대인데, 사장들이 광고 카피나 고치고 있으니 될 말입니까? 브랜드나 광고는 전문분야입니다. 전문가에 맡겨 삼성의 이미지를 높일 전략을 짜도록 하시오!" 라는 지시와 함께 '미래 사업인 통신부문 부터 협상할 것을 독려했다. 그로부터 전 세계에 삼성의 이름을 포지셔닝할 준비가 착착 진행되었다. 그 첫 작품이 1998년 모토로라를 제치고 나가노동계올림픽, 2002년 시드니올림픽, 2008년 베이징올림픽에 이르기까지 올림픽의 후원은 물론 무선통신을 모두 책임지는 역할을 하면서 스포츠를 통하여 짧은 시간동안에 브랜드 가치를 제고하는 데에 성공하였다. 뿐만 아니라 유럽인들로부터 사랑을 받고 있는 영국 프리미어 리그의 정상급 축구팀인 '첼시' 선수들은 오늘도 SAMSUNG의 로고를 가슴에 달고 종횡무진 달리고 있다

한편, 삼성전자 냉장고 사업부는 외산 브랜드에게 한국의 안방 시장이 잠식당하는 것을 마냥 지켜만 볼 수 없어 급기야 '프리미엄 전략'이라는 매직 지팡이를 꺼내들었다. 그것은 국내 가전 최초로 '프리미엄' 냉장고를 출시, 새로운 시장을 개척하겠다는 내용이었다.

"외산 제품에 대한 소비자 불만 1위가 '소음'입니다."

미국산은 한국의 주거문화에 맞춘 냉장고가 아니었다. 용량이 크고 견고하다는 특징이 있지만 반면에 높은 가격대, 소음 문제, 큰 전력소비량, 그리고 내 외부 구성의 디자인에서 아직 국내 소비자의 기

대치를 충족시키지 못하고 있었다. 이런 분석 끝에 냉장고 사업부에서 내린 결론은 '한국형' 냉장고 개발이었다. 냉장고 사업부는 국내 최초 프리미엄 냉장고의 가격을 외산 제품의 70% 수준인 200만 원대로 책정, 국내 최초의 양문형 고급 냉장고 개발에 자그마치 100억원을 투자 했다. 냉장고에 붙일 애칭은 우여곡절을 겪은 뒤에 '지펠'이라고 정했다. 외산업체는 지펠의 쾌속질주에 제동을 걸만한 특허도용 꼬투리를 발견하지 못했다. 지펠은 출시 3개월 만에 월간 판매량 2천대로 치솟으며 고급냉장고 시장점유율 50%돌파를 기록했고, 6개월이 지나자 월간 6천 대로 수직상승하며'양문형 냉장고 최고 브랜드'에 올라섰다.최지성, 2010, 156-160

생활가전 영역은 디지털 커버전스로 확대되면서 홈 네트워크 시스템 등 최근 급성장하고 있는 IT분야와 융합할 수 있는 여지도 크게 늘었다. 생활가전 분야의 경쟁력이 원가절감과 초기 브랜드인지도에 의해 결정된다는 말은 그야 말로 옛날 얘기에 불과했다. 따라서 삼성전자 생활가전 사업부는 생활 가전의 브랜드 통합을 시작 했다. 통합 브랜드의 이름은 독일어로 '생활의 중심'을 상징하는 '하우젠HAUZEN'으로 선정했다. 앤티크Antique 인테리어의 유행으로 월넛Walnut컬러가 각광받기 시작하면서 화이트 컬러의 냉장고가 오히려 집안 분위기를 해치는 기현상이 발생한 것을 먼저 알아차린 것이었다. 하우젠 김치냉장고의 뒤를 이어 2002년 10월에는 하우젠 드럼세탁기가 출시됐으며, 2003년 1월에는 하우젠 에어컨을 사장에 출시했다. 소비자들은 하나의 브랜드로 속속 이어지는 가전제품을 지켜보며 '프리미엄' 이미지를 수용했다. 이제 '삼성'은 세계적인 브랜드로 성장했고, 2009년부터 '파브'를 '삼성파브'로 사용하기 시작했다. '지펠', '하우젠', '애니콜', '매직스테이션', '센스' 등 삼성전자가 사용해왔던 서브브랜드들도 마찬가지다. 이들 서브브랜드들은 삼성이 글로벌 브랜드로 성장하기까지 미리 국내시장에서 프리미엄 브랜드로 도약하는 데에 기여했다.최지성, 2010, 161-166

브랜드 컨설팅 업체인 브랜드 파이낸스는 2011년 세계에서 가장 가치 있는 브랜드 500 개를 선정한 결과 인터넷검색 구글이 443억 달러로 1위, 삼성이 215억 달러로 18위에 올라 2010년도 23위에 비해 5단계나 상승했다. 이는 매년 기업의 현재 가치와 미래 현금 흐름, 고객의 브랜드 충성도 등을 종합평가해 순위를 매긴다. LG는 58억 달러로 168위이다 또한 국제 브랜드 가치조사기관인 인터브랜드의 '2011년 글로벌 100대 브랜드'2011년 10월 4일 발표에 따르면 이 같은 삼성의 브랜드가치 제고전략의 성과는 2010년에 195억 달러로 19위에서 234억 달러17위로 20%나 상승했다. 삼성전자는 스마트폰과 태블릿 PC를 비롯한 모바일IT분야 선전에 힘입어 소비가전부문에서 세계 2위 자리를 지켰다. 그러나 12년전인 1999년 삼성의 브랜드 가치는 32억 달러로 100등 안에도 못 들었다.

이건희의 혁신을 촉진한 1997-1988년의 외환위기

삼성은 1993년 新경영 선언에도 불구하고 외환위기 이전에는 정치·경제·사회적 여건 탓에 본질적인 구조조정을 실시하는 데 한계를 보였다. 그러나 1997년 외환위기를 맞은 해 12월, 삼성 영빈관 승지원에서 세계적인 투자회사인 미국 골드먼삭스의 존 코자인 회장 일행에게 이건희는 "삼성전자와 핵심전자 계열사, 삼성생명을 제외하고 그 어떤 회사를 처분해도 좋습니다", "우리 회사를 분석하고 값을 매겨 원매자를 찾아서 처분까지 해주시오. 모든 것을 위임합니다."라고 말했다. 삼성전자와 삼성생명을 제외한 모든 계열사가 구조개혁의 대상이 된다는 점을 분명하게 밝혔다. 이 회장의 구조조정 방식을 세간에서 '선상투하船上投下식 구조조정'이라 했다. 재무구조 개선에 초점을 맞추어 이익과 경쟁력이라는 원칙에서 벗어나면 모두 구조조정 대상이 되었다. 이 회장이 사재를 털어 인수했던 부천의 반도체 공장마저도 매각 결단을 내린 상황이었기에 모든 것을 원칙대로 실행할 수 있었다. 질 경영을 엔진으로 외환위기 터널을 무사히 통과하기 위해서 구조조정 및 기업지배구조 개선, 회계의 투명성, 능력주의 인사, 연봉제, 스톡옵션 등 지금까지 지지부진하던 개혁을 외환위기의 위기감으로 저항 없이 순조롭게 실행할 수 있었다. 그간 65개에 달하던 계열사를 45개로 축소하고 총 236개 사업을 정리했으며 분사와 매각 등을 통해 16만 7,000명에서 11만 5,000명으로 5만 2,000여 명(35%)에 이르는 인력을 감원하고 부채비율도 366%였던 것을 1999년 말에는 166%로 줄였다. 이 같은 뼈를 깎는 구조조정 결과 삼성은 2000년 한 해 동안엔 60년 간 이익의 2배가 넘는 15조원의 이익을 얻을 수 있었다.

이건희 앙트러프러너십의 실행을 돕는 "미래전략실"

미래전략실과거 회장 비서실은 종래의 기구를 일원화 하여 자연스러운 운영을 하기 위해 만들어졌으며, 그룹에 현대적 경영혁신기법을 도입하고 적용을 도모하는 통로와 같은 역할에 비중을 두었다. 이 같은 취지를 살려 과거 비서실 시절부터 사원공채제도, 인사고과제 등의 근대적 경영제도 도입에 착수했고 회장의 철학을 구현하고 경영 선진화를 주도하는 역할을 하였다. 즉 선대 이병철회장의 비서실이 "비서실은 회장과 같이 사고함으로써 회장의 철학과 마음자세 등 기본에서부터 모든 일에 이르기까지 회장의 이상을 구현해야 한다."는 설치목적 아래 회장의 가치관과 신념을 철저하게 공유하고 회장과 일체감을 형성하며 회장의 철학을 구현하는 역할을, 그리고 그룹의 통일성과 일체감을 형성하는데 중추적 역할을 이건희 회장 취임 이후에도 변함없이 수행하고 있다. 그리고 명칭은 이건희가 회장에 취임 이후도 비서실로 있다가 구조조정본부1999년, 전략기획실(2006년), 미래전략실2010년로 바뀌었다.그러나 의전만을 담당하는 곳이 아니라 참모(관리, 운영, 작전, 용병, 복지)조직으로서 정보수집과 분석, 기획조사, 기획, 재무, 인사, 감사, 국제금융, 기술, 비서, 정보시스템, 홍보 등을 담당하여 왔다.

이건희 기期의 비서실 변천사는 비서실조직이 강해지면서 생기는 비효율과 자율경영이 강조되던 1991년부터 축소되기 시작, 1998년 인사, 재무, 기획 홍보, 비서, 경영관리 등 5개 팀 100명으로 감축되었다. 그리고 그 이듬해 1999년 비서실제도를 폐지, 구조조정본부로 그리고 2006년 전략기획실로 명칭이 바뀌었다. 그러나 이 제도는 계열사의 부당지원 등의 논란으로 2008년 4월로 폐지되었다가, 2010년 12월 다시 '미래전략실'로 부활경영지원팀: 재무, 전략1팀: 전자관련 지원, 전략2팀: 비 전자관련 지원, 커뮤니케이션팀, 인사지원팀, 경영진단팀: 감사 등 6개 팀으로 구성되었다. 그 이유는 그룹경영을 총괄할 조직이 없어 비전과 장기적인 목표를 세우고 선도적으로 추진하는 시스템이 작동할 수 없음으로 선견先見이 살아졌고, 기업운영과 정책에 대한 정부의 간섭이 끊이지 않아 기업의 창의적인 발전을 저해하고 있는 현실과 급변하는 세계 변화에 빠르게 대응해야 한다는 점들을 고려해 사기업의 자율에 맡기자는 여론이 비등했기 때문이다.

이건희의 삼성이 2000년대 들어 도약할 수 있었던 것은 회장의 앙트러프러너십을 실천할 수 있도록 계획을 수립하고 추진하는 컨트롤 타워 역할을 담당한 전략기획실오늘날 미래전략실이 있었기 때문이다.

삼성에 '조직능력'(Organizational Capabilities)은 형성되었는가?

5

삼성에 '조직능력'은 형성되었는가?

챈들러의 '조직능력 모형'

경영력經營力: management power**의 모형**

세계적인 경영사학자인 고 챈들러Alfred D. Chandler, Jr교수는 경영사학에 빛날 불후의 3대 명저 *Stratgey and Structure*1962, The MIT Press, *The Visible Hand*1977, Harvard University Press, *Scale and Scope*1990, Harvard University Press를 남겼다. 그의 마지막 저서인 "SCALE and SCOPE"는 미국, 영국, 독일의 200개 기업주로 제조기업이 100년간에 걸친 조직능력organizational capabilities의 발전을 국제비교경영사 관점에서 고찰한 대저이다. 그의 분석 결과는 기업이 발전할 수 있는 것은 조직능력으로 경쟁 우위를 갖기 때문이라는 것이다. 여기서 "조직능력16)은 기업이 경쟁 우위를 갖도록 사람을 경영하는 능력이다."

그렇다면 지난 72년간 기업가 이병철 · 이건희에 의해 삼성에도 기업을 발전시킬 수 있는 경영력經營力: management power인 "조직능력"이 과연 형성되었는가를 챈들러 모형을 빌어 검증해 보기로 한다. 그

16) 중요요소는 공유의 마음가짐shared mindset, 경영실천management practices, 변화능력capacity For change, 리더십leadership이다. 조직능력기업능력은 수확체증을 실현, 시장에서 경쟁우위를 갖는다는 것을 의미한다.

것만이 삼성의 눈부신 발전의 원인을 밝힐 수 있고 앞으로도 지속 가능한 발전이 가능한가를 예측할 수 있기 때문이다.

챈들러Chandler, Jr.,1990, Chpt. I는 역사적으로 규모와 범위의 경제를 향유할 수 있게 된 기업들은 신기술을 채용한 대규모 제조공장이 소규모 제조공장보다 낮은 단위코스트로 생산할 수 있었기 때문이라고 했다. 이들이 새로운 생산기술을 갖고 코스트 상 우위를 획득하기 위해서 기업가는 세 가지 상호 관련된 투자를 해야만 했다. 첫째는 기술을 가진 잠재적인 규모 내지는 규모의 경제를 충분히 이용할 수 있을 정도로 대규모적인 생산설비에의 투자. 둘째로 전국적으로 더 나아가 세계적인 마케팅·유통망에의 투자였다. 그 목적은 새로운 생산량을 판매가 대응할 수 있도록 하기 위해서였다. 끝으로 이들 두 종류의 투자로부터 충분히 이익을 얻기 위해서는 기업가는 경영management에도 투자를 해야만 했다. 즉 그들은 생산과 시장에서 대형설비나 증가된 인원을 관리하기 위해서만이 아니라 생산과 시장의 기본기능 활동을 감시 · 조정하고, 미래생산과 시장유통을 위하여 계획을 입안하고 자원을 배분하는 역할을 하는 경영자를 채용 및 훈련해야만 했다. 근대 산업 기업들이 성립하기까지에는 이같이 생산 · 시장(유통) · 경영의 3가지에 투자를 해야만 했다.

이와 같이 기업을 최초로 창업한 기업가first mover는 강력한 경쟁상의 우위를 획득했다. 그들이 활동하고 있는 산업에서는 금방 과점이 되었다. 즉 소수의 선발기업first mover에 의해서 산업이 지배되었다. 이들 기업은 해당 산업에 진입하는 도전 기업이 거의 없었기 때문에 가격을 통한 경쟁은 하지 않았다. 그 대신 그들은 기능상 및 전략상의 유효성을 개선하기 위해서 시장점유율이나 이익을 둘러싼 경쟁을 전개했다. 이들은 제품, 제조방법, 마케팅, 구매 그리고 노사관계를 개선해서 기능적으로 경쟁하고 또한 성장시장에서 경쟁기업보다 신속히 진출하며 쇠퇴시장으로부터 신속히 효과적으로 퇴출하는 등 전략적으로 경쟁했다. 시장점유율과 이익을 둘러싼 경쟁은 기업의 기능적, 전략적 능력을 연마하게 했다.

다음으로 이들의 조직능력은 기업의 계속적인 성장을 위해서 내적인 요인이 되었다. 특히 조직능력은 기업의 소유자나 경영자가 국내시장에서 보다 엄격한 해외시장에 진출하여 다국적 기업으로 성장하게 되었다. 조직능력은 또한 기업이 자기시장 이외의 시장에서 경쟁력을 가진 제품을 개발함으로써 다각화 하고 복수제품기업이 되도록 촉진하였다. 신기술이 규모와 범위의 코스트 상 우위를 가진 기업이라면 소유경영자가 아닌 봉급경영자가 당면의 업무활동이나 장기적인 성장과 투자에 관한 의사 결정을 행할 수 있게 되었다. 그들의 의사결정은 그들이 활동하고 있는 기업 또는 그 기업이 속하고 있는 산업의 경쟁력 및 성장력을 결정했다.

이를 요약하자면 규모와 범위의 경제를 이용하여 기술혁신과 시장혁신을 하고, 생산과 시장과 경영에 대규모 투자함으로써 조직을 혁신, 즉 기업의 조직능력management power으로 경쟁우위를 가짐으로 기업은 지속적으로 발전한다는 것이다. 여기서 혁신은 기술과 시장 변화에 구체적으로 대응해서 생긴다. 기술을 기업화 하는 것이 기술혁신이고, 새롭게 출연한 시장에서 기회를 이용하는 것이 시장유통혁신이다. 종래로부터 기술혁신은 기술개발technology push, 또는 수요창출demand pull에 의해서 야기된다. 기술진보가 수요를 낳고, 시장이 기술개발의 계기가 되기도 한다.

시장혁신은 새로운 시장에 적응, 제조기업 전후방통합유통기업의 좁은 의미의 유통혁신, 틈새시장개척, 지리적 시장 확대, 지역 확대, 전국시장, 해외진출 등이고, 최대의 시장변화는 기술혁신에 의한 신제품시장 창출이다. 이렇게 기술혁신, 시장혁신을 한 후, 생산과 시장과 경영경영자원 배분을 위해 경영자의 채용, 훈련에의 투자에 대규모 투자하여 기업내부에 조직화된 물적 설비와 인적 스킬skill, 제도와 결합조직혁신으로 조직능력top, middle, low 경영계층 조직 확립으로 조직혁신확립을 갖는 선발자first mover야 만이 확고한 경쟁우위를 구축, 지속적인 기업경영발전을 가능케 한다는 것이다. 이를 모형화하면 〈그림 13〉이 된다.

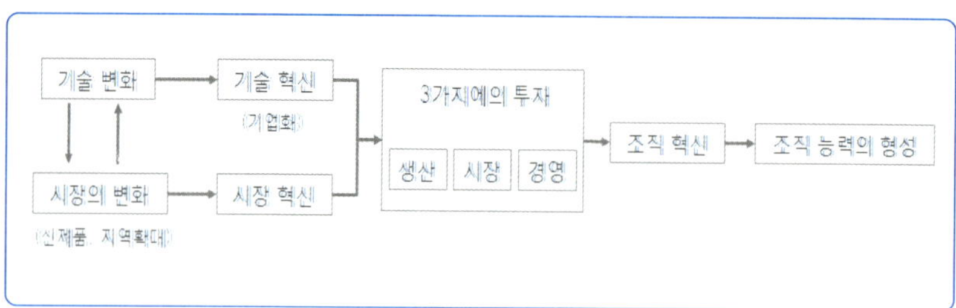

출처 : Alfred D. Chandler, Jr., 1990, *Scales and Scope*: Dynamics of Industrial Capitalism, Harvard University Press. Chapt. I (김영래, 2005b)참고 재작성

〈그림 13〉 챈들러의 조직능력 형성 모형

삼성에의 챈들러 모형 적용

과연 삼성에 조직능력은 형성되었는가?

챈들러 모형은 원래 단일 제조 기업을 대상으로 하고 있고, 기술혁신을 통한 선발자 기업first mover에 적용되는 모형이라는 점에서 삼성 이병철의 경우, 여러 기업을 창업, 성공적으로 발전시켰기에, 다음과 같은 두 가지 전제하에 삼성의 경쟁력 원천인 조직능력의 형성과정을 살펴보기로 한다.

첫째, 한 기업이 아니라 삼성 그룹의 30여개 기업 중, 초창기 이른바 삼성그룹 형성에 캐시 카우cash cow로서 원동력이 되었던 제일제당, 제일모직과, 한국비료 오늘날 세계제일의 IT기업이 된 삼성전자, 그리고 제조업은 아니지만 삼성 그룹의 모기업으로 이병철 경영의 발원지며 해외 시장 확대로 그룹의 시장혁신을 담당한 삼성물산을 중심으로 적용 하고자 한다.

둘째. 미국, 영국, 독일의 선발자기업과 같이 스스로 개발한 기술혁신이 아니라 후진국 후발기업인 삼성으로서는 선진기업으로부터 기술을 합작joint venture 또는 기업 간 제휴corporate alliance에 의해 혁신기술을 도입, 한국에서 처음으로 기업화했다는 의미에서의 기술혁신을 전제로 고찰 하고자 한다.

그러나 이건희의 삼성의 경우에는 그룹의 주력 기업인 삼성전자를 중심으로 사례분석함에 어떠한 전제도 필요치 않다.

■ 삼성의 기술변화혁신 : 기술 기업화에의 투자

래빗T. Levitt이 "마케팅 발상법"에서 기술상의 혁신 신제품 분류를, (가) 세계에서 제일 처음 개발된 신제품, (나) 타 업계는 존재하지만 자기가 속하는 업계는 처음인 신제품, (다) 타국 동 업계에는 존재하지만 자국에서는 처음인 신제품, 3가지로 나누고 있다. 그러나 (가), (나)의 경우에는 혁신이라 할 수 있지만 (다)의 경우 자국에서는 기술혁신이라 할 수 있지만 엄밀한 의미에서 혁신이 아닌 세계적인 창조적 모방creative imitation이다. 후발국의 후발기업인 삼성으로서는 외국의 기술을 도입해서 기술 수준을 높여 왔다. 이병철의 경우도 예외가 아니었다. 그러므로 (다)형의 기술혁신을 기업화 했다.

이병철의 경우는 1953년 제일제당이 일본의 다나카田中플랜트를 도입, 기계조립에는 기술제휴업체인 다나카기계田中機械의 기술자들이 조립키로 되어있었으나 정부의 배일정책으로 입국이 금지되어 설계도면을 국제 전화를 통한 설명만으로기술을 이전 받아 조립에 성공, 설탕을 외제의 3분의 1가격으로 보급하였다.

1954년 설립한 제일모직은 서독 스피바우spinbau사의 기술제휴로 골덴텍스라는 양복지를 생산 영국제와 일본제 양복지를 국내에서 축출하고 양복지의 본고장인 영국에 까지 수출하게 되었다. 1967년 3월에 완공된 한국비료공장은 4,390만 달러의 차관을 도입하여 연간 36만톤을 생산하는 세계 최대의 비료공장을 일본의 미쯔이三井의 기술원조로 건설하여 한국 비료시장의 절반 이상을 장악하였다. 전자 부문에의 진출은 미국이나 일본 기업 보다 늦어 자연히 기술개발도 뒤쳐질 수 밖에 없었다. 이를 타개하기 위해 합작Joint Venture방법을 선택했다. 삼성전자는 1969년 12월에 일본의 Sanyo전기와 합작으로 삼성Sanyo주식회사를 설립 한국 최초로 TV를 수출하고, 1970년 1월에는 일본전기NEC와 합작으로 진공관과 흑백브라운관을 제조하는 삼성NEC주식회사를, 1973년 미국의 코닝Corning Glass Company과 합작으로 이화학 유리를 제조하는 삼성코닝주식회사를, 미국의 GTE사와 합작으로 사설구내교환기를 제조하는 삼성GTE통신 등을 세워 합작기업으로부터 기술을 전수받아 발전했다. 삼성이 Sanyo전기와 NEC로부터는 기술연수생을 6개월씩 보내 매일 야근을 하며 그날 배운 내용을 집단복기集團復棋로 일본으로부터 기술을 배워왔다.

한편 1969년에 세운 삼성전자는 1970년 3월부터 부분적으로 준공, 발족한지 9년만인 1978년 흑백TV수상기 400만대를 생산하여 일본의 마쯔시타 전기를 제치고 1981년에는 1천만대를 생산하여 세계 최고의 기록을 수립, 흑백 TV에서 일본과 미국을 능가하는 기업으로 성장하였다.

오늘날 삼성전자의 반도체 부문은 1977년 12월 한국반도체주식회사를 인수하여 삼성반도체주식회사2년 후 삼성전자에 합병됨설립하였다. 1983년 2월 8일 이병철은 반도체산업에 진출한다는 도쿄선언을 발표하고 그리고 미국 현지법인 트라이스타는 아이다호 주州 보이시Boise에 있는 마이크로 테크놀로지사社로부터 64KD램, 256KD램, 1MD램 등의 기술을 도입했다. 또 인텔사로부터 마이크로컴퓨터 기술을 제공받았으며, 내셔널 세미콘덱터사로부터 '세미 커스텀' 반도체기술까지 제공받았다. 이로서 삼성은 64KD램을 개발했다. 1985년 1월에는 256KD램을 개발, 세계를 한 번 더 놀라게 했다. 이 양 D램 개발 투자비만도 6,500억 원에 달했다. 반도체는 장치 산업으로 한 라인을 건설에도 1조원 이상이 투자되는 사업이었다. 초창기 1,200억의 적자를 감수하면서 그룹에서 번 돈을 모두 반도체에 투자했어도 삼성반도체통신의 부채비율은 825%에 달했지만 이병철은 계속 투자하였다. 1986년에는 드디어 2,800억원을 투자해 1MD램을 독자적으로 개발했다.1987년 삼성의 메모리 반도체 세계시장 점유율은 2.8%로 순위는 9위였다. 이렇게 해서 삼성은 7, 8년이나 뒤진 기술 격차를 2, 3년으로 좁혀놓았다.

그 결과 삼성은 1993년이후 세계 제일의 메모리반도체 생산 기업 1위가 되는 기틀을 마련했다. 그 밖에도 합작기업으로써 전자제품을 제조하는 삼성산요파츠, 1985년 삼성유나이티드항공, 삼성데이터 시스템 등이 있다.

이병철은 예컨대, 1982년부터 1986년까지 모두 4,600억 원을 기술 개발R&D투자, 1975/78년 3.6%, 1983/86년 9.6%에 투자하였고, 특히 1986년의 기술 개발 투자액 2,200억 원은 삼성의 제조 회사들이 같은 해에 올린 매출액의 4%에 해당했으며, 이는 국내 제조 회사의 평균치인 1.9%를 훨씬 상회하는 숫자였다. 그리고 장기적인 안목에서 고급 기술 인력을 양성하기 위해 삼성종합기술원을 설립했다. 이 같이 막대한 기술 혁신에 대한 투자는 신사업, 신제품 시장을 개척할 수 있었고 그 성과는 다음과 같이 나타났다.

제일 먼저 정당精糖, 1954년 생산, 소모사 양복지1955년, 브라운 진공관1970년, 시계용 · TV용 IC1975년, 흑백 유리벨브1975년, VTR · 전자레인지1979년, 야시경夜視境, 1979년, PTA1980년, 제트 엔진 조립1981년, X레이 필름1983년, PC1983년, 8미리VTR1983년, 마이컴1983년, 64KD램1983년, 제트엔진 부품1983년, 256KD램1984년 등의 제품들을 생산, 시장에 내놓을 수 있었다.

이건희가 회장으로 취임한 이후에는 1988년 삼성전자와 삼성반도체를 합병 한 시너지효과로 반도체 개발에 박차를 가할 수 있었고 1993년 세계 메모리 시장에서 1위를 달성, 세계를 제패했으며, 속속 후속 제품이 개발되었다. 이건희의 3대 주력 품목인 메모리, LCD, 휴대폰 분야에서 삼성은 눈부신 결과를 가져왔다. 또한 1994년 256M D램, 2002년 업계 최초 300mm 웨이퍼에서 D램 양산 개시, 2005년 세계 최초 SSDSolid State Drive 개발, 2009년 세계 최초 40나노 DDR3 D램대량 생산을 하게 되었다.

뿐만 아니라 THT-LCD 분야에서도 2002년 세계 THT-LCD 시장 M/S분야에서 1위, 2005년 82인치LCD개발, 세계 최대 40인치 OLED 개발에 성공, 2006년 세계 최초 70인치 FHD LCD개발, 2009년, 초슬림 LED TV용 LCD패널 양산, 2010년 3D TV용 240Hz LCD 패널 업계 최초 양산하였다.

또 하나의 주력 품목인 휴대폰에서도 1988년 자체 개발 휴대폰 SH-100개발, 1996년 세계최초 CDMA 상용화, 세계최초 CDMA SCH-100폰 개발, 2004년 세계최초 500만 화소 카메라 폰 SCH-S250 출시, 2010 슈퍼스마트폰 갤럭시 S, 타블렛 PC, 갤럭시 탭을 출시하였다.

이건희 취임 22년간 메모리분야, TFT-LCD 분야, 휴대폰분야에서 앞서 기술한 세계 최초의 제품을 생산할 만큼 기술 혁신에 개가를 이루어 D램 분야는 1993년 이후 부동의 1위를 지키고 있고, TV분야도 2002년 SONY를 제치고 1위를, 휴대폰 분야는 모토로라를 제치고 노키아 다음의 2위를 차지할 만큼 기술 혁신을 거듭한 결과 2010년 말 매출액 면에서 삼성은 휴렛패커드를 제치고 세계 제일의 IT 기업이 되었다.

■ 삼성의 시장 변화혁신와 그에 대한 투자

1938년 지방의 작은 상회로 시작한 삼성그룹사는 1987년 말 유럽, 아프리카, 중동, 북미, 오세아니아, 아시아, 중남미 등 전 세계에 현지법인 16사, 지점 129점, 지사 8사, 판매법인 3사, 합작회사 1사, 생산법인 2사로 해외거점을 확대하며 활발하게 시장변화를 전개하여 왔다.

초창기 이병철은 지방 대구에서 시작해 전국 그리고 만주와 중국, 홍콩과 싱가포르 등 동남아시아로 시장을 확대하며 시장의 변화를 가져왔고 업종의 다각화를 통해 시장을 변화시켰다. 예컨대, 이병철은 1938년 5월 1일 자본금 3만 원圓으로 삼성상회를 창업, 대구에서 생산되는 청과류와 포항의 건어물을 만주와 중국으로 수출하는 일로부터 시작하였다. 그리고 수도인 서울로 진출 삼성물산공사를 설립하여 당시 물자부족에 대처하기 위해서는 무엇보다도 무역업이 중요하다는 판단 하에 무역상으로 출발했다. 무역대상국은 홍콩, 싱가포르 등 동남아시아로 오징어, 한천을 수출하고 면제품을 수입하였다.

사업이 무역업에만 머무르는 데서 오는 한계를 느껴, 당시 한국 상황이 수입대체 생산부문에 주력하는 것이 첫길이라는 확신을 얻어 우리나라 최초의 현대식 제조업인 제일제당공업주식회사를 1953년 4월, 자본금 2천만 환圜으로 설립하며 업종의 다각화를 시작하였다. 그리고 1954년 9월 15일 불입자본금 2천만 환圜을 투자하여 제일모직공업 주식회사를 설립하고 공장을 건설하려 할 때 "미국의 전문가들이 한국의 기술로는 어렵다면서 모직공장은 적어도 24개 항목의 준비가 완벽해야 한다고 하기에 이병철이 48개 항목에 걸쳐 미리 준비해 놓은 메모를 보여주었더니 아무 말도 못했다고 했다."고 하였다. 한국 역사상 처음으로 서독 기계시설을 제일모직에 도입하여 우리 기술진의 노력으로 가동시켰다.

그러나 무엇보다도 이병철의 시장변화혁신의 선봉장은 삼성 그룹의 선도기업인 삼성상회로 시작한 '삼성물산'이다. '무역입국貿易立國'을 천명한 정부가 1975년 무역 진흥·확대를 위해 "종합무역상사" 지정 제도를 도입하자, 삼성물산은 그 1호로 지정되었다. 그 때부터 본격적으로 시장과 제품의 종류를 다변화하면서 '라면에서 미사일까지'라는 구호 아래 30여 개 계열사의 제품은 물론 타 사의 제품까지도 전 세계 시장을 상대로 삼성물산의 지사, 지점 등의 유통망 및 정보네트워크를 통해 수출·수입, 3국간무역 등의 활동을 펼쳤다. 그리하여 삼성물산은 그룹 매출액 중 1976년 34%, 1986년 32%를 차지, 실적면에서 거의 줄곧 1위의 자리를 고수했다. 이 종합상사제도는 일본과 한국 밖에 없는 독특한 상업제도이다.

또한 삼성은 협력업체의 효율적인 조직 네트워크를 활용하여 빠른 성장을 할 수 있었다. 1986년 1,156개의 협력업체가 삼성과 3년 이상 협력관계를 맺고 있었으며, 당시 6개 주요계열사는 협력업체와 정기 모임을 통해 상호협력유지와 공동경영규칙 등을 정할 정도였다. 그 같은 네트워크의 형성이 가능했던 것은 삼성이 협력업체에게 첫째 기술지도, 즉 품질경영, 기능훈련소에서 기술연수, 해외 시찰단파견 등으로 품질향상, 원가절감, 생산량증가, 기술개발, 시설의 합리화를 이루게 해줬고, 둘째 자금지원, 즉 삼성물산은 산업 합리화 자금, 삼성전자는 협력회사에 정부 지원 자금을 직접 보증하는 방법으로 지원을 했으며, 셋째 경영지도, 즉 세계 각처에 주재하고 있는 해외 지점망을 통해 협력회사에 정보를 제공하며 세계안전규격취득을 지원 뿐만 아니라 세미나, 관리자교육, 경영상담 등을 지원했기 때문이다.

1987년 11월 29일 이건희 회장이 취임 한 이후 21세기 초일류기업의 달성이라는 그의 캐치프레이즈에 걸맞게 글로벌화를 적극 실천하면서 시장을 혁신하고 있다. 특히 BRICs 시장을 공략하여 대성공을 거둠에 따라서 라이벌 SONY를 따라 잡을 수 있었다. 오늘날 삼성그룹은 세계 63개국 249개 해외사업장에서 거점을 가지고 활동하고 있다. 예컨대 아시아, 오세아니아 지역은 중국, 인도, 사우디를 비롯하여 24개국 120개 사업장, 미주지역은 미국, 브라질을 비롯하여 10개국 41개 사업장, 유럽지역은 독일, 영국, 러시아를 비롯하여 20개국 65개 사업장, 아프리카 지역에 남아공, 알제리아를 비롯하여 9개국 15개 사업장에 이르는 네트워크를 형성 전 세계 시장을 커버하고 있다.

■ 삼성의 경영management에 대한 투자

이병철은 인재제일을 경영이념으로 하고, 인간을 존중하고 개인의 능력과 적성에 따라 적재적소와 공정인사를 실현함으로써, 그것이 개인과 사회 발전의 원동력이 되게 한다는 신념 아래 먼저 공정한 방법으로 우수한 인재를 모으는 제도로 공개채용사원모집제도를 1957년 1월 한국 기업 최초로 실시하였다. 이병철은 신입사원 면접 때 반드시 직접 참여하였고, 그의 평가 기준은 모나지 않고, 용모단정한 사람, 평범한 사람이었다. 이렇게 뽑은 사원은 1957년부터

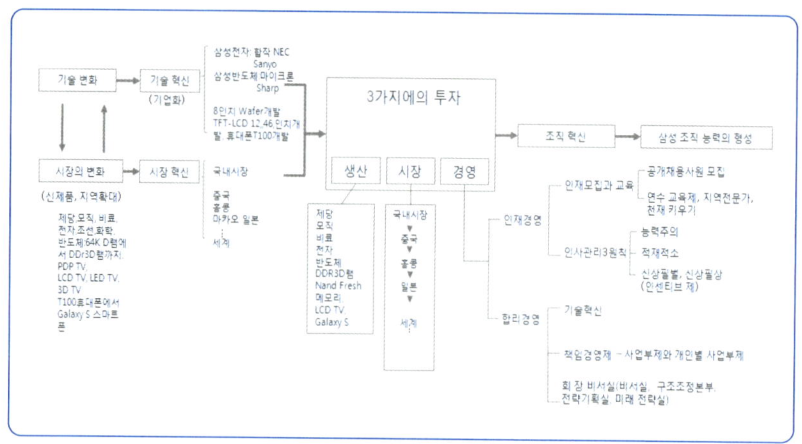

〈그림 14〉 삼성의 조직능력형성 모형

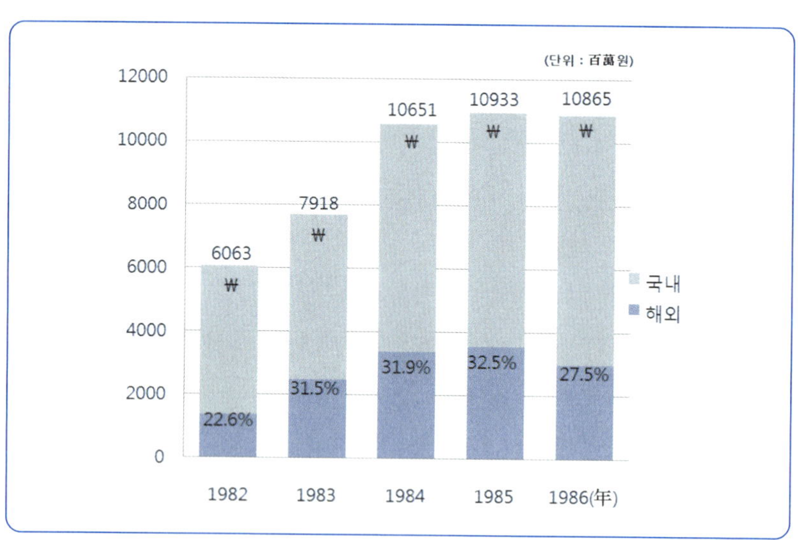

출처 : 삼성 50년사

〈그림 15〉 교육투자비 추이(1982~1986)

1986년도에 대졸사원 16,736명이, 그리고 1978년부터 1986년도에 전문대 및 고등학교졸업사원 19,062명이었다. 이들은 보통 50:1의 경쟁을 뚫고 들어온 우수한 인재들이다.

이렇게 채용한 인재를 다시 기업에 맞게 그리고 삼성의 미래를 책임질 수 있게 육성하기 위해 이병철은 특히 인재교육에 과감하게 막대한 투자를 하였다.

이병철은 1971년 국내 최초로 연수원을 지었고, 1982년에는 용인에 종합연수원을 건립하였다. 그 시설은 세계 최신 최대로 1일 교육 가능 인원이 9,350명이다. 12개 연수시설은 총 3,710명이 동시 숙박이 가능한 시설이다. 연수과정은 크게 둘로 나누어 그룹 공통으로 실시하는 연수교육과, 사별로 각 사 업무 특성에 맞추어 정기적이고 체계적인 교육을 실시하고 있다. 이병철의 인재에 대한 투자는 매년 1인당 8,000만원이 드는 지역전문가제를 도입, 총 1,600억 원을 들여 2,000명의 사원을 전 세계에 파견하는 등, 사원교육에 투자한 총 비용이 일본기업의 평균 2배, 미국에 3배, 유럽에 4배에 달한다. 예를 들어 1985년도 한 해만 해도 교육연수원의 연계교육 연 인원은 277,000명으로 총 교육비는 109억 3,300만원이었다. 〈그림 6〉 참조

원래 삼성경영시스템의 발원지는 삼성물산이다. 삼성물산공사 때부터 이미 이병철 경영 원천이 되는 대부분의 제도, 예컨대 사원공개모집, 사원 투자제도, 비서실 등이 대부분 삼성물산부터 시작되었고, 제일제당, 제일모직도 삼성물산 개발부의 산물이다 또한 삼성물산이 종합무역상사로써 그룹 산하 계열기업제조업 및 금융기관을 갖는 소위

'콘체르'형 기업집단(재벌)의 요건을 갖추고 1975년 6월에는 상품별 사업부제를 업계최초로 도입하여 각 조직 단위별 책임과 권한을 부여하였으며, 그룹의 해외 마케팅활동을 담당하는 해외지역본부제를 도입하는 등 대부분의 경영management혁신은 물산서부터 나왔다.

이상과 같이 선발되고 육성된 인재들은 이병철이 만든 인사관리 3원칙, 책임경영제 등 각종 제도 속에서 합리경영의 시너지 효과를 가져 왔다. 즉 모든 일에 있어서 합리를 바탕으로 건실하게 경영을 해 나감으로써, 기업이 적정 이윤을 확보하고 지속적인 발전을 추구할 수 있다는 신념 아래, 경영의 합리화를 위해, 책임경영제도로 1970년대 사업부제, 1980년대 개인별 사업부제를 운영하고, 목표관리, 신사업 진출 원칙, 기술도입 원칙, 노조를 필요로 하지 않는 경영 등 많은 합리경영제도를 만들어 운영했고, 특히 회장과 각 계열사의 사장단과 연결을 지원·진단하고 총괄하는 "회장 비서실"을 1959년부터 운영함으로써 그룹경영의 효율과 효과를 가져왔다.

이건희가 회장으로 취임한 후에는 1989년 삼성전자 공과대학을 세워 3년간 급료를 지불하면서 학비면제로 사내교육을 시키고 있고, 1995년, 디자인 전문교육기관으로서 디자인 인재 육성을 위해 삼성디자인학교 sadi를 설립, 디자인 혁신을 추구하고 있으며, 1996년 정보화 인력 양성을 위해 인프라교육 연수원인 "멀티캠퍼스"를 설립 운영하고 있다.

또한 이건희는 선발자(First Mover)로서 늘 삼성이 5~10년 후에 먹고 살 수종과 토양을 개발해야 한다는 위기Crisis의식을 불어 넣으며 "삼성 신新경영"을 선포하고 먼저 기업문화의 혁신인 퍼스널 혁신에 들어갔다. 1993년 이후 소위 삼성헌법인간미, 도덕성, 예의범절, 에티켓 및 7 · 4출퇴근제를 통한 라이프사이클 변화를 통해 의식개혁을 실천하여 성공하였다. 이 같은 결과는 '프로세스 이노베이션'으로 이어져 My Single이라는 통신시스템, 통합ERPSCM, PDM, CRM시스템을 구축 모든 정보시스템과 연결시켜 정보의 공유체제를 확립함으로써 업무의 생산성을 향상시켜 삼성이 자랑하는 스피드경영의 원천이 되게 하였다. 이 프로세스 이노베이션을 통한 제품품질혁신이 이루어지게 되자 제품디자인 분야의 본사 통합으로 오리지널 제품개발도 가능하게 되었다. 이렇게 이건희의퍼스널 혁신에 의한 조직의 혁신은 프로세스 혁신, 프로덕트 혁신의 원천이 되었다.

실증 결과 : 삼성의 경영력인 조직능력의 형성

삼성도 기술변화혁신, 시장변화혁신를 바탕으로 생산과 시장에 지난 73년간 끊임없이 투자하였고, 특히 삼성 특유의 인재경영과 합리경영으로, 오퍼레이션operation을 담당하는 기능직은 엔지니어가, 관리서비스와 사무직엔 주로 대졸사원이 담당하였다.

이들의 활동에 질質적인 영향을 주는 것은 경쟁, 동기, 규율 등 그들인적자원이 기업 안에서 상호작용을 하게 하는 행동패턴이나 사고습관인 제도institution이므로 오퍼레이션이나 관리의 질은 '인적자원'과 '제도'라는 두 가지 요인에 의해 규정된다는 것을 간파한 이병철과 이건희는 인재지향형 혁신talent ariven management Innovation에 막대한 투자와 정렬을 쏟아 한국 제일의 인재엘리트집단이 되게 하였고, 인재제일의 이념 하에 인사관리 3원칙 등의 제 원칙 및 룰과, 합리경영을 위한 혁신 제도에 대한 투자는 삼성을 "인재의 삼성" "관리의 삼성" 이란 세간의 찬사를 받도록 하였다.

즉 대졸사원의 공채로써 우수한 인적자원을 모으고 훌륭하게 교육시킬 뿐만 아니라 이를 포함한 합리적인 제반 경영관리제도가 상호작용할 수 있게 한 경영management에 대한 투자는 작업자엔지니어와 관리 서비스직사무직의 질을 높이고, 질 높은 그들은 결국 모든 오퍼레이션operation을 변화혁신시켜, 효율적인 생산을 하게 됨으로써 수확체증의 증가를 가져 오는 조직능력을 갖게 되었으며, 그 경영력인 조직능력은 시장에서 경쟁우위를 가질 수 있게되어 이병철 50년의 삼성은 30여개의 계열기업이 모두 한국유수의 기업으로 성장 한국 제일의 삼성그룹이 되게 하였다. 또한 이건희 23년의 삼성은 주력 기업 삼성전자를 중심으로 세계제일의 IT기업으로 부상할 수 있게 하였다. 그 결과 삼성은 미 · 영 · 독일의 200社 100년 기업들과 같이 오늘날까지 지속가능한 경영발전을 가져 올 수 있게 되었다.

이 실증분석 결과는 다음과 같은 시사점을 얻을 수 있었다.

챈들러는 그의 조직능력 모형을 미국, 영국, 독일과 더불어 프랑스에도 적용하려 했으나 개인 중소기업이 중심인 프랑스에서는 실패했다고 한다. 저자도 2008년 "토요타의 경영력(Management Power)"이라는 책자를 집필하면서 토요타 자동차를 이 모델에 적용해 보려고 시도했으나 실패하였다. 오늘날 일본의 미시 및 거시적 경제환경은 '경영자자본주의(주식을 거의 갖지 않은 봉급경영자가 기업을 경영하는 자본주의)'의 전형이다. 챈들러가 그의 "SCALE AND SCOPE" 일본어판 서문에서 지적한 바와 같이 일본의 기업제도 발전의 역사가 미, 영, 독일과 너무나 다르다고 한것이 그 이

유일까? 그러나 이를 밝히는 것은 일본학자의 몫이다.

그렇지만, 삼성의 경우에는 전문경영자에게 계열기업을 위임경영하는 책임경영체제를 통해 경영하는 오너경영임에도 불구하고 실증 전제 조건이었던 삼성이 후발국의 후발기업이라는 점에서 어쩔 수 없이 창조적인 혁신이 아닌 모방적 혁신으로 기업화(기술혁신)를 시작했다는 점을 제외하고는 미, 영, 독 기업과 같은 형태로 조직능력을 창조하고 확대하며 발전해 왔다고 할 수 있다.

이 점에서 일부 학자가 주장하는 삼성이 일본형 경영에 미국경영을 일부 도입해 경영을 했다는 연구결과는 사실과 다르다. 이병철의 경우는 일본형 기업경영을 가장 철저히 파악하고 있었지만 그것을 따라하지 않았고 그 나름의 삼성경영시스템을 창조했다는 점에서 그 시스템은 한국형경영의 뿌리라고 할 수 있다.

또 하나의 검증 결과는 삼성은 이미 이병철 재임중 조직능력의 기반형성이 완료되었고, 이건희 기에서는 더욱 발전적으로 진화하고 있음을 인지할 수 있었으며, 조직능력을 형성하기위해서는 무엇보다도 생산혁신, 시장유통혁신, 그리고 경영조직, 인적자원혁신에의 "투자investment"가 제일 중요한 요소임을 다시 한 번 실증 했다. 예컨대, 삼성은 2011년, 42조 8000억원 2012년에도 총투자 예상액이 47조 8,000억원으로이는 북한의 GDP를 능가하는 액수이다., 이러한 과감한 투자가 오늘날 삼성의 조직능력을 낳게 한 원동력이 되었다고 할 수 있다.

이것이 삼성의 DNA이다

6

이것이 삼성의 DNA이다

요 약

삼성 창업자 이병철 선대회장과 2대 이건희 회장은 지난 73년 동안 한낱 지방의 작은 무역상으로 출발하여 오늘날 83여개에 달하는 계열사를 가지고 있는 한국제일의 삼성그룹을 이루고 있으며 각 계열사는 한국의 유수의 기업으로 그중에는 세계 제일의 글로벌 IT기업인 삼성전자와 같은 선도 기업도 있다. 삼성이란 기업집단이 이 같은 눈부신 발전을 할 수 있었던 원천이 무엇인가를, 삼성이라는 오너기업집단에서 기업가 역할을 성공적으로 수행할 수 있었던 DNA를 앙트러프러너십entrepreneurship을 중심으로 밝히고자 하였다.

여기서 앙트러프러너십은 기업가가 늘 위기crisis의식을 갖고, 불확실성 하에서 위험을 무릅쓰고risk taking 도전challenge하고 투자investment하며, 창조적이고 경쟁력 있는 혁신creative & competitive innovation(변화)을 통하여 기회chance를 선점, 고객의 가치를 창출함으로서 기업의 지속가능한 발전sustainable development을 가져오는 기업가의 실천Practice을 뜻한다.

■ 이병철의 앙트러프러너십에 나타난 DNA

우선 기업가 이병철은 창업가創業家이자 기업가起業家이다. 그는 창조정신, 도덕정신, 제일주의, 완전주의, 공존공영의 삼성정신을 밑바탕으로 인재지향과 합리경영혁신을 실천함으로써 그의 기업경영목표인 "인류에의 봉사"를 하고자 하였다.

이병철은 20대 중반 젊은 혈기로 마산에서 정미소와 운수업을 운영하다 은행자금을 빌려 부동산농지에 투자하였으나 도산하여 사업에 대한 큰 교훈을 얻었고, 20대 후반에 심기일전하여 대구에서 다시 무역상으로 새 출발하였다. 30대에 더 큰 활동 무대를 찾아 근거지를 서울로 옮긴 지 일년반 만에 당시 무역업체 등록 543사 가운데 선두를 달렸고, 40대에 과감하게 제조업인 제당업과 모직업에 도전하여 대 성공을 거두어 시중은행의 주식을 절반 이상 인수하였으며, 상사, 제조업, 금융업 등으로 업종을 다각화하여 명실공히 한국 제일의 재벌총수가 되었다. 50대에 그는 부정축재자로 지목1960~61년되고, 한비사건1966년, 용인 자연농원사건 등 일생일대의 큰 시련 중에서, 당시 세계 최대의 비료공장을 세워 국가에 헌납했으며, 60대에 새롭게 전자분야를 개척, 대변신을 하며 조선, 기계, 화학 등 중화학공업까지 다각화를 하였다. 70대에 마지막 도전으로 첨단산업인 반도체사업에 투신, 필생 유업으로 남겨 놓았다. 이렇게 이병철의 앙트러프러너십에 있어서 끊임없는 "**도전**"은 삼성의 지속 가능한 발전의 활력소인 동시에 추진축으로 50년 동안 30여개에 걸친 각기 다른 업종의 사업을 불확실성 하에서도 위험을 무릅쓰고 도전하여 삼성그룹을 창업하였다.

이렇게 그는 기업을 통해서 생명감을 확인하고 인간으로 성숙화를 이루어갔다.

이병철 앙트러프너십의 또 하나는 "혁신"(3Ps)으로 먼저 세계적인 회계컨설팅 그룹 딜로이트의 크레이그 기피 글로벌제조업그룹 회장이 삼성이 글로벌 기업으로 도약할 수 있었던 배경은 '인재 지향적 혁신'이었다고 지적한 바와 같이, 먼저 '퍼스널 혁신personal innovation'으로서 인재지향 혁신Talent driven innovation을 실행하였다.

이미 삼성은 1940년대 말 삼성물산공사에서 시작되어 1950년대에 어느 정도 인사관리체계를 갖추었다. 이병철은 '사람이 기업을 경영한다.'는 소박한 원리에 따라 '공개채용사원모집제도'에 의해 공정하게 우수한 인재를 모으고, 그들이 세계의 현장에서 각자의 탁월한 능력을 발휘할 수 있게 연마하는 장으로 세계제일의 '연수원'을 설립하였으며, 그에 걸 맞는 교육과정 시스템을 개발 교육시킴으로써 '인재의 질'을 높였다. 또한 그의 인사관리의 핵심 3원칙인 능력주의이것은 모든 이에게 기회와 희망을 주었다.에 입각, 인재들의 능력을 공정하게 평가하여, 적재적소에 배치하고, 신상필벌에 의해 조직에 활력을 불어넣어 인재경영에 시너지효과를 가져왔다. 그리고 인재관, 인재상, 경영자상, 경영자의 자질과 능력, 역할 등 인사에 관련된 제 개념과 요건을 정립함으로써 인재지향혁신에 의한 이병철의 인재경영을 확립했다. 이로써 삼성을 세간에서 "인재의 삼성"이라 부르게 되었다.

또한 '프로세스 혁신process innovation'으로서, 합리경영혁신innovation

for reasonable management은, 삼성이 1950년대 말 업종 다각화 경영이 시작될 무렵부터삼성을 재벌이라 부를 때부터 시작하여 1970년대 중반에 그 체제를 어느 정도 갖추었다.

이병철은 방대해진 기업규모의 효율적 운영을 위해 세계정세와 경제동향, 정책입안의 아이디어를 삼성경제연구소 등을 통해 수집 분석하게 하고 늘 스스로 궁리하면서 기업경영 4대 원칙, 기업설립의 원칙, 경영합리화의 실천요강, 동경구상東京構想, 新사업추진원칙, 합리적 판단, 목표관리, 상생상화相生相和의 무노조 경영, 경영관리 요체 등 경영 합리화를 위한 원칙과 룰rule을 정립하였다. 그리고 기술혁신을 위해 순수 기술, 미래의 과제기술을 전담할 수 있는 종합기술원綜合技術院을 세우고 기술원의 주요과제, 기술도입의 4원칙, 글로벌 경쟁방법 등의 원칙을 정립하였다.

계열사 각 사장들의 책임경영제는 초창기 삼성상회 때부터 시작되어 1950년대 후반 기업 다각경영을 하게 되자 분권화의 필요성이 대두됨에 따라 본격적으로 실시되었고, 그 체제는 1970년대 사업부제 실시로 완성되었다. 이병철은 30여 개 각 계열사가 각각 하나의 전문부서의 팀으로 보고 시너지효과를 발휘하도록 사장들에게 책임위임경영empowerment제를 실시하였으며, 그 실행 제도가 바로 사업부제와 개인별 사업부제이다.

아울러 회장의 이상을 구현하고, 그룹을 효율적이고 효과적으로 총괄운영하기 위해 경영자원 조정 시스템인 삼성 특유의 회장비서실을 두고, 회장, 계열사 사장들, 그리고 비서실이 각기 맡은 역할을 잘 수행할 수 있도록 지원과 지도로 견제와 균형을 이루었다.

이렇게 합리경영혁신을 위한 원칙과 룰, 제도를 정립하고, 기술혁신, 책임경영제, 비서실의 합리적 운영의 성공은 삼성의 또 하나의 세평인, "관리의 삼성"으로 불리게 되었다.

마지막으로, 프로덕트 혁신product innovation은 한낱 지방의 작은 기업 '삼성상회'라는 작은 기업으로 출발, 프로세스 혁신으로서 합리경영혁신이 자리를 잡아가자 "기업이라는 제품기업=제품"을 무역 → 설탕 → 모직 → 비료 → 전자 → 석유 → 화학 → 조선 → 정밀 → 기계 → 항공공업 → 반도체 → 컴퓨터 → 유전공학 등 각 업종으로 다각화하고 선진기업들로부터 기술제휴, 합작사업을 통해 기술을 이전받아 30여 개 기업을 국내외 유수의 기업으로 성장시킴으로써 생전에 거대 기업집단 삼성그룹을 창출1986년 8월 4일자 미국 Fortune誌, 삼성은 총매출액 141억9천3백만 달러로 미국을 포함한 세계50대기업 중 42위 랭크하여, 오늘날 글로벌기업 삼성이 탄생할 수 있는 기반을 구축하였다.

이상과 같은 이병철 앙트러프러너십에서 나타난 "**혁신**"의 특징은 무엇보다도 그가 솔선수범하여 체험으로 얻은 원칙과 룰을 바탕으로 제도화하고 제도의 효율과 효과의 가치가 구성원 '공유의 가치'shared value가 되어 이루어 졌다는 점, 공채사원모집과 교육, 인사관리 3원칙에 의한 인재지향혁신, 특히 이점은 21세기 경쟁력이 창조적 인재경영전략임을 그는 이미 통찰하여 시스템화하였다는 점, 마지막으로 경영합리화와 기술혁신을 책임경영제도에 의해 실행하고, 회장비서실을 통해, 경영자원을 최적화하는 '합리경영혁신시스템화'에 의해 실천했다는 점이다.

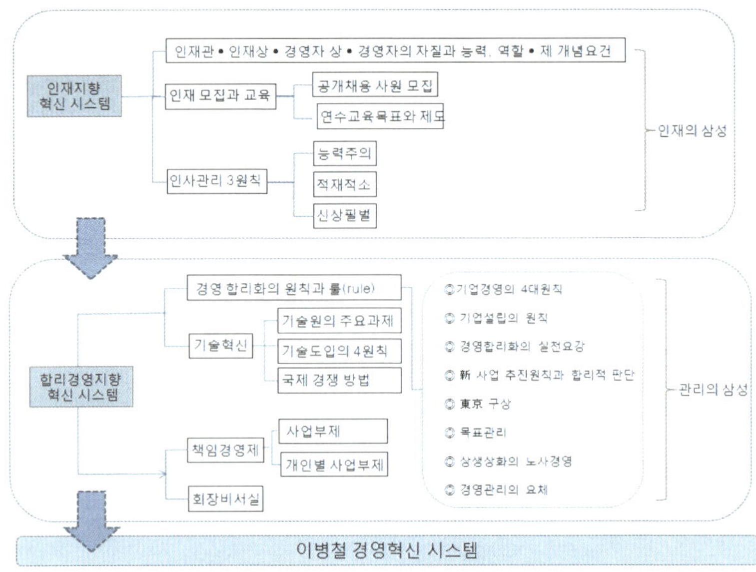

〈그림 16〉 이병철 창업자의 앙트러프러너십

그리고 합리경영혁신은 인재지향혁신으로 선발되고 교육된 인재에 의하여 효율적·효과적으로 경영되는 것이 '이병철 경영혁신'의 핵심이다. 이것은 기업혁신 대상의 순서를 미국 기업과 달리 조직 보다 사람의 개혁personal innovation을 먼저 실행한 점이다.

이와 같은 "**3Ps혁신**"에 의해 이병철의 삼성은, 규모의 경제 또는 범위의 경제를 이용하여 생산과 시장의 혁신에 투자로 조직능력을 창출하게 되었고, 그렇게 창출된 조직능력으로 삼성은 경쟁 우위를 갖게 되었다. 챈들러 모형을 통해 검증한 바와 같이 이병철 기期의 삼성은 성공적으로 지속가능한 발전을 할 수 있게 되었다.〈표 3〉참조

예컨대 GNP대비 삼성그룹의 매출액은 1953년 0.2%에 불과했으나 지속적으로 증가하여 1987년에는 15.1%로 증가2008년에는 20.1%하였다. 매출액 성장률은 1950년대, 58.5%, 1960년대 33.0%, 1970년대 47.2%, 1980년대 31.7%였다.

그리고 세계 2차 대전 전 일본의 대표적인 두 자이바쯔財閥 미쯔이三井와 미쯔비시三菱를 일본 사람들이 "사람의 미쯔이", "조직의 미쯔비시"라고 부르며 자랑스러워했지만, 이병철 경영의 산물인 삼성은 "인재의 삼성", "관리의 삼성"이라는 두 가지의 세평을 다 받고 있으므로 그는 두 마리 토끼를 다 잡은 셈이었다.

〈표 2〉 이병철기의 매출액 총자산 증가 추이

(단위 억원)

구분	1953년	1960년	1970년	1980년	1986년
매출액	1	27	365	2조3855	14조6157
총자산	0.4	16	567	2억8600	9조4312

출처 : 삼성 50년사,

이병철 경영의 정수는 한마디로 그가 이 세상을 떠나기 전에 마지막 남긴 유언 " '자기보다 현명한 인재를 모아들이고자 노력했던 사나이가 여기 잠들다'라는 글이 자기 묘비에 기록되기 바란다." 라는 말로 그의 기업가 일생 동안 무엇에 가치를 두었나를 요약할 수 있을 것이다. 여기서 이병철은 그의 앙트러프러너십의 실천과 성과로 볼 때 인재지향경영을 바탕으로 "도전"과 "혁신"으로 "기회"를 선점하여 삼성의 지속적인 발전을 가능케 한 **도전**, **혁신**, **기회**라는 DNA를 가지게 되었다고 하겠다.

■ 이건희의 앙트러프러너십에 나타난 DNA

삼성 이건희 회장은 삼성인의 정신 "고객과 함께한다." "세계에 도전한다." "미래를 창조한다."을 정신 덕목을 바탕으로 경영이념 "인재人材와 기술技術을 바탕으로 최고의 제품과 서비스를 창출하여 인류사회人類社會에 공헌 한다"를 경영목표로 기업가활동을 하고 있다.

그의 앙트러프러너십, 선발자First Mover로서 늘 "5~10년 후 삼성이 먹고 살 수종과 토양을 개발하여야 한다." "10년 후 현재의 삼성이란 기업이나 제품이 자취도 없이 살아져 버릴지도 모른다." 는 등, 이건희만의 특유의 위기Crisis의식을 불어넣으며, 수 조원의 위험을 무릅쓰고Risk Taking 반도체에 투자하고, 반도체 개발방식의 선택, 플래시 메모리 및 비메모리시스템 반도체 생산, LCD사업부서 선택 등의 "**도전**"Challenge으로 기회Chance를 선점하였다. 그 결과 삼성은 오늘날 세계제일의 반도체, LCD, 미디어부품 생산 업체가 되었고, 외환위기 때에 선택과 집중이 아닌 사업의 다각화라는 방식으로 도전해 미디어 컨버전스를 이루어 글로벌 IT기업이 되었다. 그리고 이 회장의 도전이 유일하게 실패한 삼성자동차는 비록 실패로 끝났지만 규모의 경제, 사회여론과의 융화, 기업의 정치적 리에 영합의 문제 등에 관해 많은 교훈을 얻었을 것이다.

또한 이건희 앙트러프러너십의 "혁신"(3Ps) 중 퍼스널 혁신Personal Innovation은 1993년 프랑크푸르트선언 이후 소위 삼성헌법인간미, 도덕성, 예의범절, 에티켓 및 7·4 출퇴근제를 통한 의식개혁, 기록문화의 형성과 교육프로그램에 新경영 교본을 통한 변화 확산, 2003년 제2 新경영으로 '천재 키우기', 슈퍼급 인재 발굴 및 기용으로 '퍼스널 이노베이션'을 추진하였다.

혁신기(1993년~2002년) 삼성 新 경영 10년	도약기(2003년~)
반도체 First mover ·D램 개발방식 ·8인치Wafer양산라인 ·Nand 메모리와 비메모리 **LCD First mover** **사업다각화(Digital Convergence도전)** **삼성자동차의 도전과 실패**	**Good Company에서 Great Company로** **GBM(Global Business Management) 체제로 개편**
3Ps 혁신 **퍼스널혁신(Personnel Innovation)** 기업문화 혁신 의식개혁 : 삼성헌법 (인간미·도덕성·예의범절·에티켓) 7-4 출·퇴근제 (8년8개월 실시) 新 경영 교본확산, 인재를 찾아라 **프로세스혁신(Process Innovation)** 정보 인프라 구축 : SINGLE, ECIM, SPDM(통합설계정보관리시스템), ERP **프로덕트혁신(Product Innovation)** 4MD램→16MD램→64MD램→256MD램 →90Nano 512메가DDR2D램 명품TV→PDP TV→LCD TV Anycall T100 →E700, B100, B600 제품디자인혁신(1996) 비교전시를 통한 제품혁신 **혁신의 비전 : 1993년 바뀌자, 1998년 버려라, 2002년 찾아라**	**3Ps 혁신** **퍼스널혁신(Personnel Innovation)** 천재 키우기 (2003년) S급 인재 스카웃 **프로세스혁신(Process Innovation)** **My SINGLE(결재 가능)** WTN, 글로벌 통합 ERP시스템 구축 ERP(SCM+CRM+PDM) **프로덕트혁신(Product Innovation)** Nand fresh Memory : 70Nano4기가→ 60Nano8기가→ 50Nano16기가→ 30Nano64기가 80Nano512메가DDR2D램 →70Nano512메가DDR2D램 → 50Nano1기가DDR2D램 → 40NanoDDR3D램 LCD TV'보르도 → 보르도2 → 크리스털로즈,' → LED TV → 3D TV SGH-T100 → SGH-E700 → SGH-D500 → SCH-B600 → Galaxy S →Galaxy Tab World Best 품목21개 밀라노 제 2차 디자인 혁명선언(2005)
회장비서실 (1988~1999) →구조조정본부(1999~2006) → 전략기획실 (2006~2008) → 폐지 (2008.04~2010.11) → 미래전략실(2010.12~현재)	

〈그림 17〉 이건희 회장의 앙트러프러너십

또한 이 회장은 정보화를 통한 프로세스 혁신Process Innovation이야말로 혁신의 요체라고 판단 21세기 초일류기업을 향하여 '한 방향으로 가자'는 삼성정보의 길way이자 정보 공유체계인 My SINGLE시스템을 개발하여 구축함으로써 모든 공적인 업무의 결재까지도 가능하게 되었을 뿐만 아니라 사적인 업무도 회장으로부터 말단 현장 사원에 이르기까지 쌍방향으로 처리할 수 있게 되었다. 그리고 ERP를 비롯한 모든 정보시스템은 마이 싱글을 통해서만 작동되는 인트라넷으로 삼성이 선도적 글로벌IT기업이 된 원동력이다.

그리고 이 회장은 삼성 특유의 확장 전사적 자원관리ERP = SCM + PDM + CRM로 업무의 생산성을 향상 시켰을 뿐만 아니라 1987년 취임 초부터 기획했던 SPDMSamsung Product Data Management시스템을 구축하여 설계나 개발에 관한 모든 정보를 일원화하여 공정의 효율화와 기간을 단축하는 프로세스 혁신을 실천하였다. 나아가 그룹차원의 ECIMEngineering Collaboration & Innovation Management시스템을 구축하여 모든 기술정보를 그룹전체가 공유함으로써 그룹전체의 프로세스 이노베이션을 추진했다. 이것들이 삼성이 자랑하는 스피드 경영의 원천이고 이 같은 혁신은 결국 혁신적인 제품을 만들 수 있는 인프라를 완성하는 것이다.

끝으로 '프로덕트 혁신Product Innovation'은 프로세스 혁신을 통한 제품혁신이 가능하게 되자 품질혁신과 더불어 디자인 혁신으로 오리지널 제품개발이 가능하게 되었다. 그 결과 제품의 브랜드 가치가 제고되어 삼성은 월드베스트 제품을 내놓을 수 있게 되었다. 대표적인 제품혁신인 TV의 경우, '명품TV'를 시작으로 과거 브라운관TV에서 PDP TV → LCD 보르도 → 크리스탈 로즈TV → LED TV → 3D TV에 이르는 지속적인 제품혁신으로 오늘날 SONY을 제치고 세계 선두의 컬러TV 생산기업이 되었다.

이러한 혁신이 성공할 수 있었던 배경에는 1997년 외환위기시 심각한 위기감으로 이 회장의 新경영 혁신 요구가 저항 없이 실행될 수 있었고, 선택과 집중이라는 세계적인 전문가들의 권유를 뿌리치고 이 회장이 반도체, 통신, 가전, 디지털 미디어의 다각화를 통한 디지털 컨버전스 즉, 디지털 융합에 성공하였기 때문이다.

이와 같은 이건희의 3Ps "**혁신**"Change/Innovation)은 1993년 변화를 추구하는 "바꿔자", 1998년 구조조정 시에 "버려라", 2002년 도약을 준비하며 인재를 "찾아라"라는 구호를 통해 기회Chance를 선점할 수 있도록 하였으며 오늘날 IT업계의 세계제일의 기업이 될 수 있는 강력한 추진력이 되었다.

이러한 이건희 회장의 앙트러프러너십이 성공적으로 발휘될 수 있었던 것은 이 회장을 정점으로, 삼성그룹의 관제탑 역할을 했던 전략기획실현, 미래전략실과 각 그룹 사장단이 삼각편대를 이루어 효율적이고, 지속적으로 혁신 활동을 전개한 결과이다. 그 성과는 〈표 3〉에서 확인할 수 있다.

〈표 3〉 이건희 회장 앙트러프러너십 23년의 성과

(단위 : 조 원)

이건희 회장	산출 기준년도	매출액	순이익(稅後)	총자산	시가 총액
이건희 회장 취임 前	1987년말	17.3	0.15	11.5	1.0
적응기(1987. 11~1992년)	1992년말	38.2	0.17	38.0	3.6
개혁기(1993~2002년 : 新경영10년)	2002년말	141.0	11.5	177.0	68.8
도약기(2003~2010.)	2010년말	254.6	24.5	391.4	265.4

출처: 삼성

예컨대 1987년만 해도 현대그룹과 대우그룹에 이어 국내 3위였던 삼성그룹이 24년 후 세계제일의 IT기업인 삼성전자를 포함한 한국 제일의 삼성그룹이 되었다. 구체적인 수치로 보자면 이 회장 재임 23년간 시가 총액이 265.4배, 순이익 163.3배, 매출액 14.7배, 총자산 34배로 눈부신 발전을 이룩하였다. 이 시기의 시가총액 한 항목의 경우만 보더라도 이 회장 취임 이전에 1조, 적응기1988-1992에 3.6조, 개혁기1993~2002에 68.8조, 도약기2003~2010에 265.4조로 비약적으로 증가하였다. 이는 이건희 회장의 앙트러프러너십이 보여준 성과를 단적으로 나타내는 것이라 하겠다. 뿐만 아니라 이건희 회장이 회장으로 있는 주력 기업인 삼성전자의 경우는 2010년 말 기준 매출액 154.63조원으로 그룹83개사의 60.7%를 차지하고 있으며, 총 자산도 134.3조원으로 25%, 시가총액에 있어서도 154.6조원으로 39.5%, 순이익에 있어서도 16.1조원으로 65.7%를 차지하여 그룹의 총 성과의 절반 이상을 삼성전자 단일 기업이 올리고 있음을 보여주고 있다. 이와 같이 이 회장의 23년간 앙트러프러너십의 실천과 그 성과로 볼 때 이건희의 경우도 인재지향경영을 바탕으로 "도전"과 "혁신"으로 "기회"를 선점 지속적인 발전을 가져왔다는 점에서 이건희에게 이병철의 "**도전**" "**혁신**" "**기회**"라는 DNA가 그대로 전해졌다고 하겠다.

삼성의 DNA는 인재지향 경영을 바탕으로 한 도전과 혁신으로 기회를 선점하는 "3Cs"이다

이병철과 이건희의 두 기업가의 앙트러프러너십에 의한 실천을 보면 기업의 비전과 목표가 이병철의 국내 제일에서 이건희는 세계제일로 진화했다.

삼성의 도전의 DNA는 무역상으로 시작한 이병철은 국내의 모든 산업이 황무지였던 시대에 제당, 모직, 비료, 전자 등 각종 업종에 위험을 무릅쓰고 도전해 일구어 낸 것이 30 여 개 계열사에 이르는 삼성그룹이며, 무에서 유를 창조한 현실에의 도전이었다. 이에 대해 이건희는 선대가 일구어 논 전자분야에 특화를 하여 선택과 집중으로 예컨대, 반도체, LCD, 통신기 등의 미래에 도전하여 오늘날 그룹 83사의 총매출액과 순 이익의 절반이상을 삼성전자가 점하도록 하였다.

삼성의 혁신3PsI**의** DNA는 첫째 퍼스널 혁신으로, 기업가 이병철, 이건희에 있어서 "기업은 사람이다."에서 보다 진전된 "기업은 인재이다." 이었다. 두 사람 앙트러프러너십에 나타난 최대 공통분모는 **인재지향경영**talent driven management**혁신**의 실천이다. 즉 인재경영을 기반으로 모든 앙트러프러너십이 실행되었기 때문이다. 단지 이건희에 와서는 신상필벌에서 한발 더 나아가 신상필상으로 인센티브에 의한 창조적 동기를 부여하도록 하였고, 과거는 10만이 1명의 영주를 먹여 살렸지만 오늘날은 1명의 천재가 수십만 명을 먹여 살리는 시대임을 강조 '천재 키우기'와 천재급 인재 외부 수혈로 진화되었고 교육도 기업 내 직능교육 중심에서 글로벌교육 중심으로 진화하였다.

〈표 4〉 기업가 이병철 · 이건희의 앙트러프러십으로 본 "삼성의 DNA"

	이병철 (1938~1987)	이건희 (1988~현재)	진화進化
비전	제일 · 최고의 기업	21C 세계초일류기업	글로벌 기업 국내제일 → 세계기업
경영이념	1973년 인재제일 → 합리추구 → 사업보국 (공존공영) (인류봉사)	1993년 인재와 기술을 바탕으로 최고의 제품과 서비스를 창출하여 인류사회에 공헌한다.	사업보국 → 인류사회 공헌(공존공영) 하드경영 → 소프트경영
	1973년부터 창업이념	제 2의 창업정신 •기술중심 •인간존중 •자율경영	
삼성정신 삼성인의 정신	삼성정신(5대 덕목) : 1986년 •창조정신 •도전정신 •제일주의 •완전주의 •공존공영	삼성인의 정신 : 1993년 •고객과 함께한다. •세계에 도전한다. •미래를 창조한다.	5대 덕목 → 3대 덕목 相生 Global정신 미래의 창조경영
앙트러프러너십 (Entrepreneurship)	이병철의 앙트러프러너십	이건희의 앙트러프러너십	앙트러프러너십의 진화進化

<table>
<tr><td colspan="2">도전의 DNA (Challenge)</td><td>무역 → 설탕 → 모직 → 비료 → 전자 → 석유 → 화학 → 조선 → 정밀 → 기계 → 항공공업 → 반도체 → 컴퓨터 → 유전공학 등 다양한 산업에 도전.
30여개 기업을 창업 및 설립, 국내 유수기업으로 성장</td><td>반도체 First mover
•D램 개발방식
•8인치Wafer양산라인
•Nand 메모리
•비메모리
LCD First mover
사업다각화(Digital Convergence)
삼성자동차의 도전과 교훈</td><td>업종다각화 → 제품 다각화

현재에의 도전 → 미래에의 도전</td></tr>
<tr><td rowspan="3">혁신의 DNA (3PI)</td><td>퍼스널 혁신 (Personnel Innovation)</td><td>인재지향 혁신 시스템
•인재 · 경영자의제개념 정립
•인재선발제도 : 공채
•인재교육 : 연수
인사관리 3원칙
•능력주의
•적재적소
•신상필벌</td><td>기업문화 혁신
•의식개혁 : 삼성헌법 (인간미·도덕성·예의범절·에티켓)
•7·4출퇴근제(8년8개월 실시)
•신경영 교본확산
•천재 키우기(천재경영)
S급 인재 스카웃</td><td>모범적인재 → 천재급 인재 (건실한 인재) (창조적 인재)

직능교육 → 글로벌화 교육</td></tr>
<tr><td>프로세스 혁신 (Process Innovation) (제조공정 기술 혁신)</td><td>합리경영혁신시스템
•경영합리화의 제 원칙과 룰(Rule)정립
•기술혁신: 기술원주요과제
•기술도입 4원칙
•국제경쟁방법의 정립
책임경영제(회장 80%: 비서실 10%: 사장단 10%) (각 계열사 사장에 위임 경영)
회장비서실</td><td>정보 인프라 구축
•My SINGLE
•ECIM
•SPDM(통합설계정보관리시스템)
•글로벌 통합 ERP (SCM+CRM+PDM) 시스템
책임경영제(회장 20%: 비서실 40%: 사장단 40%)
대폭 권한 위임</td><td>그룹 합리경영프로세스 → 스피드경영(글로벌 경쟁력 강화 정보화 프로세스 시스템).
모방적 혁신 → 창조적 혁신</td></tr>
<tr><td>프로덕트</td><td>삼성물산 → 제일제당 → 제일모직 → 한국비료 →</td><td>제품 품질 혁신:
4MD램→16MD램→</td><td>그룹의 업종 다각화와 제휴·합작에 의한 혁신</td></tr>
</table>

혁신 (Product Innovation) (제품 기술 혁신)	한국화재 → 동방생명보험 → 중앙일보 → 제일기획 →신세계백화점 → 중앙계발 → 고려병원 → 전주제지 → 호텔신라 → 제일합섬 → 삼성전자 → 삼성전관 → 삼성전기 → 삼성코닝 → 삼성석유화학 → 삼성중공업 → 삼성종합건설 → 삼성항공산업 → 삼성반도체통신 → 코리아엔지니어링 → 한국안전시스템 → 삼성시계 → 삼성의료기기 → 삼성휴렛패커드 → 삼성유나이티드 → 삼성데이터시스템 • 업종다각화와 제휴·합작에 의한 기업(제품)혁신	64MD램→256MD램 →1GD램→S램 명품TV→PDPTV→LCD TV→LED TV→3D TV → OLED TV Anycall T100→Galaxy S 제품 디자인혁신(디자인경영): 세계 1위 디자인 기업으로 등극 제품 브랜드 혁신: World Best품목21개 브랜드가치(파워) 제고	→제품의 다각화 혁신 모방적 혁신→창조적 혁신
국내제일의 기업 → 세계제일의 기업			
앙트러프러너십의 지원기구	1959년~1987년 회장 비서실/ (1968-1969은 기획실)	회장비서실 (1988~1999) 구조조정본부 (1999~2006) 전략기획실 (2006~2008) 폐지 (2008.04~2010.11) 미래전략실 (2010.12)	회장 비서실(1959/87) → 미래전략실 (2010.12~현재)
	삼성경제연구소(86년~현재)		
산업별 매출액 비중	1986년 •무역(32%) •금융(34%) •전자(20%)	2008년 •전자(54%) •금융(21%) •무역 · 건설(8%)	그룹 핵심기업의 이동 삼성물산 → 삼성전자

둘째, 프로세스 혁신으로, 이병철은 합리적인 조직제도와 그 조직을 합리적으로 경영할 수 있는 합리경영 프로세스의 소프트웨어를 혁신하였고, 이건희는 기업 내의 제조 프로세스제조공정기술를 혁신하여 스피드경영으로 삼성이 경쟁력의 우위를 가질 수 있게 하였다.

셋째, 프로덕트 혁신으로 후진국 기업 그룹인 삼성의 이병철의 혁신은 '기업이라는 제품'을 기업의 업종 다각화와 선진국 선진 기업을 모방적 혁신imitative innovation을 통한 혁신, 즉 제당은 일본의 다나카田中기계사에서, 기술제휴를, 모직은 독일의 스핀바우Spinbau사에서', 비료는 일본 미쯔이三井물산 계열사에서, 전자는 일본의 산요SANYO, NEC에서, 통신은 미국의 GTE와 ITT에서, 심지어 호텔은 일본의 오꾸라大倉호텔에서 등 기술 수입 및 합작을 통한 모방적 혁신으로 기업이라는 제품을 하나하나 창업 또는 설립, 한국 제1의 기업집단인 삼성그룹을 만들었다.

이에 대해서 이건희의 프로덕트 혁신은 수성 내지 경장更張을 해야 했기에 예컨대, 5~10년 후에 무엇을 먹고 살아야 하는가? 그 신수종을 찾기 위해 끊임없이 창조적 혁신Creative Innovation을 해야 했으며, 그 결과 글로벌 경쟁력을 장기적 거시적으로 갖게 되었고, 제품의 품질, 디자인, 브랜드 혁신으로 세계적으로 반도체의 신화, 애니콜의 신화, LCD의 신화를 낳았고, 오늘날 월드베스트 품목을21개를 보유하게 되어, 삼성전자는 마침내 2010년 말 인텔을 제치고 매출액 세계 제1의 IT기업이 되었다.

〈표 5〉 그룹 매출액 추이

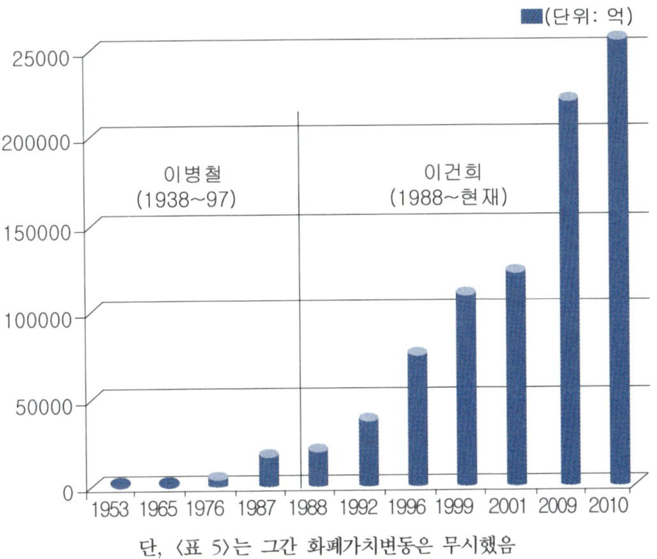

단, 〈표 5〉는 그간 화폐가치변동은 무시했음

이상에서 기업가 이병철과 이건희의 앙트러프러너십의 실천 내용과 성과를 종합적으로 살펴 본 바, 다음과 같은 결론에 도달할 수 있게 되었다. 즉, 오늘날 글로벌 성공기업으로 성장한 삼성그룹은 지난 73년간 기업가 이병철 선대회장과 이건희 현 회장에 의해 **'인재지향 경영**Talent driven management**을 바탕'으로 훌륭한 인재를 양성하였고, 그 인재들로 하여금 '미래에 대하여 도전'하고, '창조적이고 경쟁력 있는 혁신'을 통하여 '기회를 선점'함으로써 오늘날까지 삼성이 지속 가능한 발전**sustainable development**을 해올 수 있었던 것이다.**

그러므로 "**삼성의 DNA**"은 **인재지향경영**Talent driven management**을 바탕으로 한 도전**Challenge**과 혁신**Change**을 통한 기회**Chance**의 선점이라는 "3Cs"라 하겠다.**

그리고 삼성 73년의 역사속에 **이병철의 50년 역사**는 삼성의 DNA 중 특히 "**도전의 역사**"이고, **이건희의 23년의 역사**는 "**변화**" 즉 "**혁신의 역사**"라고 할 수 있다.

또한 그들에게서 밝혀진 사실은 역시 성공한 기업가는 위대한 사상가이자 실천가이었다는 점이다.

■ 삼성에 남겨진 문제들

옛 부터 부자 3대 가기가 어렵다고 했다. 기업을 설립한 1대는 창업創業의 어려움을 극복해야 하고, 2대는 그 기업을 지켜야 한다는 수성守成을 잘해야 하고, 3대는 경장更張 즉 혁신을 해야 했기 때문이다. 그러므로 1대 기업가는 카리스마가 있어야 한다면, 2대는 성실함과 논리가 있어야하고, 3대는 1대의 카리스마와 2대의 성실함을 겸비해야만 대를 이을 수 있고, 이러한 인물이 나오려면 친가는 물론 외가에도 선대부터 적선을 많이 해야 한다고 했다.

지난 30년 가까이 삼성의 관찰자로서 지켜본 필자로서는 미국, 일본, 한국기업을 비교경영사적 시각으로 삼성을 볼 때 다음과 같은 몇 가지의 문제를 제기할 수 있을 것이다.

우선, 삼성의 DNA "3Cs"가 잘 작동하기 위해서는 '어떠한 경영시스템 하에 어떤 전략을 선택'해야 하는가이다.

2011년 6월 한국능률협회 컨설팅에 따르면, 삼성전자는 제조부문에서 '기업의 명확한 비전과 전략이 있는 가', '직원육성 시스템이 잘 갖추어져 있고 업무에 대한 평가와 보상이 확실한 가', '구성원을 배려하고 창의적 기업문화가 정착되어 있는 가' 등을 평가항목으로 기업근무자, 인사전문가 5,214명을 상대로 조사한 결과, 현재 "한국에서 가장 일하기 좋은 기업" 연 3년간 삼성이 1위를 달리고 있다고 한다. 삼성이 여기까지 올 수 있었던 배경으로, 선대 이병철 회장은 일본으로부터 철저히 배우고, 철저히 분석하였지만 일본형 경영의 핵심인 '일본형 경영 3종種의 신기神器라는 '종신고용', '연공서열', '기업 내 노동조합', 중 어느 것 하나 따라하지 않았다. 그는 오직 논어의 행동규범 속에 능력주의, 적재적소, 신상필벌 이라는 "인사관리 3 원칙"과, 노조를 필요로 하지 않는 노사협력과 같은 이병철식式의 "이병철 경영시스템"을 정립 삼성만의 경영을 실행해 왔기 때문이다. 소위 동경구상東京構想에서 보았듯이 일본 기업경영에 대한 철저한 분석으로 받아들일 것과 버릴 것을 선별하며 Catchup 전략으로 국내 1위를 고수 할 수 있었다.

이미 알려진 바와 같이 2대 이건희 회장은 처절하리만큼 철저히 계획된 후계자 수업을 거쳐 준비된 최고 경영책임자로서 이병철 경영시스템 위에, 우선 한국 제일의 엘리트 집단, 제일의 기업이라는 오만과 타성에 빠져있던 당시 삼성의 기업 분위기를 분골쇄신하기 위하여 소위 삼성헌법인간미, 도덕성 회복, 예의범절, 에티켓을 주창, 인간의 보편적 도덕 가치를 강조함으로써 기업문화 혁신에 성공하였고, 미국 기업경영으로부터 인센티브제와 외부 인재의 스카웃 등과 같은 미국형 경영을 부분적으로 수렴convergence하는 형태로, 양量 경영에서 질質경영이라는 새로운 패러다임을 내세워 대변혁을 꾀하였으며, 디지털시대의 조류를 잘 헤쳐 나와 지금까지 성공하였다.

즉 삼성은 1938년 창업 이래 73년 동안 1대 이병철 선대 회장이 50년간이라는 긴 세월 속에서 창업과 더불어 수성도해야 했기에 '이병철 경영 시스템'이 필요 했고, 2대 이건희는 수성뿐만 아니라 3대가 해야 할 경장을 하지 않을 수 없어 혁명보다도 어렵다는 개혁을 즉, 1993년 프랑크푸르트 선언을 통해 '삼성新경영'이라는 변혁을 해야만 했었고 그리고 그것을 실행에 옮겨 성공 했다.

다행히도 지금의 삼성을 있게 해준 요인 중에 하나는 자타가 공인하는 디지털시대의 도래다. 이건희 회장은 디지털시대에 부응하여 정보화에 의한 '프로세스 혁신'으로 '삼성의 스피드경영'을 낳았다. 만약 아날로그 시대였다면 아직도 SONY 뒤를 따르고 있었을 것이다. 그리고 또 다른 요인은 일본과 달리 국내시장이 협소한 삼성으로서는 글로벌화만이 길이었기에 적극적으로 글로벌화를 전개하여 여기까지 오게 된 것이다.

그러나 불확실성은 점차 증대하고, 변화무쌍하며 복잡다양한 글로벌 환경에 대응할 수 있는 삼성의 경영시스템을 과연 어떻게 진화시켜 나아가야 할 것인가?

우리가 귀담아 들어야할 것은 일본의 대표적인 경영사학자예: 由井常彦 교수들의 주장이다. 예컨대 SONY 사례에서 보듯이 창업자 이후 최고경영자들의 판단, 즉 일본형 기업경영J-Firm을 무리하게 미국형 기업경영기업문화으로 전환한것이 오히려 SONY의 경쟁력에 손상을 가져왔으나, TOYOTA의 경우는 미국으로부터 많은 지탄을 받고 있지만 일본형 기업경영을 바탕으로 미국형 경영을 수렴하려는 경영태도에서 아직까지도 TOYOTA의 경쟁력은 탄탄한 여력을 가지고 있다고 한다.

이는 삼성경영시스템 진화의 최종목표를 말해 주는 것으로 전술한 바와 같이 미국형 경영의 '주주株主 위주' 즉 "YOUR COMPANY"나, 일본형 경영의 '종업원 위주' "MY COMPANY"가 아닌, 삼성이 오늘날까지 지켜온 "이병철 · 이건희 경영시스템"에서 글로벌기업으로서 세계 모든 이해 당사자들을 위한 "GLOBAL STAKEHOLDER COMPANY"를 지향하는 상생상화相生相和 경영시스템으로 진화進化해야 할 것이다.

그리고 이를 뒷받침하는 전략은 과거 Following기업으로서 수명을 다한 Catchup 전략이다행이도 이건희 회장의 '위기경영'으로 1992년 이후 오늘날에 이르기까지 반도체부문 1위를 지킬 수 있었다 아니라, Leading기업으로서 창의적이고 유연한 전략의 실행이 요구 된다. 이 점에서 삼성은 삼성 특유의 우위요소인 '스피드경영'의 계속적인 유지, 발전을 위해 '지식 창조기업'을 주창하는 노나카野中郁次郎 교수의 일본기업의 장점인 암묵지暗默知에 의한 일본의 "모노쯔쿠리" 명품전략을 역설적으로 눈여겨 볼 필요가 있을 것이며, 또한 이성적이고 논리적인 좌뇌형 인재뿐만 아니라 상상력과 직관이 뛰어난 우뇌형 인재의 조화로운 육성이 삼성을 성공으로 이끌 것이다.

결론적으로 삼성은 GE의 경영시스템과 같은 미국형경영도, TOYOTA의 경영시스템인 일본형경영도 아닌 고유 "삼성경영기업문화를 포함시스템"으로 가야하며 그 "삼성경영시스템"은 세계 모든 기업이 보편타당성을 인정할 수 있는 글로벌 스텐터드로 진화할 때 지속가능한 발전으로 살아남을 수 있을 것이다.

둘째 문제는, 지금까지 삼성이 기업경영에 오너십ownership 경영의 장점을 창업자, 2대 이건희 회장에 이르기까지 최대로 향유할 수 있었지만 그것이 3대까지 이어져 나아갈 수 있을 것인가 하는 것이 또 하나의 남겨진 중요한 문제이다.

기업의 대물림은 이기적인 유전자의 자연스런 활동이다. 이는 기업을 확장된 자아extended self로 인식하고 기업가가 평생 일구어 놓은 기업을 생물학적 자녀에게 승계시키려고 하는 것은 생명의 연장으로 자연스런 현상이다. 그리고 그 사례는 미국의 포드나 모토로라, 머크와 같은 세계적 기업에서도 얼마든지 찾을 수 있다.미국의 S&P 500개 기업 중 3분의 1이 가족기업이고 유럽특히 프랑스, 남미, 일본도 마찬가지다.

기업가의 역할은 후계자를 잘 기르고 선택하는 것이 중요한 책무 중에 하나이기 때문이다. 이병철 선대회장이 이건희 회장에게 했듯이 이건희 회장은 2001년 한 월간지와 인터뷰에서 "본인이 경영에 자질이 있는 것 같고, 훌륭한 분들을 열심히 찾아다니면서 필요한 것은 누구한테나 배우려합니다. 또한 어릴 적부터 선대회장의 경영철학을 몸에 익혀 왔고, 일본과 미국 등지에서 유학생활을 통해 국제경영감각을 갖춰 왔기에 경영자 준비는 상당히 되어있다고 생각합니다."라고 당시 이재용 상무를 평가하였다. 신동아, 2001. 7. 169

지난 30년 가까이 삼성의 외부 관찰자로서 보면, 지금까지의 과정은 비교적 순조로웠다고 볼 수 있으나, 예컨대 일본 토요타가 4대에 이르고 있지만 이사理事에 오르기까지는 창업자의 혈족으로서 유리한 점이 있지만 이사 이후는 실적위주로 그리고 구성원의 추천에 의한 타천으로 올랐다. 이 점은 일반적인 일본기업 행태로 우리기업 경영행태와 다른 점이다. 또한 삼성이 벤치마킹을 하고 있다고 전해지는 스웨덴의 왈렌버그 경우도 최고경영자에 오르기까지는 부모의 도움 없이 대학을 나와야하고 유학을 다녀와야 하고, 해군장교로 복무해야만 한다. 이와 같은 요건은 기업문화에 차이가 있기에 일률적으로 적용하기에는 어렵지만 다만, 이들의 요건을 감안하고도 남을 우월적 자격인 지도층 도덕적 의무Noblesse Oblige 노블레스 오블리주을 갖추어야만 할 것이라 생각된다.

또한 승계자도 이미 선대들이 일구어 놓은 성과로부터 받는 중압감에서 해방되어 회사의 성장과 자아의 실현이 상충되지 않고 일치융화되어 시너지효과를 올릴 수 있어야 성공적인 승계가 가능할 것이다.

셋째, 1950년대 전후 일본에서 과격한 노동운동으로토요타의 경우는 그때의 경험으로 오늘에 이르기까지 한 번도 과격한 쟁의가 일어난 적이 없다. 기업이 피폐해 진 것을 눈으로 목격한 이병철로서는 노조를 필요로 하지 않는 노사 합의 경영을 전통으로 지켜왔다. 그러나 지난 2011년 7월 1일 부터 복수노조 설립이 허용되게 되었다. 이것은 삼성이 당면한 현안 중에 중요한 과제 중의 하나이다.

포춘지가 최근 발표한 '세계에서 가장 존경받는 기업'World's most admired CompanieS에 선정된 상위 10개 기업 중 애플, 구글, 벅서 헤스웨이, 페덱스, 마이크로소프트 등 5개사가 노조가 없는 기업들이다. 이들 기업은 노조가 없어도 경영성과와 사회적 평판에서 우수성을 인정받고 있다. 이 밖에도 노조가 없는 무노조 경영을 오랜 기간 성공적으로 실천하고 있는 대표적 기업으로는 미국의 IBM, 모토로라, 코닥, 듀라셀 등이 있고, 영국에 마크 엔 스펜스, 일본에 아이와, 알프스전기 등이 성공적인 무노조 기업 사례로 꼽힌다. 그리고 이 같은 무노조 기업들은 몇 가지 비슷한 '성공 DNA'를 공유하고 있다. 종업원에 대한 존중 철학과 지속적 인적자원 개발, 원활한 의사소통과 정보공유, 노사갈등의 사전 예방과 개인 고충처리, 회사와 개인의 성공을 동시에 추구하는 노력 등으로 삼성이 이제껏 추구해왔던 내용을 담고 있다.

그러나 우리나라의 대표적인 강성노조의 노조 설립 제일의 타겟은 삼성이다. 경영자와 종업원이 원만한 합의에 의해 향후 어떻게 이 상황을 헤쳐 나아 갈 것인가 가 또 다른 남겨진 문제이다.

넷째, 이건희 회장이 늘 주장하는 바와 같이 앞으로 5년, 10년 후 삼성이 먹고 살 신수종, 신성장사업의 "미래 사업" 발굴과 개발에 지속적인 투자가 필요하다.

미국의 투자귀재라 불리고 있는 투자가 워렌 버핏Warren Edward Buffet은 "계속 진보하는 첨단기술이 아니고 변화가 없는 기술로 사업하는 주식을 사라"는 명언을 남기며 삼성전자주식은 사지 않는다고 했다. 그 이유는 전자는 너무나도 제품의 수명주기가 짧기 때문이라 했다. 따라서 삼성은 격변하는 고객의 가치에 언제, 어디서나, 어떻게든 부응할 수 있는 기술과 제품을 준비하고 있어야 할 것이다. Toshiba, Canon, Apple, Philips, SONY, Nokia 등의 전자·통신회사들의 부침은 타산지석이 될 것이다. 이점에서 삼성이 폐쇄되었던 전략기획실을 미래전략실로 부활시킨 것은 시의 적절한 조치였다고 하겠다.

다섯째, 앞의 넷째 문제와 관련하여 최근 불거진 사항으로 삼성은 하드웨어 생산에서는 세계일류가 되었지만 소프트웨어에는 아직도 갈 길이 멀다. 이제 삼성은 세계 하드웨어 초 일류급 수준에 버금가는 소프트웨어 수준을 보유해야 할 것이다.

우리들이 무형자산intangible asset에 대한 관심이 본격적으로 커지게 된 것은 1995년 WTO 출범으로 부터이다. 이웃 일본의 경우도 1992년 카메라 제조회사 미놀타Minolta가 하이테크 기업인 미국의 하네웰Hanewell에 의해 특허권 침해로 제소 당해 9,635만 달러에 달하는 배상금을 지불하고서 부터이다.

우리는 전통적으로 몸을 써서하는 노동의 대가는 수공을 하나, 머리를 써서 하는 노동의 대가는 땀을 흘리지 않으니 거저 얻으려고 한다. 그 대표적인 예가, 만연하고 있는 소프트웨어 불법복제와 같은 행태이다.

최근 구글Google이 모토로라를 인수한 이유 중에 하나가 모토로라가 보유하고 있는 17,000여 건의 특허를 확보해 애플과 마이크로 소프트의 특허 공세로부터 그들의 운영체제인 안드로이드 운영체제OS를 지키기 위해서라고 한다.

삼성의 스마트폰시장 최대 경쟁기업인 애플은 하드웨어i phone와 소프트웨어운영체제, iOS를 모두 구축하고 있으나, 삼성은 대표상품 갤럭시 시리즈 모두 구글의 안드로이드 OS에 의존하고 있다. 구글이 현재는 안드로이드 운영체제를 공개하고 있지만 제조업체를 보유하게 된 이상 언제까지 이 상태가 유지될 수 있을지는 의문이다. 이런 상황에서 구글이 하드웨어 제조업체인 모토로라를 인수한 것이다.

삼성이 이제 살아남을 수 있는 것은 삼성이 모토로라 보다 월등한 하드웨어제품를 만들어내 그들이 제조를 포기하게 하거나, 아니면 삼성도 애플과 같이 독자의 OS인 바다bada를 점유율현재 1.9%을 높이거나, 애플보다 더 월등한 운영체재를 개발하는 수 밖에 없다. 그러나 소프트웨어의 경쟁력은 하루아침에 길러지는 것이 아니므로 삼성의 가치인 "상생상화"로 실리콘 벨리와 같이 벤처기업이 자생할 수 있도록 장기적으로 정부와 협력하여 환경창조적 기술혁신의 생태계을 조성하는 길 밖에 없다. 또한 그러한 막대한 투자로 OS가 개발되었다고 해도 외국기업의 특허 공세현재 애플은 삼성을 상대로 20여건에 달하는 특허 소송을 하고 있는 중이다.에 대항하여 점유율 확대하기도 쉽지 않다. 예컨대 앤디 루빈Andy Rubin이 안드로이드 운영체제를 들고 삼성에 찾아 왔는데 박대하였다는 설이 있지만, 설상 그 당시 그 운영체제를 삼성이 보유하게 되었다고 하더라도 지금과 같이 안드로이드 운영체제가 확대될 수 있었을까 에는 쉽게 답이 나오질 않는다.

그럼에도 불구하고 이런 상황은 타개하는 길은 현재 삼성의 스마트기기에서 AP, CIS, DDI, Smart Card와 같은 시스템 반도체의 발전을 비롯 삼성의 미래를 위해서 소프트웨어의 개발에 박차를 가하는 길밖에 선택에 여지가 없다고 하겠다.

여섯째, 기업의 사회적 책임CSR면에서 삼성은 경제적인 책임은 충분히 잘하고 있다고 판단된다. 삼성이 매년 발행하는 '삼성사회공헌활동백서'를 보면 국내 기업에서 물심양면으로 삼성만큼 공헌하는 기업도 흔치 않다. 그러나 법적인 책임은 그간 에버랜드 편법 증여 사건으로 오랜 기간 법의 심판을 받아야했고, 윤리적 책임도 비자금조성 폭로 사건과 같이 사회적 물의 일으키는 사건은 결국 2년 가까이 이건희 회장이 회장 자리를 떠나 있어야만 했다. 편법부당 승계문제는 법적으로 해소 되었지만, 윤리적 책임은 제2의 비자금조성사건이나, 제2의 삼성테크원 사건의 재발을 방치 한다면 삼성은 존폐의 위기를 맞을 것이다. 지난해 '삼성의 부패척결 선언'은 이건희 회장이 제1의 대 변혁인 1993년 프랑크푸르트 선언으로 시작된 '삼성 新경영' 이후 제2의 대 변혁을 요구하는 것으로 보여 진다. 또한 자선적 책임은 스스로의 의사에 의해 개인의 자선적 책임을 늘려 모든 이해 당사자들이 공감할 수 있는 선행을 더 쌓아야할 것이다. 오늘날은 사회와 상생을 지향하는 호혜적 기업이 사랑 받기 때문이다.

1990년 포춘지의 표지 얼굴로 나왔던 한 일본 기업가가 저자에게 들려준 말이 기억난다. 그는 "돈을 버는 것은 기술이지만 돈을 쓰는 것은 예술"이라고 했다.

마지막으로, 삼성에 대한 NGO들의 건설적인 비판은 아무리 어려운 질책이라도 수렴하여 미래의 설계를 위한 모니터링으로 달게 받아드려야 한다.

다만 기업과 기업가의 평가에 대한 제언을 하자면 삼성을 두둔하고 싶은 생각은 없지만, 경영학을 전공하는 이들이 '삼성의 제왕적 경영'에 대해서 그들이 그 같은 비판을 하기 전에 우리나라 사회적 통념상 장자상속제와 혈족중시 등을 기업구성원들이 묵시적으로, '사회적 역할을 승인'하는 정서가 많다는 점예컨대, 이건희 회장 지난 몇 년 동안 학자와 언론인이 뽑은 한국에서 영향력 있는 인물 순위에 늘 1, 2위에 꼽히고 있다.을 우선 고려하고, 삼성 73년의 발전사와 그 중 책임경영제empowerment를, 특히 1988년 이후 이건희 회장의 자전적 에세이나, 그의 지난 23년 발자취를 살펴보았다면, 그리고 경영의 역사경영사에 관심을 가지고 연구한 자라면 그렇게 쉽게 그 같은 단견은 나오지 않았을 것으로 생각된다. 즉, 그 스스로 수차례 강조해왔듯이 삼성그룹의 최고경영책임자로서 삼성그룹의 막대한 위험부담을 해야 하는 부문인 미래전략 사업에 있어, 전문경영인으로서 어려운 의사결정은 회장이, 책임경영제 하의 각 계열사 사장은 각사를 책임경영하고, 각종 정보 수집・분석 결과로 경영전략전술을 기획하여 계열회사를 지원・진단함으로써 경영리스크를 최소화 시켜 기업의 경쟁력을 제고하는 일은챈들러도 인정한 미래전략실이 맡아하는, 이 3자의 트라이앵글 구조는 지금까지 경영권의 균형을 잘 유지해 오늘의 삼성이 존재하게 했다는 점을 상기해야 할 것이다.

예컨대, 전술한 바와 같이 1987년 경영권 분산에 관해서 이건희 회장은 "나는 앞으로 회장 20%, 비서실 40%, 그리고 각 사장들이 40%를 행사하도록 하겠습니다. 나의 20%도 비서실과 각 사가 충돌할 때 중재만 할 겁니다."월간조선, 1989. 12월호, 354

그리고 2001년 "저는 지금까지 직접 경영전면에 나서서 관여하지 않았습니다. 대주주로서 또한 경영자의 한 사람으로서 미래전략과 방향 등 경영의 큰 줄거리에 대하여 가끔 상의하고 조언하는데 그치고, 일상적인 경영활동은 전문성과 능력을 갖춘 각 사장들이 권한과 책임을 갖고 자율적으로 해왔는데, 앞으로도 그럴 겁니다"신동아 인터뷰, 2001년 7월라고 자신의 생각을 밝혔다. 이 회장은 공식적으로 각 사장단회의에 연

2회 정도만 참석할 정도로 자신이 언급한 바를 줄곧 지켜 왔다.그러나 지금 아이러니컬하게도 일부 언론과 투자전문가들이 이건희 회장의 사무실 출근 횟수로 오늘날 우리가 당면한 경제상황의 심각성을 가늠하고 있다.

또한 이미 삼성을 떠난 윤종용 고문이 삼성의 최대 강점은 권한 이양 Empowerment이라고 했다. 그는 삼성의 장점을 권한을 이양하는 이회장의 리더십, 즉 이건희 회장의 가장 큰 장점은 전문경영인에게 완전하게 '권한 이양'을 하는 것이며 기업에서는 이 임파워먼트가 중요하다고 했다.

이런 것들을 제왕적이라 한다면, 그들이 그렇게 입이 마르도록 존경해 마지않던 GE의 잭 웰치 전 회장이 주주의 이익을 위해, 경영부진이나 불황 시 이익확보를 위해, 하위 종업원을 10%씩 거침없이 해고하여 이익을 보전하는 그를 향해 무엇이라 말했나? 이 회장은 삼성자동차의 경영실패 책임의 일환으로 1조원의 부채를 사유재산으로 청산 했다.사실 소유지배론자들의 주장대로라면 이 회장은 대주주도 아니고 경영에 직접 참여하지도 않아 법적 책임은 없는데도 책임을 요구했다. 아무튼 지금까지 우리나라 경영자가 경영실패의 책임을 지고 배상한 역사가 있는지 모르겠다.

주식회사에서 경영자에 대한 판단은 주주가 하는 것이라는 금융주의자들의 주장 대로라면 삼성전자의 과반수에 가까운 외국인 투자자 및 내국투자자인 주주들의 평가는 이건희 회장 복귀를 주가의 상승으로 보여줬다. 그것은 무엇을 뜻하는 것일까?

GE의 잭 웰치가 회장 재임 20년간 GE의 시가총액을 40배 올려 놓았고 이건희 회장은 삼성의 시가총액을 22년간 265배 높여 놓았으나 지금까지 경제·경영학자 중 어느 누구 한 사람도 언급한 적이 없다.

기업이나 기업가에 대한 평가방법은 다양하다. 자기 평가방법 만이 옳다는 도그마에서 벗어나지 않으면 학문의 발전은 없다.

그리고 우린 부지불식간에 '士農工商' 사상에 젖어 있어 기업가를 마구 대하는 일이 많다. 기업가와 기업이 항상 존경 받을 일만 하고 살지는 않았다. 그러나 마치 대기업을 "소 팔고 논 팔아 공부시킨 가난한 집 장남"으로 생각하는 소박한 서민들의 보상심리 정서는 애틋하여 오히려 기업가나 기업을 분발토록 하지만, 특히 선거철만 되면 대기업과 기업가를 만인의 적으로 몰고 "대기업 때리기"로 대중 인기 영합을 꾀하는 정치인들의 한심한 풍조가 만연하다. 그 아픔에 이병철 선대 회장도 한때 정계 투신을 고려했고, 현대 창업자 정주영 선대회장도 정치가에 돈을 갖다 바치느니 차라리 그 돈으로 대통령에 출마하겠다며 출마까지 해야 했던 때가 있었다. 최근에 벌어지고 있는 정치에 물든 학자의 주장, 아직도 금융주의에 매몰된 학자의 주장, 정계와 재계의 갈등은 아마도 사농공상 사고의 발상에서 유래한 것으로 보여지며 그것은 반 기업, 반 기업가의 흐름으로 번져가는 원천이기도 하다.

그러나 그럼에도 불구하고 삼성은 지금까지 해왔듯이 미래에도 한국의 간판기업으로 "상생상화"의 가치체계 속에서 그들의 DNA인 3Cs, 즉 "인재지향경영을 밑바탕으로 한 도전과 혁신으로 글로벌 기회를 선점"함으로써 어떠한 역경도 헤쳐 나가 지속가능한 발전을 해 나갈 것을 기대하며, 그렇게 될 것을 믿어 의심치 않는다.

참고문헌

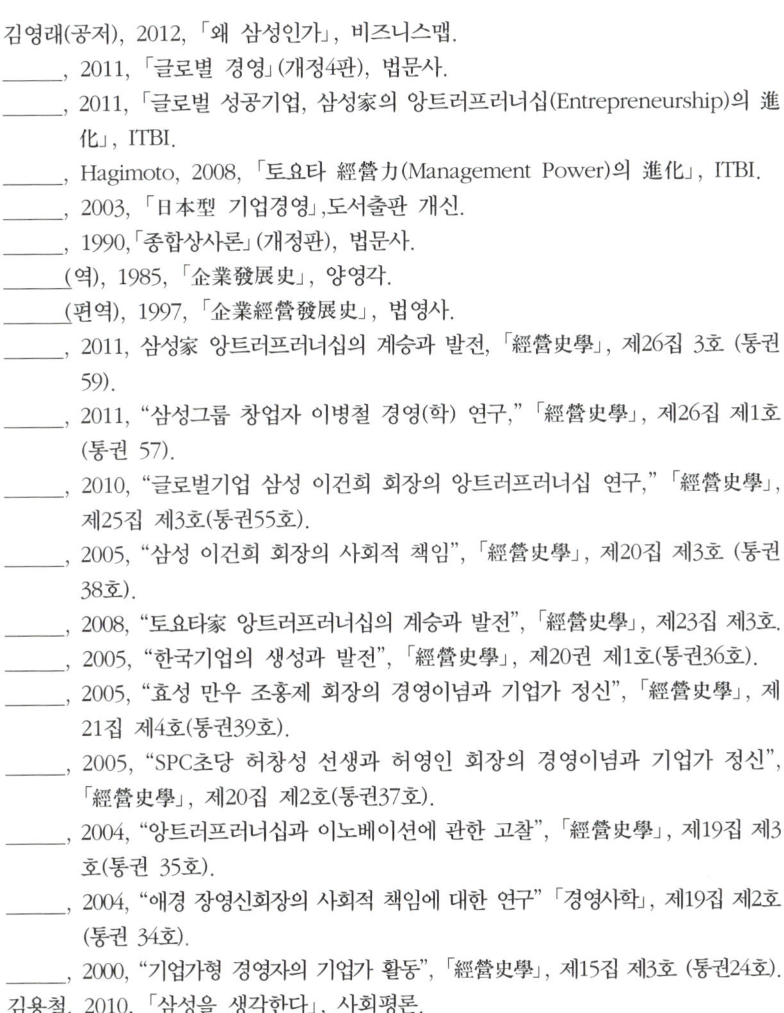

김영래(공저), 2012, 「왜 삼성인가」, 비즈니스맵.

_____, 2011, 「글로벌 경영」(개정4판), 법문사.

_____, 2011, 「글로벌 성공기업, 삼성家의 앙트러프러너십(Entrepreneurship)의 進化」, ITBI.

_____, Hagimoto, 2008, 「토요타 經營力(Management Power)의 進化」, ITBI.

_____, 2003, 「日本型 기업경영」,도서출판 개신.

_____, 1990,「종합상사론」(개정판), 법문사.

_____(역), 1985, 「企業發展史」, 양영각.

_____(편역), 1997, 「企業經營發展史」, 법영사.

_____, 2011, 삼성家 앙트러프러너십의 계승과 발전, 「經營史學」, 제26집 3호 (통권 59).

_____, 2011, "삼성그룹 창업자 이병철 경영(학) 연구," 「經營史學」, 제26집 제1호 (통권 57).

_____, 2010, "글로벌기업 삼성 이건희 회장의 앙트러프러너십 연구," 「經營史學」, 제25집 제3호(통권55호).

_____, 2005, "삼성 이건희 회장의 사회적 책임", 「經營史學」, 제20집 제3호 (통권 38호).

_____, 2008, "토요타家 앙트러프러너십의 계승과 발전", 「經營史學」, 제23집 제3호.

_____, 2005, "한국기업의 생성과 발전", 「經營史學」, 제20권 제1호(통권36호).

_____, 2005, "효성 만우 조홍제 회장의 경영이념과 기업가 정신", 「經營史學」, 제21집 제4호(통권39호).

_____, 2005, "SPC초당 허창성 선생과 허영인 회장의 경영이념과 기업가 정신", 「經營史學」, 제20집 제2호(통권37호).

_____, 2004, "앙트러프러너십과 이노베이션에 관한 고찰", 「經營史學」, 제19집 제3호(통권 35호).

_____, 2004, "애경 장영신회장의 사회적 책임에 대한 연구" 「경영사학」, 제19집 제2호 (통권 34호).

_____, 2000, "기업가형 경영자의 기업가 활동", 「經營史學」, 제15집 제3호 (통권24호).

김용철, 2010, 「삼성을 생각한다」, 사회평론.

김성홍 · 우인호, 2005, 「이건희 개혁 10년」, 김영사.
삼성, 「초일류 기업 삼성의 미래」.
삼성경제연구소, 1989년, 「湖巖의 經營哲學」.
삼성 구조조정 본부, 2003. 3, 「이건희, 꿈을 현실로 변화시키는 힘」.
삼성 신경영실천위원회, 1997, 「신경영 사랑방-함께하는 신경영 知行 33 訓」, 삼성.
__________________, 1993, 「삼성인의 용어-한 방향으로 가자」, 삼성.
__________________, 1993, 「삼성 新 경영-나부터 변해야 한다」, 삼성.
삼성 핵심인력 확보 · 양성 관련 회장어록.
신동아 2001년 7월호, "재용이는 준비된 경영인", '삼성의 힘' 이건희의 경쟁력".
신용인, 2009, 「삼성과 인텔」, 랜덤하우스.
월간조선, 1989년 12월호, "오효진의 인간탐험. 삼성 뉴리더 이건희 회장".
_______, 2000년 7월호, "이건희의 삼성, 그 대변신의 비밀".
_______, 2005년 4월호, "삼성의 1등주의 속도경영".
_______, 2005년 5월호, "이건희의 用人".
_______, 2005년 6월호, "이건희의 中國시장 공략 10년, "이제 우리는 中國과 同行 한다".
윤종용, 2004, 「초일류로 가는 생각」, 삼성전자.
이건희, 1998, 「삼성 60년사」, 삼성회장비서실.
_____, 1998, 「삼성 60년사-사진편」, 삼성회장비서실.
_____, 1997, 「이건희 에세이."생각 좀 하며 세상을 보자"」, 동아일보.
이경식, 2010, 「이건희 스토리」, Human and Books.
이병철, 1986, 「湖巖自傳」, 중앙일보.
이정환 역, 2006, 「삼성의 경영철학」, W미디어.
이창우, 2004, 「다시 이병철에게 배워라」, 서울문화사.
장세진, 2008, 「소니와 삼성」, 살림Biz.
전용욱, 한정화, 1994, 「초일류 기업으로 가는 길」, 김영사.
정구현 외, 2008, 「한국의 기업경영 20년」, 삼성경제연구소.
최지성, 2010, 「삼성전자 40년 도전과 창조의 역사」, 삼성전자주식회사.
한국경제신문 특별취재팀, 2002, 「삼성전자 왜 강한가」, 한국경제신문.
한용외, 2008, 「2007 삼성 사회공헌활동 백서」, 삼성사회봉사단.
호암재단, 2010, 「淡淡如水 인생은 흐르는 물처럼」.
_______, 1997, 「湖巖語錄」-기업은 사람이다-.
홍하상, 2004, 「이건희」, 한국경제신문.
_____, 2004, 「이병철 경영대전」, 바다출판사.

황명수, 1997, 湖巖의 경영이념의 재조명 「경영사학」, 제15집.
淺野俊光, 1991, 「日本の近代化と經營理念」, 日本評論社.
池本正純, 1984, 「企業者となにか」, 有斐閣選書.
烏羽欽一郎, 1970, 「企業發展の史的硏究」, ダイヤモンド社.
米倉誠一郎, 2003, 「企業家の條件」, ダイヤモンド社.
中川敬一郎, 1982, 「比較經營史序說」, 東京大學出版會.
畑村洋太郎・吉川良三, 2009, 「危機の經營」, 講談社.
森川英正, 1996, 「トップ·マネジメントの 經營史」, 有斐閣.
山崎勝彦,2010,「疑人いず用, 用人わず疑」,日經BP社.

Abegllen, James C. 1958, the Japanese Factory-Aspects of its Social Organization, The free Press.

Carlsson Rolf H., 2001, Ownership and Value Creation, Gimm-Young Publisher, Inc.(박행용, 이종삼 역, 김영사, 2002).

Chandler, Alfred D. Jr., 1962, STRATEGY AND STRUCTURE :Chapters in the History of the Industrial Enterprise, M.I.T. Press

__________, 1978, "The United States; Evolution of Enterprise," Lim Peter Mathias and M. M. Postan(eds), The Cambridge Economic History of Europe 7, Cambridge Univ. Press.

__________, 1980, "The United States: Seedbed of Managerial Capitalism," in A. D. Chandler and H. Daems eds., Managerial Hierarchies, Harvard University Press.

__________, 1993, Scale and Scope: The Dynamics of Industrial Capitalism Harvard University Press.(安部悅生 ,川邊信雄 外 譯, 有斐閣, 1993,)

Cole, A. H., 1959, Business Enterprise in its Social Setting, Cambridge, MA: Harvard University. press.

Dornesets, H., 1983, "The neglct of Entrepreneur," in Ronen, J.(Ed.), Entrepreneurship, Lexington: Lexington Book.

Drucker, P. F., 1974, The Practice of Management, Harper and Brothers Publisher, New York.

__________, 1985, Innovation and Entrepreneurship, Harper and Row, Publishers, Chapter I .

Financial Times, 2009.3.13

Herbert, Rovert G. and Albert N. Link, 1982, The Entrepreneur: Main stream Views and Radical Critipue(New York: Praeger Publishers.

Hisrich, Robert D,, Peters Michael P., 2002, Entrepreneurship, McGraw-Hill Irwin.

Hoselitz, 1951, "The Early of Entrepreneurship Theory," Exploration in Entrepreneurship History 3.

Kirsner, Israel M., 1973, Competition and Entrepreneurship, Chicago: University of Chicago Press. (田島義博 監譯, 1985, 「競争と企業家精神—Ventureの經濟理論」 千倉書房)

Massie, J.L., 1987, Essentials of Management, 4th ed., Engliwood Cliffs: Prentice-hall, Inc.

Samsung Profile 2007, 2008, 2009.

Schumpeter, Joseph A., 1939, Business Cycle: A Theorical Historical and Statistical Analysis of the Capitalistic Process, 1, New York: McGrow-Hill.

______________________, 1961, Translated by Redvers Opi, The Theory of Economic Development, New York Oxford University Press.

Sutton Francis, 1956,The American Business Creed, Cambridge, MA : Harvard University

Teece, David J., 2007. "Explicating Dynamic Capability: The Nature Microfaoundation of (Sustainable) Enterprise Performance," Strategic Management Journal, Vol. 28, Issue13.

Thimm,, Alfred L.. 1976, Business Ideologies in the Reform-Progress Era, 1880-1914., University. AL : The University of Alabama Press.

녹화CD : 1993, MBC특집 이건희 신드롬 그 충격파.

삼성전자 수원, 화성 공장 현지조사, 2010년, 11월 9일

MBN 2012년 1월 1일 방영 신년특집 "한국의 거인들-이건희 편"

■ 저자소개 ■

김 영 래(金榮來)

■ 전공: 국제경영 · 비교경영사
일본 와세다(早稲田)대학 대학원, 상학박사
미국 University of Oregon, Courtesy Professor
일본 와세다(早稲田)대학 객원교수(Japan Foundation 초청) 및 초빙교수
일본 아시아경제연구소(IDE), 초청연구원
충북대학교 경영대학 학장
현, 충북대학교 국제경영학과 명예교수
100人 포럼 대표
(사) 한국국제통상학회 회장
(사) 국제 e-Business학회 회장
(사) 한 · 일 경상학회 회장
(사) 한국경영사학회 회장

■ 학술상(2001, 한국무역학회), ■ 학술상(2009, 한국경영사학회)

■ 우수교수상(2006), ■ 우수학술연구상(2001) ■ 우수논문상(2009)

■ 기업가 연구
삼성그룹 창업자 이병철 연구, 2011
TOYOTA家의 기업가 연구, 2008
글로벌 기업가 삼성 이건희 회장연구, 2005, 2010
효성그룹 창업자 조홍제 연구, 2005
종합식품업계 리더 SPC 그룹 허영인 회장 연구, 2005
한국의 대표적 여성 기업가 애경 장영신 회장 연구, 2004
글로벌 비즈 리더 FILA 윤윤수 회장 연구, 2000

■ 기업 연구
왜 삼성인가, 비즈니스맵, 2012
토요타 경영력(Management Power)의 進化, ITBI, 2008
한국기업의 형성과 발전, ITBI, 2005
글로벌시대 한국기업과 경영, 법문사, 2005
일본형 기업경영, 도서출판 개신, 2003
기업경영발전사 -미국-, 법영사, 1997
企業發展史, 양영각, 1985
종합상사, 법문사(개정판), 1990

■ 국제경영연구
글로벌경영(개정4판), 법문사, 2011
글로벌 전략경영(개정3판), 두남, 2002
국제경영(개정3판), 두남, 2002
국제경영론(개정3판), 박영사, 1988
日本型經營と國際化, 日本アジア經濟研究所 IDE, 1997
무역경영론, 박영사(개정3판), 1988
국제경제사, 교범사, 1985
外, 20권

삼성의 DNA - 앙트러프러너십으로 본 글로벌 기업

초 판 1쇄 발행 —— 2011년 9월 15일
초 판 2쇄 발행 —— 2012년 2월 15일
지은이 —— 김 영 래
펴낸이 —— 전 두 표
펴낸데 —— 도서출판 두남
서울시 강동구 성내동 455-12 두남빌딩
신고 : 제25100-1988-9호
(구 제2 - 624호, 1988. 7. 21)
TEL : (02) 478 - 2065, 2066, 2067, 2311
FAX : (02) 478 - 2068
E-mail : dunam1@unitel.co.kr
http://www.dunam.co.kr

정가 15,000 원

ISBN 978-89-6414-241-7 03320

비즈프라임은 도서출판 두남의 교양(대중)도서 브랜드입니다.